中国企业对外直接投资的驱动因素研究
——基于制度理论的解释

关　鑫　齐晓飞　著

本书得到教育部人文社会科学研究一般项目"情感交换嵌入下民营上市公司大股东与经理人的竞合博弈模型研究"（18YJA630027）和阐释十九大精神国家社会科学基金专项（18VSJ084）资助

科学出版社

北　京

内 容 简 介

本书从母国制度的视角系统地解释了中国企业 OFDI 现象及其竞争优势问题，通过构建 OFDI-S 模型，用理论和实证分析揭示了在中国特定的国情下，各种制度因素如何影响企业 OFDI 行为，以及制度优势如何通过影响所有权优势和内部化优势得以发挥。研究还发现，中国不同省份由于经济发展不平衡，制度环境存在较大差异，对企业 OFDI 的影响也有所不同。制度对不同所有权类型企业的影响也存在着显著的差异。中国政府在企业 OFDI 过程中扮演着重要角色。本书的特色主要体现在研究理论的规范性、研究方法的先进性和数据资料的丰富性三个方面，具有较强的可读性。

本书适合各大高校经济类、管理类相关专业的硕士研究生、博士研究生、教师和研究人员等阅读与参考。

图书在版编目（CIP）数据

中国企业对外直接投资的驱动因素研究：基于制度理论的解释/关鑫，齐晓飞著.—北京：科学出版社，2018.11

ISBN 978-7-03-057314-8

Ⅰ.①中… Ⅱ.①关… ②齐… Ⅲ.①企业-对外投资-直接投资-研究-中国 Ⅳ.①F279.23

中国版本图书馆 CIP 数据核字（2018）第 081458 号

责任编辑：马　跃　李　嘉／责任校对：郑金红
责任印制：吴兆东／封面设计：无极书装

科 学 出 版 社 出版

北京东黄城根北街 16 号
邮政编码：100717
http://www.sciencep.com

北京虎彩文化传播有限公司 印刷
科学出版社发行　各地新华书店经销

*

2018 年 11 月第 一 版　开本：720×1000　B5
2019 年 1 月第二次印刷　印张：12 1/4　插页：2
字数：252 000

定价：**88.00 元**
（如有印装质量问题，我社负责调换）

作 者 简 介

关鑫，辽宁大学管理学博士，清华大学经济与管理学院博士后。现为首都经济贸易大学工商管理学院副院长。先后在《管理世界》、《中国工业经济》、《南开管理评论》和《改革》等国内一流学术期刊上公开发表论文 30 余篇，出版专著 1 部，参编专著 2 部，曾荣获第五届中国管理学年会（2010）优秀论文奖，以及第六届（2011）、第七届（2013）和第八届（2015）公司治理国际研讨会优秀论文奖。主持教育部人文社会科学研究青年基金项目 1 项、中国博士后科学基金一等资助项目 1 项、校级课题 2 项。作为核心研究人员参与国家自然科学基金 5 项、国家社会科学基金 2 项、教育部人文社会科学基金项目 1 项、省部级重点课题 4 项、国际合作项目 2 项。主要从事公司治理、比较管理和跨国公司管理等方面的研究。

齐晓飞，获国家留学基金管理委员会资助公派留学，中央财经大学和美国哥伦比亚大学联合培养博士，北京师范大学经济与工商管理学院博士后。现就职于中国人民保险集团股份有限公司。先后在《中国工业经济》《财经问题研究》《经济与管理研究》等国内知名期刊上发表多篇文章，主持中央财经大学研究生科研创新基金项目 1 项，参与国家自然科学基金、教育部人文社会科学研究项目和北京市自然科学基金项目多项。主要从事对外投资与跨国公司管理和公司治理等方面的研究。

前　　言

　　2001 年中国正式加入世界贸易组织（World Trade Organization，WTO）后，国家从顶层设计的高度制定了中国企业"走出去"战略，并一跃将其提升为国家战略。中国本土企业不断加快国际化步伐，以中国石油天然气集团公司（以下简称中石油）、中国铝业股份有限公司（以下简称中铝）、中国中化集团有限公司、中国广核集团有限公司、中国铁路总公司、海尔集团、联想集团、华为技术有限公司、TCL 集团股份有限公司等为代表的一大批优秀企业纷纷进军海外，并取得了骄人的成绩，在国际经济大舞台上持续不断地发出"中国好声音"。从四大国有银行建立海外分支机构，两桶油积极参与海外油田的并购、联合开发并完成全球战略布局，到联想收购 IBM（International Business Machines Corporation，即国际商业机器公司）的个人电脑业务，三一重工在印度、美国、德国和巴西建立制造和研发基地，再到宝时得机械（中国）有限公司在欧洲建立海外工厂和研发中心，申通快递进军东南亚拓展海外业务，福耀玻璃并购美国企业并在美国建立全资子公司并实现在美国的本地化生产，中国广核集团有限公司收购非洲铀矿并在全球范围积极拓展业务，中国高铁成功走向世界，在这期间越来越多的中国企业积极参与到"走出去"大潮中。当然，中国企业的国际化道路并非一帆风顺，中间充斥着曲折和坎坷，有一批企业由于缺乏海外经营的相关经验，抑或谋划不周，在海外战场上折戟沉沙，用巨大且惨痛的代价买来国际化经验，为后进入者留下一笔宝贵财富。

　　近些年中国经济迅猛发展，一跃成为世界第二大经济体，以中国为代表的新兴经济体国家和发展中国家在世界投资舞台上发挥着越来越重要的作用。特别是 2013 年"一带一路"倡议的正式提出，中国企业已经成为全球对外直接投资（outward foreign direct investment，OFDI）的主要力量，中国企业从 1990 年的 9 亿美元迅速增长到 2012 年的 772 亿美元，2014 年 OFDI 达 1 029 亿美元，首次突破千亿美元大关，2015 年 OFDI 创下了 1 456.7 亿美元的历史新高，一跃成为全球第二。同时，2015 年也成为中国企业国际化的重要分水岭，中国 OFDI 首次超过同期吸引外资规模，实现资本净输出，中国企业国际化进入一个新的发展阶段。

2016 年中国 OFDI 高达 1 701.1 亿美元，同比增长 16.8%，继续保持高速增长的良好势头。

回顾过往，中国企业"走出去"战略大致经历了以下四个阶段。

第一阶段："走出去"的 1.0 时代。2000 年"走出去"战略诞生之初，少部分中国企业自发地开启了海外经营的探索之旅。这一阶段也被称为中国企业"走出去"的"懵懂的 1.0 时代"。这一阶段的主要特征是"走出去"的企业大多是分散且自发的，参与国际经营的主要形式就是在海外设立销售网络。

第二阶段："走出去"的 2.0 时代。中国企业加入 WTO 以后，随着大量国有企业进军海外，中国企业"走出去"进入 2.0 时代。大型国有企业主要瞄准海外的石油、矿产等实物资产，工程类企业则走出国门大量参与海外基建项目。中石油收购哈萨克斯坦油田、中国五矿集团有限公司（以下简称五矿集团）和中铝收购澳大利亚矿场等事例不胜枚举。这一阶段的主要特征是大型国有企业通过并购海外企业的形式来完成跨国经营。

第三阶段："走出去"的 3.0 时代。随着中国民营制造企业的崛起，大批企业进军海外，掀起了一波民营企业海外并购浪潮，中国企业"走出去"进入 3.0 时代。其中，民营制造业企业的崛起是最大亮点。联想收购 IBM 个人电脑业务、TCL 收购汤姆逊彩电业务、吉利收购沃尔沃汽车公司等，标志着中国民营制造业企业纷纷站上行业最高舞台，世界开始对中国民营企业的力量进行重新审视。

第四阶段："走出去"的 4.0 时代。随着"一带一路"倡议的正式提出，中国企业"走出去"的步伐进一步加大，中国中化集团有限公司收购全球最大农药公司瑞士先正达，万达收购美国传奇影业，复星集团收购法国知名度假村品牌地中海俱乐部，安邦保险买下纽约地标华尔道夫酒店。中国企业海外的并购被赋予了更多新内涵，民营企业成为主力军，投资领域多元化，投资更具战略性，投资方向从产业链整合转向全球资产配置，并在全球价值链上不断上移，"走出去"进入 4.0 时代。这一阶段的主要特征可以概括为以下四个方面，第一，资本投资多样化。中国企业投资范围已不再局限于产业链上下游，而是扩大到所有有价值的资产。4.0 时代，中国企业"走出去"已从简单的劳动密集型产品输出升级到资本与管理输出。第二，出海企业多元化。4.0 时代，在"走出去"的主体中，民营企业所占比重越来越大。相关数据显示，2014 年中国民营企业对外投资呈现高速增长势头，同比增加 295%，占当年总投资案例数的 69%。2015 年、2016 年这一比例仍在上升，民营企业"走出去"的热情持续高涨。第三，"买全球，为中国"。从锦江集团收购法国卢浮宫酒店集团，到携程投资印度最大在线旅游公司 MakeMyTrip，再到三胞集团买下英国老牌百货连锁福来德，一个重要目的就是"引进来"，让这些被并购的企业为中国人提供更好的产品和服务。第四，新势力崛起。4.0 时代，中国企业"走出去"寻求的"标的"开始"由硬转软"。万达等进军好莱坞，开始深耕文化行业。中国方案及中国平台也在"走出去"，阿里巴巴的全球速卖通在俄罗斯和巴西等国受到热捧。华为、百度和腾讯等企业投资东南亚和印度等新兴经济体的 TMT（technology、media 和 telephone 的首字母缩写，分别代表科技、媒体和通信）市场，不仅参与了相关技术标准制定，还占领了世界技术创新平台。此外，"一带一路"倡议的推进将为中国企业 OFDI 带来前所未有的战略机遇。大规模基础设施将极大地拉动相关制造业海外投资，基础设施条件的提升将改善沿线国家的整体投资环境，沿线国家间的产业合作将推进中小企业的境外直接投资，国际产能合作进一步推动中国企业构建全球产业体系，中国"一带一路"倡议还将拉动服务业投资。

　　中国经济的崛起及中国 OFDI 在世界经济格局中所起的作用越来越强，这引起了国内外研究者浓厚的兴趣。但是，由于国体、国情和社会文化间的差异，我们很难用发达国家的跨国公司 OFDI 的理论来解释类似中国这样新兴经济体国家 OFDI 的快速崛起和迅猛发展，这也引起了很多学者对中国企业 OFDI 影响因素的关注，认为新兴经济体国家的制度不完善是影响企业 OFDI 的重要因素，在一些国家甚至是决定性因素。然而，在以往的研究中，学者们更多地关注东道国的制度环境对跨国公司的影响，基于母国制度分析的研究相对较少且缺乏系统性。

　　基于以上理论研究背景，本书试图通过研究中国作为母国的本国制度对本国企业 OFDI 行为的影响，进而揭示中国企业 OFDI 背后的制度因素及其作用机理，并针对现存的问题，提出有助于中国企业 OFDI 和经济发展的政策建议。全书的层次结构分为以下四大部分。

　　第一部分为基础性研究，包括第 1 章的导论和第 2 章的制度理论与企业 OFDI 行为研究进展部分。根据本书的研究背景和意义，提出研究的问题。对现有的制度与 OFDI 相关的文献进行综述，并阐述涉及的理论基础和研究背景。

　　第二部分为第 3 章的中国企业 OFDI 现状分析及制度现状。该章对中国 OFDI 的规模，以及中国各地区的 OFDI 情况、企业类型、行业和地区分布予以说明，提供数据方面的支撑，并对中国 OFDI 的发展阶段、特点、现状及制度建设情况进行阐述。

　　第三部分为全书的核心部分，包括第 4 章中国企业 OFDI-S 理论模型建构、第 5 章基于 OFDI-S 模型的中国企业 OFDI 制度优势分析、第 6 章制度对中国企业 OFDI 影响的实证检验和第 7 章制度对中国企业 OFDI 影响再讨论。这一部分构成了本书的主体架构。第 4 章和第 5 章为理论分析，通过构建母国制度嵌入的 OFDI-S 理论模型，将制度作为影响企业 OFDI 的内生变量，从制度的三个维度阐述制度在中国企业 OFDI 过程中的作用，这也是本书的一个重要理论创新。第 6 章用实证检验理论分析中提出的假设，验证制度的影响。采用面板数据多元回归的方法进行分类回归，主要集中在三大类，即全国样本、不同地区和不同所有权类型。第 7 章根据实证结果，再回归到理论层面，更进一步地探讨制度与 OFDI 的关系。

第四部分为结论部分，即第 8 章结语。经过前面的分析和验证，得出以下主要研究结论：第一，制度对于中国企业的 OFDI 有很大影响，这是中国 OFDI 的母国竞争优势。制度的三个维度从影响企业 OFDI 的所有权优势（ownership specific advantages）和内部化优势方面发挥作用，体现在政策、资源、成本、不确定性、意愿等方面，最终会对企业的 OFDI 产生强化、挤出、弱化，以及中和的效果。第二，中国制度地区发展不平衡，对 OFDI 的影响也不尽相同。这在很大程度上源于中国的经济和地区发展的不平衡性，制度环境的完善水平存在明显差异。第三，制度对不同所有权类型的 OFDI 影响有所差异。对于国有和非国有企业的 OFDI，制度的优势有所不同。第四，制度的规制维度的影响因素较多，说明中国政府在企业 OFDI 过程中扮演着重要的角色。政府通过政策支持，或者通过参与等方式，在培育中国具有国际竞争力的企业和优势产业方面，发挥着更大的作用，并针对目前中国企业 OFDI 中的问题，提出相应的对策建议。

在此，还要提一下做这项研究并最终形成本书的机缘。笔者最初接触制度理论是在 2008 年底，当时还在辽宁大学工商管理学院攻读企业管理专业博士研究生，导师高闯教授委派笔者同另外三位同学远赴广州参加华南理工大学主办的制度理论工作坊。通过这次培训，得知了 Suchman 的"合法性"概念，认识了 W. R. Scott 的制度理论，掌握了制度理论的演进脉络、基本分析框架及其在战略管理领域的应用，并渐渐喜欢上了这种制度分析范式。此后，笔者多次在比较管理研究专题课上为硕士研究生讲授制度理论及其应用。从 2013 年开始，笔者与中央财经大学商学院齐晓飞博士合作进行制度环境对中国企业 OFDI 行为影响机理的研究。经过几年的努力，取得了一系列阶段性研究成果，并合作公开发表了两篇具有较高学术水平的论文。我们共同将这几年来的研究成果进行了系统的梳理，并最终形成本书。愿将此书献给有志于研究中国企业 OFDI 行为的广大有志青年，希望能够对大家的研究有所裨益。

在本书即将付梓之际，要特别感谢给予我们无限关爱的严父、慈母、恩师和良友。感谢所有帮助过我们的同仁，尤其是那些在完稿过程中对本书提出过批评、意见和建议的各位专家。最后，向科学出版社的编辑们表示深深的敬意，感谢你们的辛勤工作！

囿于个人观察问题的视角和理论水平，本书可能有不足之处，还望广大专家学者多提宝贵意见。

笔 者

2018 年 6 月

于北京寓所

目　　录

第1章 导　论

1.1　本书的缘起

1.1.1　现有研究忽视了母国制度对中国企业 OFDI 产生的影响

随着中国、俄罗斯、巴西和印度等（金砖国家）为代表的新兴经济体在世界投资舞台上扮演越来越重要的角色，新兴经济体国家[①]的 OFDI 行为开始受到越来越多国内外学者的关注。邓宁（Dunning, 1981）对 Behrman 分类学的拓展认为跨国公司进入国外市场有四种投资类型，即自然资源导向、市场导向、效率导向以及战略性资产或能力导向。近年来，以中国为代表的发展中国家频频向海外发达国家和发展中国家进行投资。相较于发达国家，这些国家的跨国公司并不具备特别的优势进行外商直接投资（foreign direct investment, FDI），却通过绿地投资或资源换项目等多种方式取得了成功，同时对于全球 FDI 的流动也发挥了巨大的作用。这一现象引起了越来越多的学者对中国等新兴经济体国家 OFDI 的关注，同时，对于母国政府在本国企业对外投资中的作用，也成为学者们关注的焦点之一。

新兴经济体对外投资的一个主要特征就在于其独特的制度因素（Wan and Hoskisson, 2003）。制度观为研究新兴经济体国家企业的国际化行为提供了重要的研究视角（Henisz and Swaminathan, 2008; Peng et al., 2008）。Blomstrom 和 Kokko（1998）、Wang 等（2007）认为一些发达国家的企业比新兴经济体国家企业的跨国经营绩效要更好，主要归因于信息的获取、国际市场网络和管理、企业

[①] 新兴经济体国家的含义和范围：新兴经济体指满足下列两个标准的国家，意识经济快速发展，政府政策支持经济自由化并且采取自由市场体系（Hoskisson et al., 2000）。最近的一项研究将中国定义为发达经济体和传统的新兴经济体之间的中间层面的新兴经济体。新兴经济体国家包括金砖国家：中国、印度、巴西、俄罗斯和南非，以及新钻国家。

家和金融资源方面的优势。而新兴国家的企业（如中国）在这些方面资源有限，更倾向于利用不完善的制度环境来克服自身资源的限制（Wang et al., 2012a）。理论研究表明，跨国公司转移技术到当地公司，更主要的是为了规避"不利生存性"或者"外来者劣势"。这一过程中，母国制度环境和政府的支持或参与发挥了巨大的作用。

伴随着世界经济的一体化，在国家的大力支持下，越来越多的中国企业选择"走出去"。这些快速成长的后发企业正以全球竞争参与者的雄心进入陌生的海外市场，形成了后发优势。从联想收购 IBM 的个人电脑业务，到三一重工在印度、美国、德国与巴西建立制造和研发基地，中石油收购哈萨克斯坦油田，五矿集团和中铝收购澳大利亚矿场，再到中国广核集团有限公司收购非洲铀矿，中国企业的国际化战略已清晰可见。

中国这样的新兴经济体国家的企业，在不具备足够的所有权优势和内部化优势的条件下，不仅积极地参与全球化和国际化的经济活动，而且其中很多企业还取得了成功，而这些用邓宁的 IDP（investment development path，即投资发展路径）理论和 OLI（ownership advantages, location advantages and internalization advantages，即所有权优势、区位优势和内部化优势）理论确实无法完全进行解释，跨国公司理论对于发展中国家等新兴经济体的国际化行为在解释力度上稍显不足。那么，正如很多学者一直在努力研究和探讨的一样，我们也非常关心中国企业在不具备 OLI 优势的条件下，为何能够成功进行对外投资？这是本书主要解决的问题。在对相关文献系统阅读和梳理的基础上，我们发现，中国企业在进行 OFDI 和国际化战略选择的过程中，既有国家层面的宏观战略引导，又有企业层面的"适应性"和"规避性"战略调整，而这些都是母国制度的影响。那么，作为企业存在的土壤的母国制度究竟从哪些方面推动了中国企业的国际化？政府对于企业国际化的主观能动性方面的作用是什么？在多种所有制经济共同发展的背景下，母国制度环境对不同所有权类型的企业的国际化是否有不同的影响？归根结底，我们要分析母国制度是如何对中国企业 OFDI 产生影响的（图 1-1）。而这一问题亟待从理论分析上找到答案，并在实证分析中得到相应的验证。

图 1-1　母国制度影响中国企业 OFDI 的逻辑

1.1.2　中国企业的对外直接投资仍缺乏完善的理论解读与指导

1. OFDI 理论体系有待进一步完善

新兴经济体国家，尤其是中国企业的 OFDI 现象，是目前学术界一个热点问题。然而，目前研究者们将目光主要集中于东道国制度因素的影响方面，当前大部分研究集中于企业能力、投资环境、东道国的制度环境等对企业 FDI 的影响，对母国制度因素对中国企业的 OFDI 影响研究相对较少。对企业所处的母国制度环境中关键影响要素的研究，以及企业属性、政府和企业间关系水平的研究略显不足。跨国投资是资本从初始地（母国）流向目的地（东道国）的过程，跨国经营的企业嵌套在东道国与母国双重制度结构当中，大部分的理论与实证研究对东道国的制度如何影响企业跨国投资进行了研究，少部分研究认为企业对外投资的所有权优势、动机与能力取决于与母国有关的各种经济制度（姜建刚和王柳娟，2014）。国外的学者尝试用制度观来解释新兴经济体国家在不具备所有权优势等因素下，甚至是在所有权"劣势"的情况下，成功进行 OFDI 的原因。随着国外研究的增多，国内学者也逐渐开始关注母国制度相关因素对中国企业国际化行为的影响，但是成果相对较少，未能形成系统的研究体系。已有的研究在理论机制方面缺乏系统性的分析，而相关的理论分析和实证方面的文章也相对较少，这为本书提供了研究空间。

本书从母国制度入手，从制度的影响要素和作用层面探讨制度对中国企业 OFDI 的作用，并充分考虑制度的规制维度、规范维度和文化-认知维度对企业 OFDI 的影响。在邓宁的国际生产折中理论基础上，我们限定假设条件，加入母国制度因素，研究制度在所有权优势和内部化优势方面发挥的作用，提出 OFDI-S 模型，解释这一模型的经济学意义，并基于这一模型对中国制度的影响因素以及中国制度对 OFDI 的作用机理进行探讨分析，对国际生产折中理论进行补充和拓展，有效弥补当前关于新兴经济体国家 OFDI 研究中的理论不足。同时，本书有利于对新兴经济体国家的对外投资行为和现象进行理论解释，丰富国际投资理论体系，也为后续研究开辟了一个新的视角。因而，具有较强的理论价值和学术意义。

2. 中国企业 OFDI 升级需要理论指导

从经济全球化发展的角度来看，众多的发展中国家和新兴经济体国家在国际投资舞台上发挥了越来越重要的作用，随着企业边界和国家边界开放性的逐步增强，跨国公司在母国经济的发展和技术进步的进程中也发挥了重要的作用。OFDI 企业的投资行为和国际化经营行为，对于技术的溢出与扩散、知识吸收与创新、海外资源的获取与利用、企业全球化战略整合等，都起到了一定的推动作用，同时也有利于中国企业"走出去"战略的实施和参与国际化进程的加速。所以，对于母国制度因素影响企业对外投资行为的研究，能够在一定程度上反映我国对外投资情况，也有利于根据理论和实证研究结果，提出相应的对策和建议。

与此同时，中国正处于经济转轨和改革深化的"新常态"时期，研究国内制度对中国企业 OFDI 的影响，可以促进我国对外投资体系朝着更加健康的方向发展，也有利于促进和改善中国企业国际化经营的母国制度环境，更好地引导企业"走出去"，带动国内经济的发展。

通过理顺母国制度对中国企业 OFDI 行为的作用机制，不仅可以帮助我们更好地理解企业 OFDI 行为的动因，还可以帮助我们找到那些促使企业进行高水平、高质量 OFDI 的关键要素，从而更好地指导企业 OFDI 实践。因此，本书研究也具有很强的实践意义。

1.2 核心概念界定

1.2.1 中国企业 OFDI

1. 相关概念区分

（1）FDI：国际货币基金组织（International Monetary Fund，IMF）[①]将 FDI 定义为："一国的投资者将资本用于他国的生产或经营，并掌握一定经营控制权的投资行为。也可以说是一国（地区）的居民实体（对外直接投资者或母公司）在其本国（地区）以外的另一国的企业（外国直接投资企业、分支企业或国外分支机构）中建立长期关系，享有持久利益并对之进行控制的投资，这种投资既涉及两个实体之间最初的交易，也涉及二者之间以及不论是联合的还是非联合的国外分支机构之间的所有后续交易。"关于 FDI 的计量标准有两种：存量和流量。前者是 FDI 的累计值，反映一段时间内 FDI 的数量总和；后者是 FDI 的现期值，反映的是单位时间的 FDI 的数量。按照方向可以将 FDI 分成 Inward FDI 和 Outward

---

[①] IMF 和世界银行均为世界级的金融机构。

FDI。前者指外国在本国的投资，代表外国资本的进入；后者指本国对国外的投资，代表本国资本的流出。对外投资这种国际资本的流动是以提高生产力和实现资本增值为目的，以跨国公司作为行为主体，进行的投资行为。按照投资的形式，FDI 可以分为对外间接投资（outward foreign indirect investment, OFII）[1]和 OFDI，后者是本书要研究的对象。

（2）FII：外商间接投资（foreign indirect investment）。FII 是指一个国家的投资者为了获取资本增值，通过分红、利息或股息等方式，选择其他国家的证券作为主要投资对象，投资者不直接参与这些资本企业的经营和管理的投资。FII 包括证券投资和国际贷款，是与 FDI 相对的一种称谓。

2. OFDI

商务部将 OFDI 界定为"我国企业、团体等（以下简称境内投资者）在国外以及港澳台地区以现金、实物、无形资产等方式投资，并以控制国（境）外企业的经营管理权为核心的经济活动"[2]。其源于一国经济体通过投资另外一国经济体从而实现持久利益的目标。经济合作与发展组织（Organization for Economic Co-operation and Development, OECD）对于 OFDI 的定义是："一个国家的居民（直接投资者）和投资者所在国之外的另一个国家的居民（直接投资企业）进行的以获得持久利益为目的的活动。"IMF 对 OFDI 的界定是："一国的投资者将资本用于他国的生产或经营，并掌握一定经营控制权的投资行为。"OFDI 统计的范围包括境内投资者通过直接投资方式在境外拥有或控制 10%或以上投票权或其他等价利益的各类公司型和非公司型的境外直接投资企业（以下简称境外企业）。境外企业按设立的方式主要分为境外子公司、联营公司和分级机构。其中，子公司是指境内投资者拥有该境外企业 50%以上的表决权，并具有该境外企业行政、管理或监督机构主要成员的任命权和罢免权；联营公司指境内投资者拥有该境外企业 10%~50%的表决权；分级机构指境内投资者在国（境）外的非公司型企业，如常设机构或办事处、代表处等都视为分级机构[3]。本书所采用的是商务部关于 OFDI 的定义。

---

① OFII 是对外间接投资的简称，这种投资方式是投资者借助于金融渠道对他国进行资金投入并获取利益，而投资者本身并不参与企业的经营，也没有控制权。例如，购买国外其他企业的股票，或者购买外国企业或政府的债券。OFII 是一个与 OFDI 相对的概念。

② 来源于商务部、国家统计局、国家外汇管理局（State Administration of Foreign Exchange, SAFE）联合发布的《2013 年度中国对外直接投资统计公报》中商务部关于 OFDI 的定义。

③ 来源于《2013 年度中国对外直接投资统计公报》第 73 页。

1.2.2 制度

企业作为社会的细胞，离不开所处的外部环境。随着公司治理领域将研究视角拓展到企业的外部环境，很多学者都将法律、市场、宗教文化、政府治理、信用等多方面的环境因素作为影响企业行为的因素来对待。而这些因素都是国家在制定游戏规则时所产生的，可以说是一国制度环境的构成要素。

目前，关于制度的界定主要存在两种不同的观点，分别是经济学派观点和社会学派观点。

（1）经济学派观点。这一学派的代表人物包括哈耶克、科斯、诺斯、威廉姆森。新制度经济学将制度、天赋要素、技术和偏好并称为经济理论的四大支柱。哈耶克将制度看成是一种秩序（order）。科斯把制度看成是一种建制结构（structural arrangement）。诺斯则把制度定义成一种约束规则，或者说制度是从属于一个社会的游戏规则。诺斯从广义的角度定义了制度，这里包括经济制度、政治制度、社会制度以及文化习俗、宗教信仰等。制度分为正式制约与非正式制约。正式制约包括法律规则、司法系统和产业合同，而非正式制约包括社会文化的行为规范。一旦正式制约失去效用，非正式制约就会发挥作用以降低不确定性并给组织带来稳定性（诺斯，1994）。威廉姆森（2002）则从组织经济学的观点阐述制度，他认为制度的出现缩小了交易成本，制度存在的重要意义在于能够降低交易成本，这种观点从本质上解释了社会和经济的关系。

从经济学关系角度来说，制度系统是经济系统的子系统。经济系统来源于各种经济过程或经济活动所构成的复杂系统，由生产系统、消费系统、市场系统、金融系统、制度系统、知识与信息系统等若干子系统所组成。制度是由一项项具体的规则通过耦合而构成的一个系统，由其构成的不同层次和具体要素之间的差异所构成。制度系统的基本构成单元包括制度环境（制度系统所处的外部环境状况，主要由技术、政策、法律、文化、习俗、宗教和信仰等要素构成）、资源（制度体系中一切可以利用的物质资源和精神资源，如人、财、物、信息、知识、传统、文化和习俗等）、制度主体（具有一定功能的所有系统层次上的制度实体，具有适应性、能动性、协作性和智能性的基本单元，每个制度主体都拥有一定的信息和知识，都有自己可行的策略和行动的集合）、流（制度主体之间、制度主体与制度环境之间的物质循环、能量流动和信息传递等）和关系（系统内部各要素或各部分之间的结构和联系）。制度系统运行图如图1-2所示。

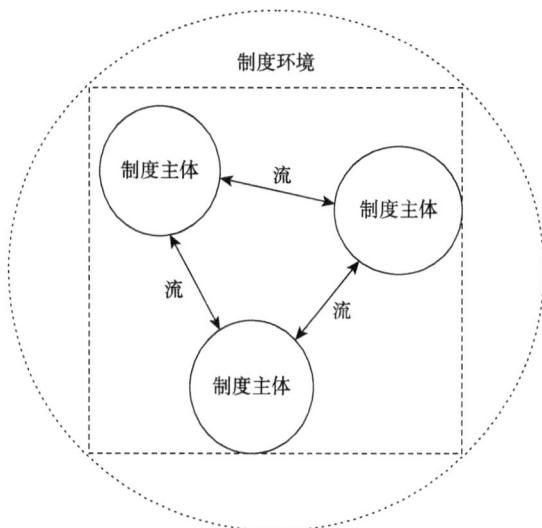

图 1-2   制度系统运行图

制度存在于社会、组织、群体和组织内子系统等不同层次内，这些不同层次之间的制度相互联系、相互影响。较高层级的制度为较低层级的制度提供背景，起到约束作用，而较低层级的制度反过来也会影响较高层级的制度，寻求并塑造利于生存的环境。

（2）社会学派观点。这一学派的代表人物包括DiMaggio、Powell 和 W. R. Scott 等。社会学派关注于制度的合法性与制度的建构。DiMaggio 和 Powell（1983）认为现代组织受到制度的三种同构影响：强制同构（coercive isomorphism）、模仿同构（mimetic isomorphism）与规范同构（normative isomorphism）。强制同构即政府制定的法律，组织因合法化不得不这样做；模仿同构即需要模仿其他的典型组织，通过复制典型组织的成功因素，减少自己组织的不确定性；规范同构则包括专业化的员工和规范管理等，达到外部的规范传输。通过强制同构、模仿同构及规范同构带来的约束，组织表现出足够的趋同性，即组织的发展受到组织所获得的合法性的影响。简单地说，组织必须通过适应环境来使自身看起来"恰当"和"合乎期望"。

W. R. Scott（1995）将制度定义为，能为社会带来稳定，具有认知性、规范性和规制性的结构与活动。基于此，他提出了规制、规范和认知三种合法性约束，构成了企业的外部环境。规制维度，即促成或阻碍企业创立的政府政策与制度，包括政府管制、法律法规、专业团体和主导组织制定的标准等，如新企业取得各种质量认证以获得消费者认可，政府要求新企业按其标准创立等；规范维度，即民众对企业行为的价值判断，社会规范和价值观或新企业所处社会环境中的某一层次，包括社会认同、价值观、职业标准、惯例传统等，这些社会化过程强迫组织不得不遵循某些行为规范和准则，如对创业者和创业活动的认可与尊敬程度、顾客至上、必须按所属行业规范和惯例运营的压力；认知维度，指民众对某一事物的理解与认识程度，广泛被社会持有的信仰和理解文化的共识，带有自愿的色彩，反映了行动者内心的外部世界，通过学习、模仿建立，表现为对某种概念、教义、意识、神话或者符号的认同。不同学者对制度的代表性定义可详见表1-1。

表 1-1 制度的代表性定义

提出者	制度的定义	来源
康芒斯	制度是集体行动对个人行动的控制，经济体系发展和运转的关键是政府，政府是采取集体行动和进行变革的首要工具	《制度经济学》
哈耶克	制度的根源是一种演变过程，人们先是对观察到的规律性事物进行分析分类，然后制定规则，使系统的各个组成部分（各个方面）可以在越来越复杂的分类框架内相互作用	《自由秩序原理》
诺斯	制度是社会的博弈规则，是人类设计的制约人们相互行为的约束条件，其定义和限制了个人的决策集合。制度包括一系列约束行为的规则和守则，一系列跟踪偏离规则和守则的程序，以及一系列制约规则与守则定义及执行方式的道德和伦理规范	《制度、制度变迁与经济绩效》
舒尔茨	管束人们行为的一系列行为规则，这些规则涉及社会、政治和经济行为	《制度与人的经济价值的不断提高》
克瑞普斯、霍奇逊	制度是一个社会习俗、传统或行为规范，并在进化博弈的框架下，致力于发展一个有认知能力和学习模型支持的制度演进理论	《现代制度主义经济学宣言》
肖特	在一个人群 P 中，其中的成员在反复出现的情境 T 下，作为行动人常规性的 R 只有在每个人都遵守 R 并预计他人也遵守，R 为一个协调均衡，当任何一个人偏离了 R，其他人中的一些或全部也将偏离这些条件下成为人口 P 中的共同知识时，才成为一种制度	《社会制度的经济理论》
青木昌彦	制度是关于博弈如何进行的共有信念的一个自我维系系统，其本质是对均衡博弈路径显著和固定特性的一种浓缩性表征，该表征被相关域几乎所有参与人感知，认为是与他们策略相关的。制度以一种自我实现的方式制约着参与人的策略互动，并反过来又被他们在连续变化的环境下的实际决策不断再生产	《比较制度分析》
斯科特	能为社会带来稳定，具有认知性、规范性和规制性的结构与活动	《制度与组织》

但是真正使制度要素成为一个独特的分析系统要归功于组织社会学的制度理论。社会学家认为，制度对个体和集体行动者来说不再是一种约束，也可以成为他们行动的动力，个体或者集体并非完全被动地顺从或者适应制度，也可以主动参与、贡献甚至试图改变制度，使制度得以演化和发展。经济学与组织社会学对制度理论的认知差异可参见表 1-2。

表 1-2　经济学与组织社会学对制度理论的认知差异

维度	经济学视角下的制度	组织社会学视角下的制度
制度概念	博弈和规则	认知、规范及行为系统
制度分类	正式、非正式	规制、规范和认知
理论前提假设	效用最大化	满足合法性要求
所属学科领域	经济学	社会学、经济学和政治学

North 可以说是经济学派的代表人物，W. R. Scott 是社会学派的代表人物，虽然在定义制度和划分上，两者有些差异，但是从表 1-3 可以看出，二者的维度是可以相互对应的。

表 1-3　North 和 W. R. Scott 关于制度维度的划分

North（1990）	举例	W. R. Scott（1995）
正式制度	法律	规制（强制）
	规制	
	规则	
非正式制度	规范	规范
	文化	文化-认知
	伦理	

资料来源：Peng M W, Sun S L, Pinkham B, et al. The institution-based view as a third leg for a strategy tripod[J]. Academy of Management Perspectives, 2009,（8）: 63-81

　　两个制度理论的核心内容表述虽然有所不同，但仍具有一致性。规制维度与正式制度密切相关。DiMaggio 和 Powell（1983）认为强制性同构可以理解为政府和法律支持、制定的规则，对于合法性的限制非常重要，形成同构的力量。Zhou和 Peng（2005）从政府对稀缺资源的控制程度、政府干预企业的经营和决策的程序以及政策的不连续程度三个方面来衡量正式制度对经济效率的影响。正式制度会影响经济效率，也会影响市场中的企业在进行经营时的交易成本，在降低交易成本、克服市场不确定性方面有重要的作用（Estrin，2002）。而规范维度和文化-认知维度与诺斯提出的非正式制度相对应。

　　North 将制度定义为"制约人类行为的一系列规则及其集合"，W. R. Scott 把制度定义为"包括为社会生活提供稳定性和意义的规制性、规范性和文化-认知要素，以及相关的活动与资源"，将其分成规制、规范和文化-认知三个维度。本书综合考虑 North 和 W. R. Scott 关于制度的定义，使用 W. R. Scott 关于制度维度的划分。

1.3　本书的框架结构

　　通过对文献的阅读和梳理，针对目前学术界关注的焦点问题，本书试图从母国制度的视角系统地解释中国企业的 OFDI 现象及 OFDI 竞争优势问题，并揭示在中国特定的国情下，哪些制度因素会影响企业 OFDI，制度优势如何通过影响企业的所有权优势和内部化优势得以发挥。在中国这一新兴经济体国家中，党的领导地位和公有制经济的主导作用在国家社会经济生活中发挥着极大的作用，对于企业的 OFDI 和国际化行为而言，相比企业自身的能力和资源，政府提供很大的输入来支持本国企业的国际化，企业要受到国家环境的综合影响（Powell，1990）。各种所有权性质的企业在共同的制度环境中经营，但是母国的制度环境并不一定会对所有的企业的国际化行为都能产生相同程度的作用，也不是所有的企业都可以很好地利用这一制度环境带来的国际化契机进行海外投资。此外，现有的 FDI 理论和跨国公司理论不能很好地解释类似中国这样的新兴经济体国家的企业在不具备邓宁所说的三个优势的情况下，甚至在某些方面劣势的情况下，仍能成功进行 OFDI 行为。那么，能否在已有理论的基础上发展出一种适合解释中国这一经济行为的理论呢？这也是本书尝试解决的关键问题。本书的基本研究框架如图 1-3 所示。

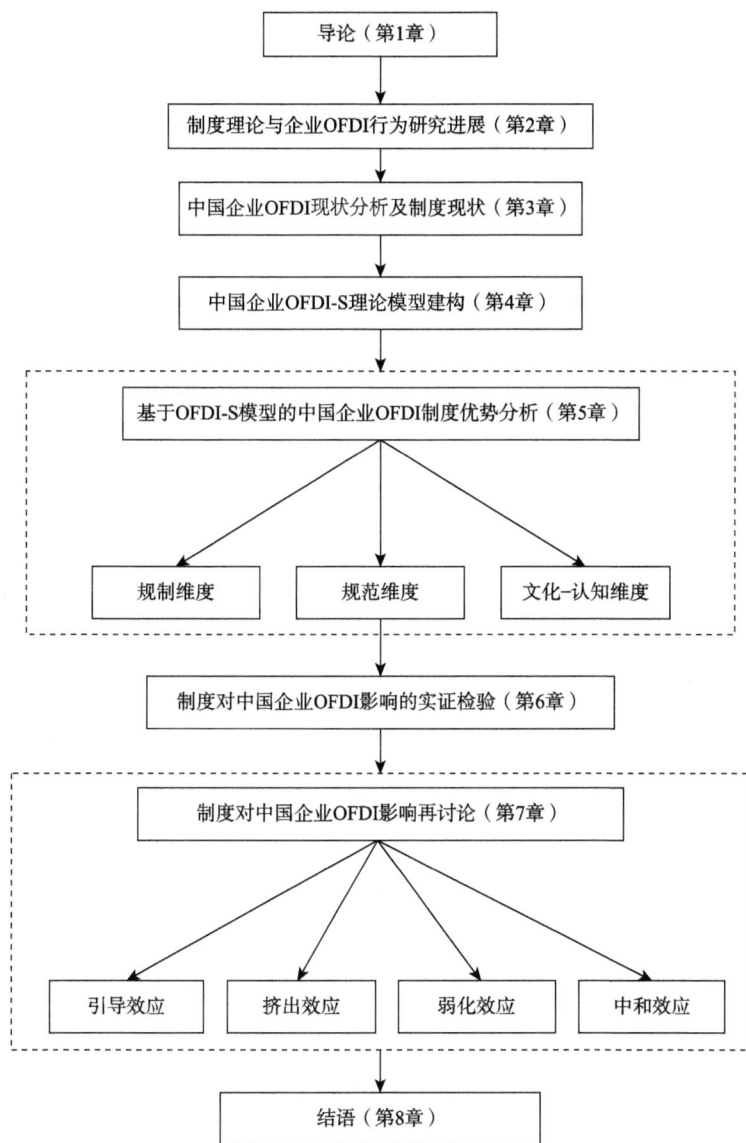

```
┌─────────────────────────────────┐
│          导论（第1章）            │
└─────────────────────────────────┘
                 │
┌─────────────────────────────────┐
│  制度理论与企业OFDI行为研究进展（第2章）  │
└─────────────────────────────────┘
                 │
┌─────────────────────────────────┐
│  中国企业OFDI现状分析及制度现状（第3章）  │
└─────────────────────────────────┘
                 │
┌─────────────────────────────────┐
│  中国企业OFDI-S理论模型建构（第4章）   │
└─────────────────────────────────┘
                 │
┌─────────────────────────────────────────┐
│ 基于OFDI-S模型的中国企业OFDI制度优势分析（第5章）│
│                                           │
│  ┌────────┐   ┌────────┐   ┌──────────┐  │
│  │ 规制维度 │   │ 规范维度 │   │文化-认知维度│  │
│  └────────┘   └────────┘   └──────────┘  │
└─────────────────────────────────────────┘
                 │
┌─────────────────────────────────┐
│  制度对中国企业OFDI影响的实证检验（第6章）│
└─────────────────────────────────┘
                 │
┌──────────────────────────────────────────────┐
│   制度对中国企业OFDI影响再讨论（第7章）           │
│                                                │
│ ┌──────┐  ┌──────┐  ┌──────┐  ┌──────┐        │
│ │引导效应│  │挤出效应│  │弱化效应│  │中和效应│        │
│ └──────┘  └──────┘  └──────┘  └──────┘        │
└──────────────────────────────────────────────┘
                 │
┌─────────────────────────────────┐
│          结语（第8章）            │
└─────────────────────────────────┘
```

图 1-3　本书的基本研究框架

1.4　主要创新点

本书的创新点主要体现在以下几个方面：

（1）本书尝试着将制度理论和邓宁的国际生产折中范式 OLI 理论结合，构建适合新兴经济体国家对外投资的理论模型，将制度作为影响企业 OFDI 的内生变量，嵌入 OLI 理论中，对邓宁的 OLI 理论进行补充和拓展，提出本书的 OFDI-S 理论模型，力图解释类似中国这样国家的特殊的 OFDI 现象。不同于发达国家跨国公司海外投资，一般的国际投资理论在解释类似中国这样的新兴经济体国家的对外投资时会有局限性，而且忽视了制度的重要性。OFDI-S 理论模型很好地嵌入了制度对 OFDI 的重要作用和影响。

（2）基于构建的 OFDI-S 模型，从制度的规制维度、规范维度和文化–认知维度对制度影响因素进行划分和讨论，相对更加全面系统，并从这三个维度探讨制度优势的发挥。对发展中国家 OFDI 的研究较少，基于母国制度作用的研究不多，制度对发展中国家 OFDI 影响的研究是热点，但对母国制度的系统性分析梳理相对缺乏。

（3）本书关注中国特定背景下母国制度优势对 OFDI 的作用，并基于中国样本进行了实证分析。现有研究很少从母国视角分析中国企业的 OFDI 行为，实证分析也不多。这一方面由于新兴经济体的制度环境的复杂性难以形成统一、系统的理论，另一方面源于中国特有的制度环境特色难以适用普遍的国际企业理论。根据本书分析框架，解释中国企业的 OFDI 行为，对中国这样的新兴经济体国家的 OFDI 发展有重要的指导和实践意义。

第 2 章　制度理论与企业 OFDI 行为研究进展

2.1　制度理论概述

2.1.1　主流 FDI 代表性理论在解释发展中国家 OFDI 方面的局限

1. FDI 主流代表性理论

国际直接投资理论真正的发展应追溯到第二次世界大战之后，逐渐形成了派别林立、观点各异的现代国际直接投资理论体系，具有代表性的理论包括海默的厂商垄断优势理论、小岛清的比较优势理论、巴克利和卡森的市场内部化理论，以及邓宁的国际生产折中理论和 IDP 理论等（表 2-1）。

表 2-1　FDI 主流代表理论列表

主流理论	内容	主要贡献	适用对象
厂商垄断优势理论（Hymer S H, 1960 年, 博士论文 The international operations of national firms: astudy of direct foreign investment）	市场不完善是跨国公司垄断优势产生的根源，决定了美国企业的 OFDI，美国企业具有比东道国企业更加有利的垄断优势。这些优势来源于核心技术、规模经济、资本和货币、组织管理能力等方面	首次以垄断优势概念来解释国际经营行为，开辟了最早的国际直接投资研究理论，标志着独立的国际直接投资理论的形成。较好地解释了知识密集型产业 OFDI 现象，也为发达国家间"双向投资"现象提供了理论依据	美国等发达国家的跨国公司
比较优势理论（小岛清，1978 年, 《对外贸易论》，也称为"小岛清模式"）	从国际分工的比较优势原理，得出日本 OFDI 的动机，认为国家应该按照一定的顺序对外投资，而从本国处于比较劣势的产业开始进行 OFDI，而这些产业又是东道国具有比较优势或潜在优势的部门	从国家宏观的角度进行分析，引入宏观比较优势的视角研究投资行为，国际直接投资不仅要考虑微观层面还要考虑宏观层面，即考虑跨国公司垄断优势与国际分工的比较优势，遵循两国宏观比较优势的原则	日本

主流理论	内容	主要贡献	适用对象
市场内部化理论（Buckley 和 Casson，1976 年《多国企业的未来》和《国际经营论》）	该理论认为国际分工是通过跨国公司内部化进行的，为了克服外部市场的失效导致的交易费用的增加，从而选择将国外市场内部化。市场内部化的四个决定因素：国别因素、产业因素、企业因素、区域特定因素	引入科斯的交易费用理论，第一次较为系统地提出了跨国公司的市场内部化理论，成为国际直接投资理论一个重要的转折点。与以往研究不同，从跨国公司内在的经营动机与决策过程方面研究 FDI 发生的原因	发达国家跨国公司
国际生产折中理论（Dunning，1977，一次诺贝尔奖研讨会）	企业在拥有的所有权、内部和区位三种优势综合作用下进行国际直接生产投资	奠定了国际直接投资相关理论的基础，弥补了以往理论一直无法解释为何美国接受直接投资的缺陷。区位优势是美国成为吸引外资地区的主要原因	美国跨国公司
IDP 理论（Dunning，1981）	一国的 OFDI 和 IFDI 取决于一国的经济发展水平，遵循五个阶段：①较不发达阶段，不吸收也不进行 FDI；②通过区位优势吸引 IFDI、少量 OFDI，集中在邻近国家，OFDI-IFDI 的净值为负数；③国家吸收重要的 FDI，OFDI 迅速成长，成为 OFDI 国家，净值仍为负，数值变小；④OFDI 的增长速度高于 IFDI，净值开始为正，成为直接投资净输出国，属于先进国家状态；⑤OFDI 和 IFDI 都很高，而净投资处于均衡的位置，这是先进国家状态	邓宁将国际生产折中理论应用于分析发展中国家的投资行为，与本国的经济发展水平相关联，从宏观角度探究了发展中国家所处的 OFDI 阶段	发展中国家

2. 主流理论对发展中国家 OFDI 解读的局限

（1）厂商垄断优势理论对知识密集型产业 OFDI 现象解释力度很大，但是无法解释跨国公司扩大的现象，也无法解释 OFDI 方式的选取和区位选择问题，带有微观厂商理论色彩和贸易替代作用的观点。研究对象主要是美国、英国等发达国家，不能涵盖发展中国家的对外投资行为。

（2）比较优势理论也存在一定的局限性，不能很好地解释以水平分工为主的发达国家之间的国际直接投资问题；同时也低估了发展中国家在某种程度上接受先进技术的能力，因此对发展中国家 OFDI 的指导意义不明显；而且该理论只反映了日本战后某个时期 OFDI 的特点，不具有普遍的意义。这个理论的一个重要缺陷就是按照该理论发展中国家只能接受发达国家的边际产业，永远赶不上发达国家。在市场失效或者不确定性背景下，企业理性投资行为难以进行，这时调节市场失灵的政府可以发挥一种更为积极主动的角色。

（3）市场内部化理论对于投资的方向和小规模企业的短期投资行为缺乏解释

力，因此无法说明 FDI 的区位选择问题，仅仅从技术经济的角度来说明跨国公司
OFDI 的决定因素，忽略了其他的重要影响因素，尤其是非生产因素或非经济要素
对跨国公司 OFDI 动机和发展的影响。而发展中国家和一些新兴经济体国家的 OFDI
的区位选择有时候和市场内部化理论是相互冲突的，市场内部化理论有时候需要付
出较高的内部化外部市场的成本和费用，也不能很好地说明中国企业海外投资的区
位选择问题。

（4）国际生产折中理论也有其局限性，因为该理论的研究视角是基于微观层
面的，将企业和所处国家之间的联系进行了抽象与剥离，忽略了企业所处环境的
影响，这样的分析在实行自由企业制度的发达国家中是可行的，但是对于一些发
展中国家，如在解释进行海外投资的国有企业行为时，却并不十分恰当。这是由
于在这些国家中，国有企业是国家的代表和发言者，企业进行跨国投资，不仅仅
是追求自身的利益最大化，还关系到国家的战略目标和利益。因此，国际生产折
中理论在解释发展中国家的企业不具备相对优势的情况下却成功进行 OFDI 方面
稍显不足。

（5）IDP 理论有值得借鉴的地方，但是由于各个发展中国家的国情差别很大，
利用外资和对外投资政策不同，在统计分析方法上也存在差异，即使是相同国民生
产总值（gross national product，GNP）水平下的两个国家，对外投资情况也存在着
很大的差异。俄国的 OFDI 模式就挑战了乌普萨拉大学和 IDP 的命题假设，需要延
伸折中范式 OLI，将制度因素纳入进来（Kalotay，2008；Kalotay and Sulstarova，
2010）。例如，一些发展中国家的母国制度环境因素和国家竞争优势有助于本国企
业获得海外经营的独特的所有权优势。而 IDP 理论并不能解释来自于母国制度环境
中的所有权优势，而这种优势可以在企业海外扩张的时候克服 "外来者劣势"。

一般的发展中国家 OFDI 理论认为企业优势来源于小规模制造和技术地方化
两个方面，但也不能很好地解释中国企业的对外投资行为，因为中国利用劳动力
成本低的有利条件进行大规模制造。小岛清的边际产业投资理论认为对外投资的
产业应该是母国丧失竞争力的边际产业，但是中国的这些企业大多数都来自于逐
渐形成国际竞争力的产业。

因此，需要一种新的理论视角或在现有 FDI 理论基础上进行拓展，来研究中
国企业的 OFDI 行为。

2.1.2　制度基础观理论

制度无论是对发达国家还是发展中国家的发展都非常重要。同时，对制度的
分析还试图理解政府的作用以及政治制度在政策形成、实施和经济绩效中的作用。

制度分析的层次可以分为作为宏观层面的国家理论，以及处于微观和中观层面的企业及利益集团理论；也可以分成国家层面的正式制度，以及将个人、企业和利益集团联系在一起的非正式制度。但是制度最终要上升到国家层面上来，因为制度理论对转型国家的经济行为研究更有帮助。在从传统的计划经济或管制经济向市场经济的过渡方面来看，转型的实质就是制度的变迁或制度创新。

我们在分析发达国家与发展中国家跨国公司行为的时候发现，最大的差距来自于制度差异，因为一国的经济并不是生产要素的简单叠加，土地、劳动力、资本、技术这些要素有了制度才能得以发挥作用。企业作为现代市场经济最重要的微观经济主体，其行为和战略选择更多地受所嵌入的制度环境和政府干预的影响。制度的两大功能体现在提供行为规范和带来效率方面。长期以来，企业战略理论深受古典经济学"自由理性选择"思维的影响，将制度仅仅作为企业外部运营环境对待，认为是外生变量产生影响，只不过将制度看作诸多外部限制条件或者外部障碍的一种而已。而新制度经济学派则将制度作为影响制度主体行为的内生变量，并将制度看作一个复杂的网络系统，具有演化和变迁的特点。

North（1990）认为制度是游戏和实施机制的规则，所以很多国际企业研究的文献和经济学文献都将制度看作外生变量。而研究国际企业的学者则将制度作为一个关键的影响跨国公司活动的变量（Peng，2003；Peng et al.，2008），而不再是外生变量来研究。从长期来看，制度受到企业和其他如政府和非政府组织（non-governmental organization，NGO）这些制度主体的影响。和主流经济学文献不同，组织的文献研究中将制度作为内生变量（Hoffman，1999；Kostova，1999），并将制度的演变纳入研究当中。

制度基础观（institution based view）强调制度因素从外部和内部对企业在给定的环境中的行为产生的影响（North，1990；W. R. Scott，1995；Dunning，2006），即制度会影响企业的行为及其结果。根据制度基础观，企业的战略选择取决于制度因素，或者对企业的资源升级起到促进作用或者阻碍作用的制度因素（Dunning and Lundan，2008）。而社会学家将制度的三大基础要素确立为规制性、规范性和文化-认知要素，三大基础要素的特点如表2-2所示。

表2-2 三大基础要素的特点

规则	要素		
	规制性要素	规范性要素	文化-认知要素
遵守基础	权宜性应对	社会责任	视若当然、共同理解
秩序基础	规制性规则	约束性期待	建构性图式
扩散机制	强制	规范	模仿
逻辑类型	工具性	适当性	正统性

续表

规则	要素		
	规制性要素	规范性要素	文化-认知要素
系列指标	规则、法律、奖惩	合格证明、资格承认	共同信念、共同行动逻辑、同形
情感反应	内疚/清白	羞耻/荣誉	确定/惶惑
合法性基础	法律制裁	道德支配	可理解、可认可的文化支持

资料来源：斯科特 W．L．制度与组织——思想观念与物质利益[M]．姚伟，王黎芳译．北京：中国人民大学出版社，2010

制度对企业的影响越来越重要，并且会产生制度压力。相应地，制度压力分为强制压力、规范压力和文化-认知压力。强制压力来自立法，如出口和进口、税法、外交舞弊案例等；规范压力来自政府和非政府组织提倡的规范和标准；文化-认知压力来自共享的信念和组织遵守的共同假设（Tolbert and Zucker，1983）。强制制度通常适用于国家领土范围；规范制度在指导企业海外行为时设立的一些准则，可以超越国家边界；认知制度引导组织理解现实的本质和有意义的框架（Hoffman，1999）。W．R．Scott（1995）认为这三种制度形式在分析和操作上都是不尽相同的，而 Addison 和 Hirsch（1997）认为一种制度形式的发展会影响其他制度形式的发展，但这种相互作用是有争议的。Hoffman（1999）关注一系列之前的组织信念从质疑到强制改变，到规范改变，再到最终的认知改变。相应地，制度的三种扩散机制和制度压力的三个层次与制度的三个维度相互对应，如表 2-3 所示。

表 2-3　制度的三个维度、制度的三种扩散机制和制度压力的三个层次

制度	维度	相关内容
制度的三个维度	规制维度：促成或阻碍企业创立的政府政策和制度	政府管制、法律法规、专业团体和主导组织制定的标准
	规范维度：民众对企业行为的价值判断，社会规范和价值观或新企业所处社会环境的某一层次	社会认同、价值观、职业标准、惯例传统等
	文化-认知维度：民众对某一事物的理解与认识程度，广泛被社会持有的信仰和理解文化的共识	依靠学习和模仿，表现为对某种概念、教义、意识、神话或者符号的认同
制度的三种扩散机制	强制机制	国家层面
	规范机制	行业层面
	模仿机制	企业层面
制度压力的三个层次	强制压力	来自立法，如进口和出口、税法、外交舞弊案例等
	规范压力	政府和非政府组织提倡的规范和标准
	文化-认知压力	共享的信念和组织遵守的共同假设

关于企业 FDI 及 OFDI 行为的研究，很多学者或从东道国的角度研究制度因素对吸收 FDI 的作用，或关注母国制度因素对企业国家化的影响。制度基础观成为继波特的行业观和资源观之外的又一种用来解释跨国公司投资行为的基础理论。强制性力量对企业做出资源选择和分配相关的决策会有关键的影响（Oliver，1997），尤其是在国家对市场控制较强的新兴经济体国家；规范化期望会影响国有企业经理人的职业期望，而国有企业经理人的职业发展和薪酬奖励，很大一部分取决于是否成功地实现了政府的目标，这是因为一些类型的企业"国际化的决策部分是由国家的政治目标决定的"（Ramamurti，2001），这些企业较少关注资源的经济利益最大化；模仿压力也会影响企业的国际化进程，新兴市场的国有企业的海外扩张被认为是成功的，并得到政府的支持（Deng，2009），这一压力使得国有企业的高级经理们效仿成功的同伴利用移动的资源来实施国际化的计划。相比于非国有企业，国有企业对这一压力反应更为强烈，因为企业可以承担由于公共政策目标部分而牺牲的企业的组织绩效。相比较而言，在非国有企业中，企业政府所有的程度较低，也较少依赖政府作为资源的提供者，规范和模仿性压力在影响经理人海外扩张的意愿上所起的作用并不是非常大。Levine 和 Zervos（1998）指出，制度有强制度和弱制度之分，强制度能够给予企业合法性支持，节省交易费用，提高企业的经营效率，而弱制度虽然也能提供合法性支持，但可能会对企业产生不利的影响。例如，一个国家的产权保护和政府腐败，可能会与企业对效益环境的要求不相适应。

2.2　制度因素与企业 OFDI 的关系

中国等发展中国家海外投资活动的增多引起了很多学者关于新兴经济体国家以及发展中国家 OFDI 行为的关注（Rui and Yip，2008；Deng，2009；Luo et al.，2010）。

奥尔森指出，一些低收入的国家由于制度不完善，缺乏契约的有效公正执行，以及产权制度的长期合法性，即使国家本身拥有丰富的资源，也无法获取投资、贸易和专业化所带来的巨大收益，归根结底，这源自制度的缺失。而制度有利于传播充分和正确的信息，以使市场参与者做出合适、有效的决定。目前国内外的文献研究中，关于东道国制度对跨国公司影响的文献较多，但是关于母国制度对本国企业 OFDI 的系统性影响研究相对较少，一般集中在单独的一个或几个方面。

2.2.1　东道国制度因素对企业 OFDI 的影响

制度观认为影响企业国际化的战略、结果的前提假设是国家层面的制度因素（Peng and Khoury，2009；Heugens and Lander，2009；Carney，2011）。一些关注企业进入、对外投资、分散化决策的学者发现较好的东道国制度环境能够提供竞争性的进入，并且允许企业的整合（Delios and Henisz，2003；Globerman and Shapiro，2003；Gerlach and Peng，2005）。Ramamurti（2001）认为企业经营要受到双边和超国家制度及协议的影响。企业是嵌入在正式和非正式的制度环境当中的，而且受环境的影响，这些制度因素不仅决定着市场竞争的水平而且还影响着企业发展的资源类型（Khanna and Palepu，1997；Peng，2003）。Guler 和 Guillén（2010）认为企业在面临东道国制度环境时，会受到当地政府制定的规则以及其他组织制定的规范等的影响，这些制度甚至会影响企业的价值判断，对企业形成嵌入性同构压力，影响企业进入国外市场的模式。Johanson 和 Vahlne（1977）指出企业早期的投资倾向于选择文化背景相似的国家。Buckley 等（2007a）的研究发现中国企业的 OFDI 倾向于选择那些自然资源丰富、制度环境与中国类似的国家进行海外投资。而 Lecraw（1977）、Wells（1983）、Fung 和 Lan（2003）指出企业倾向于选择能够利用关系资产（种族或家族联结）的东道国作为投资国。私人企业在对新兴经济体和政治不稳定的国家投资时面临更大的风险（Ramasamy et al.，2012）。在这样的网络中，关于合适和有利可图的投资机会的信息可以很方便地在成员间传递，有效的关系也能够有利于海外投资的市场进入和发展。外部的制度限制和压力会影响企业的 FDI 的战略决策（Brouthers，2002；Chan and Makino，2007）。Zhan（1995）也认为这样能够降低投资的商业风险。如果在东道国存在关系资本，则网络技能就成为中国企业海外投资的特殊优势，而企业在海外投资时也倾向于选择有关系资本的国家作为东道国。

跨国公司在多重国家进行经营，必然要面临各国的制度约束（Kostova et al.，2008）。阎海峰等（2009）认为中国企业的 OFDI 行为，是企业在国内外制度的双重作用下的战略选择。母国和东道国之间的制度距离越大，企业从事商业经营的风险和成本也就越大，为了应对在不同国家经营环境的市场制度的不同，需要制定相应的战略决策，包括进入时间和进入模式、商业活动类型、产品特征、联盟形式以及人力资源管理等。企业选择 OFDI，面临较大的不确定性和挑战，这种国际市场的环境增加了战略决策失误的风险。

2.2.2　制度因素对企业 OFDI 绩效的影响

随着制度理论的不断发展，学者们发现，OFDI 的影响因素已经不仅仅是经济意义上的决定性因素和战略原因，而是由政治、法律和社会规则以及整个政治环境所决定的。一国的法律、政治、社会和经济制度对经济绩效有着重要的影响。DiMaggio 和 Powell（1983）提出塑造企业行为的三种制度：强制性——企业的决策要受到国家、强大的管理者和政治压力的指导；规范性——企业行为的结果是由于专业化和已经建立规则的压力；模仿性——企业模仿成功企业的实践。潘镇（2006）在《制度距离与外商直接投资》一文中指出制度因素有时比经济因素更为重要，他将制度细分为最重要的并且对企业对外投资产生最直接影响的四种，即文化制度、法律制度（包括法律的完善程度和对财产的保护程度）、宏观经济制度（包括贸易政策、货币政策、金融管制政策）和微观经济制度（包括政府干预程度、工资控制程度和市场规范程度），这些制度因素会影响投资国在中国投资数量的多少。研究表明，制度能够影响资本在国际上的流动。Veugelers（1991）发现东道国与母国的文化相似性是决定投资流向国的重要因素之一。鲁明泓（1999）在研究制度对国际投资区位分布的研究中，从影响国际投资流入的四大类因素进行实证分析，验证了这些因素对投资流入量的影响。Agodo（1978）的研究指出，地方各级政府的发展规划会影响国际直接投资的流入，二者正相关。Globerman 和 Shapiro（2003）认为良好的制度环境能够积极地促进国际直接投资流出。张建红（2004）的研究发现跨国公司对华投资的强度受到投资国的政治体制和人口中华裔的数量、产业和贸易方面联系的影响。Zafar（2007）指出制度所带来的优势是影响 OFDI 的重要因素。而 Liu 等（2001）、Zurawicki 和 Habib（2001）的研究都表明，东道国政府的腐败程度负向影响吸收 FDI 的存量。

2.2.3　母国制度对 OFDI 的影响

母国制度在企业 OFDI 的早期起到关键的支持作用，这在 20 世纪 70 年代的日本（Ozawa，1979）以及最近中国和越南的实践中得到了体现。新兴经济体国家的制度结构能够影响企业海外投资的能力和意愿。一项连贯持续的政策会鼓励OFDI，而分散的、经常调整的政策可能带来相反的效果。制度有可能作为解释中国企业海外投资的行为差异的原因（Buckley et al.，2007b）。

跨国公司在很多国家进行经营，不可避免地要面临很多国家的制度环境（Kostova et al.，2008；Peng et al.，2008）。Scott（2002）认为企业的战略由母国制度环境（即游戏的规则）塑造，由政府及其代理人通过正式和非正式的影响实施，而且对影响投资及其行为的规范和文化-认知产生影响。Wan 和 Hoskisson（2003）认为国内制度在理解企业多元化战略的绩效方面发挥了重要的作用。例如，规制性和金融制度还会影响企业层面的公司治理绩效，最终决定企业分配资源的方式（Porta et al.，2000；Aguilera and Jackson，2003）。Aggarwal 和 Agmon（1990）认为政府的高度支持，表现在对原材料和其他投入要素的优先获取、较低的资本成本和补贴，以及其他的利益优惠方面，帮助新兴经济体国家的企业抵消所有权劣势和海外的区位劣势。

母国制度对在国家边界外经营的本国企业的影响越重要，越会对企业在东道国的业务产生制度压力。相应地，制度压力分为强制压力、规范压力和文化-认知压力。许多与跨国企业相关的规范和文化-认知压力无法直接测量，只能通过间接观察制度主体的论述（statement）以及企业对论述的反应来获得。母国制度可以提高企业在母国环境中获得资源的能力，帮助企业获得相关的政策支持，也会对国际化扩张的战略和实践施加压力，主要体现在企业道德实践和劳工标准方面（Spar and Yoffie，1999；Hartman et al.，2003a）。母国制度改变的演进是在制度主体，尤其是政府和非政府组织的作用下产生的。企业对这些制度的反应不尽相同，这取决于其对制度压力的敏感度。Kang 和 Jiang（2012）发现制度距离相关的经济自由度、政治影响或者 FDI 限制等会影响中国 OFDI 的区位选择，进一步，中国 OFDI 还取决于目标经济体是发达国家还是发展中国家。Wang 等（2012a，2012b）从制度的角度、行业组织和资源观角度研究了中国 OFDI 的驱动因素，他们发现政府的支持和母国的行业结构对中国 OFDI 是很关键的影响因素，而技术和广告资源并不那么重要。Buckley 等（2007a）研究发现，政策自由度对中国 OFDI 有很重要的影响，强调了制度对 OFDI 的重要性。但是中国经济的特点决定了这些因素不可能在其他新兴经济体中也是一样的。Oliver（1997）认为，企业越是依赖制度带来的压力，越倾向于遵守制度，而不是反抗。

母国制度同东道国制度的差别主要在于企业植根于母国的组织土壤，而且无法脱离母国这一制度环境。相比较而言，跨国企业如果不想受东道国的制度影响，完全可以撤离或者选择不进入。对于进行 OFDI 的企业来说，母国制度可以从好的一面促进其进行国际化扩张，而不利的母国制度环境也会迫使一些企业选择国际化经营，即"制度逃离"。所以中国企业 OFDI 的国际化动因不尽相同。很多国外的学者也都从中国企业 OFDI 的动机视角进行研究，多集中在中国企业的双重目标的肩负方面，即国家宏观战略目标的实现方面。但很多文献仍然是从国家积极地推动 OFDI 的角度进行研究，其中关注不利制度因素对 OFDI 的推动作用的文献相对较少。

许多国家都制定有利于国际经营活动的支持性制度，尤其是出口以及出口提高型的 FDI（Ozawa，1979；Nguyen et al.，2013）。但是，在一些情况下，母国的制度是限制 OFDI 的，尤其是对于跨国公司而言（Hartman et al.，2003a）。母国的一些规范会约束进行海外经营的跨国公司（Donaldson and Preston，1995）。这些因素有时很难同保护机制区分开来，尤其是当企业进行离岸经营时，往往引发争议（Doh，2005）。这些制度因素涉及劳工、环境、腐败等相关的标准，给跨国公司提供了广泛的行为准则（Christmann，2004；Kolk and Tulder，2004）。母国的制度也可能会反对在某些外国环境下的业务，但是关于这方面的研究很少。我们也只有有限地理解关于母国制度对国际化经营的影响。

许多文献都研究了双边或超国家制度和协议（Ramamurti，2001），或者东道国和母国政府的讨价还价能力，以及企业国际化经营的规则（斯托普福德和斯特兰奇，2003；Crow et al.，2003）。然而，很少有文献从理论上较为系统和全面地关注母国制度对国际化企业行为的影响，这就指引我们关注母国的制度是如何影响企业 OFDI 的。

2.2.4　制度变量的指标选取

在研究方法方面，目前在对 OFDI 和（东道国）制度的关系的研究中，许多研究都是质性研究，如 Cui 和 Jiang（2010）、Cortinhas（2009）、Eren-Erdogmus 等（2010）、Gammeltoft 等（2010）、Kalotay（2008）、Saez 和 Chang（2009）、Voss 等（2010），或者集中在企业层面的数据，如 Bhaumik 和 Driffield（2011）、Ramasamy 等（2012）、Tan 和 Meyer（2010）、Wang 等（2012a，2012b）。最近有研究从国家层面进行定量分析来确定新兴经济体 OFDI 的决定因素，使用的大多数 OFDI 的数据都是双边流向的，对东道国 OFDI 的变量的影响进行更深入的观察，如 Buckley 等（2007a）、Chou 等（2011）、Goh 和 Wong（2011）、Kalotay 和 Sulstarova（2010）、Kolstag 和 Wiig（2012）、Zhang 和 Dally（2011）。少数学者认识到母国制度变量对 OFDI 的重要影响，目前的研究集中在母国宏观经济指标的使用方面（Andreff，2002；Buckley et al.，2007a；Tolentino，2010；Goh and Wong，2011）。

在指标选取方面，本书借鉴了相关学者文章中的指标选取，见表 2-4 和表 2-5，并将其与斯科特三个维度的指标进行整合，以斯科特三个维度为主，将经济、法律、贸易政策、金融市场等制度的影响分类到三个维度当中进行分析（表 2-6）。

表 2-4　中国学者制度变量的维度选取指标

学者	自变量	因变量	注
姜建刚和王柳娟（2014）	经济制度： 诱导性经济制度：商会组织 强制性经济制度：信贷资金分配市场化、生产者法律产权保护、"走出去"战略	OFDI 每年的投资流量	母国

续表

学者	自变量	因变量	注
杨代刚（2013）	政府干预、法治水平、金融发展水平、科技成果市场化程度、制度环境（作为市场化指数）	科技创新能力：科学研究能力、技术创新能力、知识及技术流动、科技创新环境	国家
潘镇（2006）	文化制度距离：总体文化差异变量 法律制度距离：法律完善程度差异 宏观经济制度距离：贸易政策差异、货币政策差异 微观经济制度距离：政府干预程度差异、工资控制程度差异	产业政策	东道国
吴先明（2011）	东道国正式制度健全程度、文化距离、母子公司一体化程度、企业国际化经验	国外子公司建立模式选择（并购、新建）、国外子公司所有权模式（独资、合资）	东道国
裴长洪和樊瑛（2010）	法律法规、财政税收、金融外汇、信息人才、政府的宏观政策和公共服务等	定性分析	母国
鲁明泓（1999）	国际经济制度安排、经济制度、法律制度、企业运行便利性	FDI	东道国

表 2-5　新兴经济体国家 OFDI 影响因素的文献研究

学者	研究内容	理论框架	方法	国家和行业背景	制度变量	与制度因素相关的发现
母国宏观和发展相关的 OFDI 影响因素						
Pantelidis 和 Kyrkilis（2005）	发达国家、转型国家和发展中国家 OFDI 的宏观经济影响因素	IDP	面板数据回归	全部 OFDI 的跨国分析，包括发达、转型和发展中国家	不包含	母国 OFDI 的影响因素在发达国家、转型国家和发展中国家变化
Liu 等（2005）	中国 OFDI 的宏观经济影响因素	IDP	面板数据回归	中国全部的 OFDI	不包含	单个国家的特点
Tolentino（2010）	中国和印度 OFDI 的宏观经济影响因素	OLI	面板数据回归	中国和印度的全部 OFDI	不包含	有必要对其他的国家和行业因素作进一步研究
Luo 等（2010）	影响中国 OFDI 的政府性制度和政策	政治经济学视角	定性文章	中国不同行业的 OFDI	政府制度政府政策	制度逃离和政府推动
OFDI 的母国制度影响因素						
Buckley 等（2007a）	中国 OFDI 的影响因素，包括母国、东道国的影响因素和母国与东道国之间的文化、地理距离	FDI 一般理论，资本市场不完善、特定的所有权优势和制度因素	面板数据回归	中国 OFDI	政策自由化的虚拟变量	政策自由化可以提高 OFDI

续表

学者	研究内容	理论框架	方法	国家和行业背景	制度变量	与制度因素相关的发现
OFDI 的母国制度影响因素						
Salehizadeh（2007）	新兴经济体跨国公司国际化的决定因素和类型	OLI	描述性统计	发展中和后共产主义国家的OFDI	经济自由度指标、政策透明度指标	经济自由度和政策透明度与OFDI之间存在积极的影响
Kalotay 和 Sulstarova（2010）	俄国并购的动态性、决定因素和目标国	OLI	面板数据回归	俄国不同行业的并购	国有企业政策变化相关的虚拟变量、反映文化指标的虚拟变量	政策变化会影响俄国在其他国家的并购，而并购的区位选择倾向于与俄国文化相近的国家
Cui 和 Jiang（2010）	中国企业所有权决策的影响因素，是全资子公司还是合资公司	企业国际化战略的资源基础观和制度观的整合研究框架	中国十个OFDI 的案例研究	所选十个企业层面的数据	中国政府的金融支持水平、感知到的政府批准机构的限制	中国政府的金融支持水平有正向作用，而政府批准的限制有消极的影响
Voss 等（2010）	母国制度对中国企业国际化战略的影响	传统经济因素（市场寻求型动机），资本市场不完善和制度因素	定性，半结构化访谈	中国九个企业层面的数据	中国国内制度	中国国内制度对小企业的国际化有阻碍作用，这些制度因素从不同层面上支持中国企业的国际化
Cui 等（2011）	中国 OFDI 进入模式的决定因素	战略的三个观点：资源观、行业观和制度观	面板数据，基于调查数据的回归分析	中国 138 家企业层面的数据	政府的批准机构产生的文化-认知压力	不同的企业对母国制度的反应不同，国有企业更多地考虑政府的期望
Goh 和 Wong（2011）	国外市场规模和母国政府政策对马来西亚的 OFDI	OLI	面板数据回归分析	马来西亚OFDI	外汇储备作为资本自由度的指标	资本流出自由度增加 OFDI
Kang 和 Jiang（2012）	中国跨国公司在东亚和东南亚 FDI 的区位影响因素	传统的经济因素（市场寻求、自然资源寻求、效率和战略资产寻求）	面板数据回归分析	中国 OFDI	制度距离测量：中国和东道国经济制度的不同；政治和法律体制的不同；FDI 限制的差异；文化距离	与经济自由度相关的制度距离、政治影响或 FDI 限制会影响 OFDI 的区位选择
Wang 等（2012a）	中国企业 FDI 的驱动因素，包括企业特点、母国行业、制度变量	制度观、行业组织和资源观的整合框架	面板数据回归分析	中国不同行业企业层面的OFDI	国家所有权；虚拟变量为国家支柱性产业政策	政府支持，包括对国有企业的支持，对中国的OFDI 是一个关键影响因素

续表

学者	研究内容	理论框架	方法	国家和行业背景	制度变量	与制度因素相关的发现
OFDI 的母国制度影响因素						
Stoian（2013）	后共产主义国家 OFDI 的制度决定因素	IDP 和制度理论	面板数据回归分析	后共产主义国家 OFDI	母国经济发展水平	有些制度因素会增强 OFDI，但有些却没有明显的关联

资料来源：Stoian C. Extending Dunning's investment development path：the role of home country institutional determinants in explaining outward foreign direct investment[J]. International Business Review，2013，22（3）：615-637

表 2-6　本书拟选取的制度变量指标

维度	指标
规制维度	法律完善程度（知识产权保护、生产者合法权益的保护）；信贷融资（金融市场化程度）；财政税收（企业对外税费负担减少）；贸易开放度；减少政府干预；非国有经济
规范维度	产业支持政策；市场中介组织
文化-认知维度	国家对"走出去"文化支持

　　如表 2-7 所示，Peng 等（2008）、Dunning 和 Lundan（2008）以及 Eden（2010）开始关注企业国际化的制度问题。对于类似中国这样的发展中国家的企业来说，选择何种方式进行国际化，以及不同的所有权性质是否会影响企业的战略选择，都是值得研究的问题。

表 2-7　文献阅读整理

	国外相关学者研究情况	国内相关学者研究情况	
东道国制度环境与进入模式、心理距离、制度优势	Peerenboom（2003）、Brouthers（2002）、Slangen 和 van Tulder（2009）、Guler 和 Guillén（2010）、Veugelers（1991）、Zafar（2007）	中国企业海外并购、进入方式、技术溢出、知识转移、对国际直接投资的流入、区位分布等方面	鲁明泓（1999）、潘镇（2006）、张建红（2004）
母国制度与区位选择	Hartman 等（2003b）、Nguyen 等（2013）、Buckley 等（2007a）、Buckley 等（2007a，2007b）	母国有利和不利的制度因素	Gaur 等（2014）、姜建刚和王柳娟（2014）
政府作用和重要性、国有化程度与国际化	Ramamurti（2001）、Ring 等（2005）、Khanna 等（2005）、Child 和 Yuan（1996）、Peng 等（2008）、Duanmu（2012）、Mahmood 和 Rufin（2005）	母国政府的特定作用	裴长洪和樊瑛（2010）
新兴经济体企业国际化	Buckley 和 Ghauri（2004）、Gaur 和 Kumar（2010）、Singh 和 Gaur（2009）、Gaur（2011）、Khanna 和 Palepu（2006）、Dunning 和 Lundan（2008）、Eden（2010）、Bhaumik 等（2010）、Child 和 Rodrigues（2005）	金砖四国的制度因素	杨恺钧和胡树丽（2013）

2.3　本章小结

一般认为，新兴市场的企业（emerging markets enterprise，EME）并没有拥有很强的国际化能力，仍然是世界的制造工厂，却通过对外投资逐渐进行国际化经营（Luo and Tung，2007；Bhaumik et al.，2010）。这一现象产生了很强的经济效果，开辟了学术理论研究的新途径，但是对于发展中国家和新兴经济体国家的企业商业模式、OFDI 的驱动因素以及与发达国家的国际化有何不同之处的理论仍然不完善（Child and Rodrigues，2005）。

从国内外的研究现状来看，近年来，来自新兴经济体和后共产主义经济体的OFDI 逐渐增多（Cortinhas，2009；Luo et al.，2010；UNCTAD，2011）。考虑到这些国家的制度结构，主流理论在对这些国家的 OFDI 的解释上稍显不足（Hamill，2010）。IDP 理论单独并不能解释投资发展路径中处于技术第 2 阶段国家的 OFDI，无法解释母国制度环境中所嵌入的企业所有权优势，而这种优势能帮助跨国公司克服外来者劣势。因此需要将制度理论纳入 IDP 理论当中，探讨母国制度对 OFDI 的影响。俄罗斯的 OFDI 就挑战了乌普萨拉大学的命题以及 IDP 理论，提示出要将母国制度因素包含进来延伸折中的 OLI 范式（Kalotay and Sulstarova，2010）。裴长洪和樊瑛（2010）认为中国企业的竞争优势主要基于中国本土的特征形成，而且无法被复制到东道国。随后，Buckley 等（2007a）认为，为了解释中国的 OFDI，需要将三个特别因素（资本市场不完善、特殊的所有权优势和制度因素）考虑到跨国公司的一般理论中。因此，理论上亟待做出特定的改变来解释新兴经济体的 OFDI。国内学者关于母国制度对中国企业 OFDI 的研究较少，而且多是在国外学者研究的基础上，仅从经济制度方面对这一问题进行探讨，或者集中在经济和法律制度层面，而且没有形成系统的理论和研究框架，这就给我们留下了较大的研究空间。

第 3 章 中国企业 OFDI 概况与制度现状

3.1 中国企业 OFDI 现状分析

20 世纪 80 年代以来，新兴市场国家的 OFDI 活动日益活跃。随着 21 世纪以来全球化经济发展的加快，OFDI 的黄金时期随之到来，尤其是以金砖五国为代表的新兴市场国家在全球价值链和世界分工合作中发挥着越来越重要的作用。

3.1.1 中国企业 OFDI 规模

1. 全球 FDI 发展趋势

从 20 世纪 80 年代初期至 90 年代末期，在国际 OFDI 中，仍然是以发达国家的国有跨国公司为主，2000 年以来，发展中国家和转型经济体的国有跨国公司在 OFDI 中占绝大多数。全球 OFDI 总流量在 1997 年亚洲金融危机后，经历了快速增长的时期；2000~2003 年，随着互联网泡沫的破裂，OFDI 总量开始下降，直到 2004 年开始回升，2007 年随着美国金融危机的爆发，OFDI 又开始下降，但总体趋势是在有升有降中上升。2010 年，在所有跨国公司中，有 56%来自发展中国家和转型经济体，共 345 个。2003~2010 年，发展中国家 OFDI 总额中，国有跨国公司占了 32%，这源于 2005~2009 年中很多大宗交易的发生。全球前 30 名非金融类国有跨国公司中，中信集团、中石油和中国远洋运输集团公司等企业榜上有名。

从全球来看，FDI 流出量较大的地区仍是发达经济体，其 2011~2013 年占全球 FDI 流出量的比重分别为 71.0%、63.3%、60.8%；发展中经济体 2011~2013 年占全球 FDI 流出量的比重分别为 24.7%、32.7%、32.2%；转型经济体 2011~2013

年占全球 FDI 流出量的比重分别为 4.3%、4.0%、7.0%（图 3-1）。从以上数字可以看出，发达经济体的 FDI 流出量一直保持较大的比重，但是略有下降，发展中经济体的 FDI 流出量呈上升趋势。转型经济体的 FDI 总额从 1992 年的 50 亿美元上升到 2011 年的 2 700 亿美元①。FDI 通常被看作对一国经济增长和发展与可持续性的关键挑战。有学者认为开放型的经济体能够从转型的过程中获得更多 FDI 的利益。

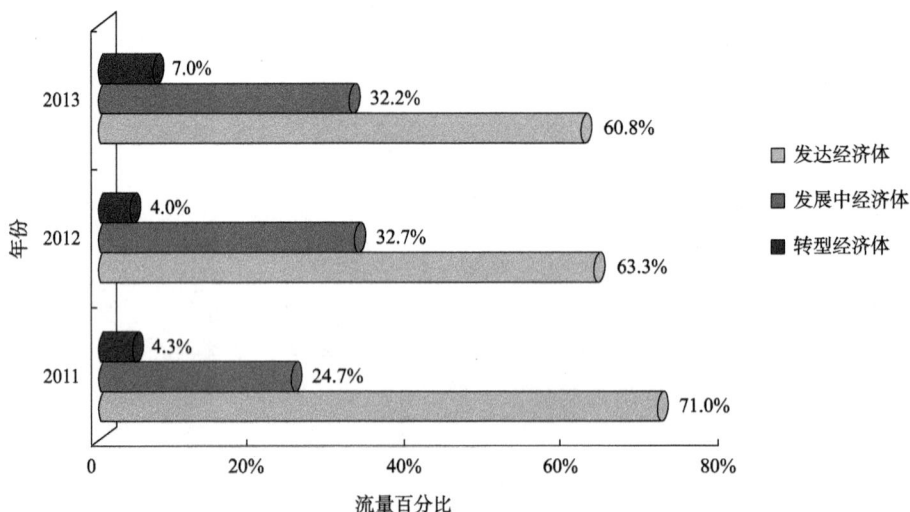

图 3-1　2011~2013 年世界 FDI 流出量的各类型经济体对比分析
资料来源：联合国贸易和发展会议，《世界投资报告 2014》

2. 中国 OFDI 发展概况

1）中国 OFDI 总体规模

根据《世界投资报告 2014》，2013 年全球外国直接投资流出流量为 1.41 万亿美元，年末存量 26.31 万亿美元。按照此基数计算，中国内地在 2013 年 OFDI 分别占全球当年流量、存量的百分比为 7.6%和 2.5%。按流量全球排名第 3 位，存量排名第 11 位（图 3-2）②。

商务部最新数据显示，2014 年，我国境内投资者累计实现投资额为 6 320.5 亿元人民币（约折合 1 028.9 亿美元），比上年同期共增长了 14.1%，截至 2014 年末，我国累计非金融类 OFDI 为 3.97 万亿元人民币（约折合 6 463 亿美元），共对

---

① 资料来源：United Nations Conference on Trade and Development.World Investment Report（2014）.

② 联合国贸易和发展会议的《世界投资报告 2014》。

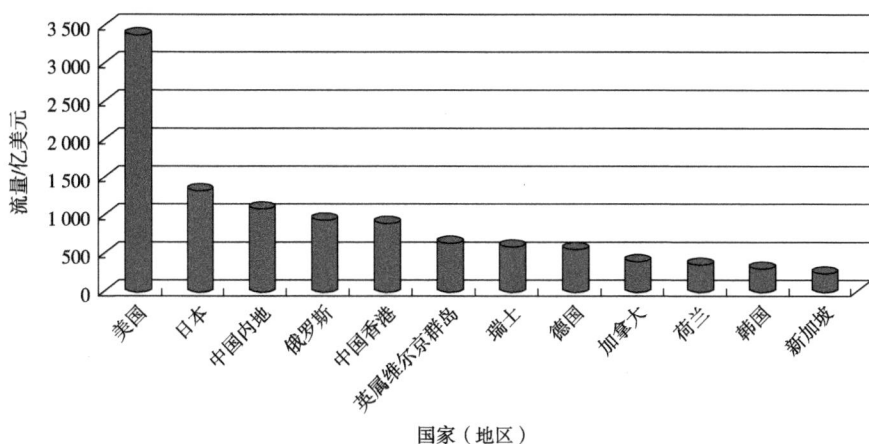

图 3-2　2013 年世界主要国家（地区）OFDI 流量对比
资料来源：UNCTAD 数据库

全球 156 个国家和地区的 6 128 家境外企业进行了直接投资①。

2）地方 OFDI 情况

2013 年末，地方企业非金融类 OFDI 存量占全国非金融类存量的 30.3%，共计 1 649 亿美元，比上年增加 1.8 个百分点。其中，东部地区占 79.3%，中部地区占 9.0%，西部地区占 11.7%（图 3-3）。2013 年末 OFDI 存量前十位的省（直辖市）的具体情况可见表 3-1。

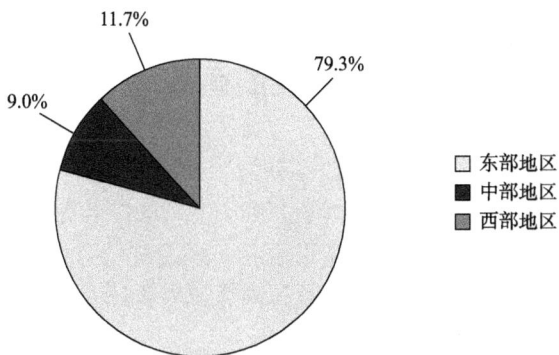

图 3-3　2013 年末各地区 OFDI 存量占比

---

① 资料来源：商务部网站。

表 3-1　2013 年末 OFDI 存量前十位的省（直辖市）　单位：亿美元

序号	省（直辖市）	存量
1	广东省	342.34
2	上海市	178.44
3	山东省	160.47
4	北京市	127.65
5	江苏省	111.63
6	浙江省	109.88
7	辽宁省	77.31
8	湖南省	45.47
9	福建省	39.68
10	云南省	38.66
合计	占地方存量 74.7%	1 231.53

资料来源：《2013 年度中国对外直接投资统计公报》

地方企业 OFDI 的规模在扩大，企业数量的比重也在逐年增加，2013 年已经突破了三成。东部地区，相较于中部和西部地区，仍然是地方 OFDI 的主力军，这一方面得益于得天独厚的地理优势；另一方面也源于地区制度的完善程度较高，市场化程度较高。

3.1.2　中国企业 OFDI 的发展阶段

1978 年以来，中国开始实行"改革开放"这一国策，中国企业 OFDI 逐渐发展起来，但是在 2000 年之前，OFDI 流量都很低，2000 年我国开始实施"走出去"战略，长期停滞的对外投资在 2003 年以后有了爆发式的增长（图 3-4）。中国 OFDI 大概分为初始探索阶段、波动震荡阶段和快速发展阶段，每一个阶段都带有鲜明的制度印记。

1. 初始探索阶段：1983~1990 年

这是中国 OFDI 的最初状态。图 3-4 反映出在此阶段 OFDI 流量非常少，这是因为，在 1984 年中国政府出台对外开放政策。联合国贸易和发展会议（以下简称联合国贸发会议）2009 年的统计数据显示，截至 1984 年底，中国对外投资的项目只批准了 189 个，存量投资额约为 2.71 亿美元。中国企业在国外经营方面缺乏

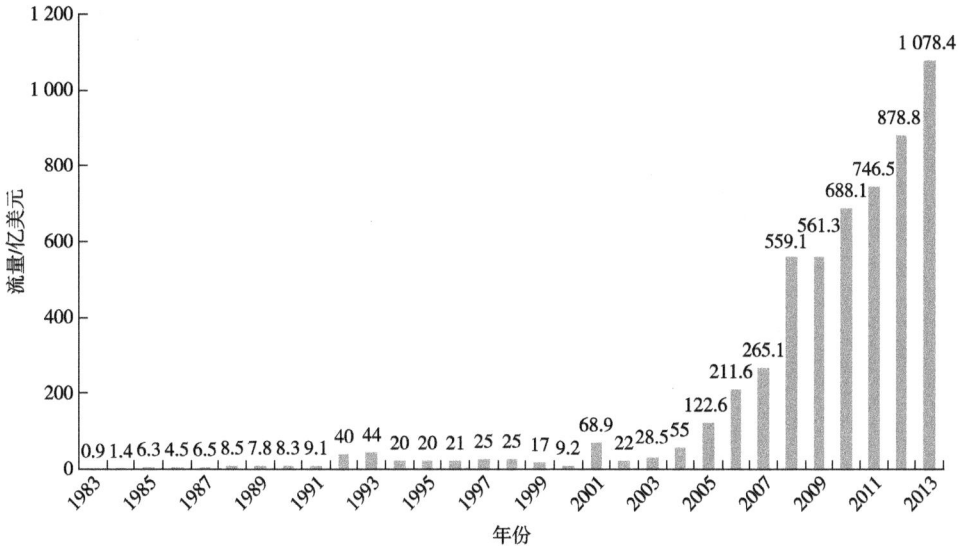

图 3-4　1983~2013 年中国 OFDI 流量

需要说明的是，2002~2005 年的数据代表的是中国非金融类 OFDI 数据，
而 2006~2013 年的数据是全行业的 OFDI 数额
资料来源：1983~2001 年的数据来自联合国贸发会议《世界投资报告》，
2002~2013 年的数据来自《中国对外直接投资统计公报》

经验，并不支持自由的 OFDI（Buckley et al.，2007a）。有管制的 OFDI 的目的就
是积累外汇，只有获得出口许可证的企业才有权利从外汇收益中获取一定的份额。
外汇管制一定程度上限制了中国企业的 OFDI。申请过程非常严格，项目的审批
必须由国家计划委员会（现为国家发展和改革委员会）或国务院执行，所有的项
目投资都不超过 1 000 万美元，而且海外的收益都要返回给中国。所以当时中国
的 OFDI 还停留在较低的水平。

2. 波动震荡阶段：1991~2000 年

图 3-4 反映出在 1991~2000 年这段时间，我国 OFDI 流量有增有减，呈波动
起伏状态。邓小平在 1992 年的南方讲话使得中国经济回到了正轨，中央政府重申
了改革开放的决心，而且地方政府也开始意识到海外业务的激励对地区和全国经
济发展具有重要的战略意义，企业自身也意识到海外经营的必要性，OFDI 成为
中国经济发展计划的一部分。中国政府在进行国有企业改革时，担心国有资产损
失，允许这些企业进行海外发展。而 1997~1998 年恰逢亚洲金融危机。金融危机
的爆发，导致很多海外企业破产，而政府为防止国有资产流失和资本外逃，收紧
了企业海外投资的审批政策，获批的 OFDI 项目数明显减少。这一阶段中国开始
进行国有企业改革，"抓大放小"，保持对大型企业的控制，让小企业回归市场，

这也导致了国家垄断的国有企业成为中国 OFDI 的主要力量。但不同于审批过程的严格，这段时期外汇管制开始放松。1995 年中国政府的外汇政策从"赚到用"转变为"买到用"（Buckley et al., 2007a）。外汇可以从国家外汇管理局购买来提供 OFDI 项目的金融支持，无论申请企业是否赚取外汇。20 世纪 90 年代初的《国家计划委员会关于加强海外投资项目管理的意见》指出，当时中国尚不具备大规模到海外投资的条件，到海外投资办企业主要应从我国需要出发，侧重于利用国外的技术、资源和市场以补充国内的不足，并在平等互利的基础上加强"南南"合作，推动我国与第三世界国家友好合作关系的发展。凡需向国家申请资金或境外借款需国内担保或产品返销国内需国家综合平衡以及中方投资额在 100 万美元以上（含 100 万美元）的项目，其项目建议书和可行性研究报告由国家计委会同有关部门审批；合同、章程由经贸部审批并颁发批准证书。中方投资额在 3 000 万美元以上（含 3 000 万美元）的项目，其项目建议书和可行性研究报告由国家计委会同有关部门初审后报国务院审批。

3. 快速发展阶段：2001 年至今

2000 年之前，中国企业的 OFDI 水平较低，自 2000 年开始，中国开始实行"走出去"政策，形成了强烈的国家制度环境氛围来支持 OFDI。从图 3-4 中也可以直观地看出 2002~2013 年 OFDI 流量保持了持续增长的态势。一系列围绕这项政策的相关法则和规章陆续出台，政府也从管制开始改为引导，从直接对企业决策和业绩的干预转变为通过一系列的规则和行政主体影响和决定市场。首先，外汇制度放宽；其次，从 OFDI 数量到效果的转变；最后，中国政府职能的进一步转换，从管制开始变换到支持。

2008 年，全球金融危机爆发。随着金融危机的全球性蔓延，中国的 OFDI 也受到了影响。世界直接投资降了 40%，中国的 OFDI 总量从 2008 年到 2009 年间增长了 6.5%。2009 年 5 月，中国开始实行新的监管框架，缩短了审批的时间，提高了需要审批的投资门槛并赋予商务部各地的分支机构更大的权力。国家外汇管理局也简化了审批流程，增加了用于海外投资的外汇储备。政府更多扮演监管者和仲裁者的角色。2009 年末，鼓励中国企业赴海外从事高科技、新能源、节能和环保行业的直接投资。

3.1.3　中国企业 OFDI 特点分析

1. 中国企业 OFDI 主体情况

自中国企业开始实行 OFDI 以来，从以国有企业为主导发展成为多种所有权结构并存的对外投资结构，近些年，民营企业的海外投资规模和企业数量都有扩大和增多的趋势。

2012 年非金融类 OFDI 为 777.3 亿美元，国有企业占到 46.6%，相比于 2011年，减少了 8.5%，按照企业单体的投资规模来看，国有大型企业仍然排在前列，在石油勘探开发、能源和通信等方面表现较为突出。但是不可否认的是，民营企业以其灵活的股权结构和多样化的经营理念在拓展海外市场时获得了较快的发展。2012 年末，在投资存量、境外企业资产总额和境外企业销售收入方面，中国石油化工集团公司、中石油、中国海洋石油总公司、中国移动和华润（集团）有限公司位居前 5 名[①]。

截至 2013 年末，按照《2013 年度中国对外直接投资统计公报》发布的数据统计情况来看，中国进行 OFDI 的投资者总数达到了 1.53 万家，从中国工商行政管理部门登记的情况来看，按照非金融类 OFDI 存量数据（5 434.552 亿美元），境内投资者的构成上，国有企业的 OFDI 存量为 3 000.12 亿美元，占到 55.20%。而非国有企业的 OFDI 存量为 2 434.432 亿美元，占到 2013 年全部 OFDI 存量总量的 44.80%，比 2012 年增加 4.6%。按注册类型来看，其中非国有企业中有限责任公司的 OFDI 存量额为 1 673.672 亿美元，较 2012 年同期提升 4.6%；其次是股份有限公司，2013 年末 OFDI 存量总额为 407.55 亿美元（图 3-5）。国有企业和非国有企业的变化趋势如图 3-6 所示。

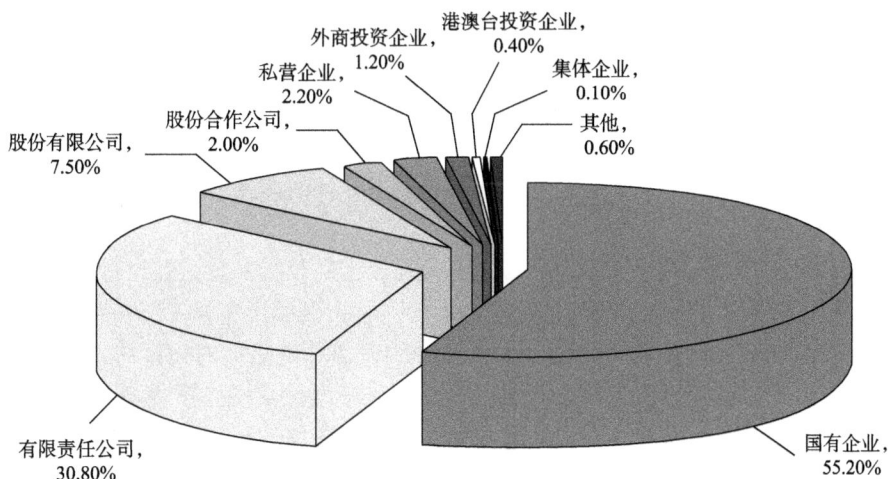

图 3-5　2013 年末境内投资者按中国非金融类 OFDI 存量的注册类型分布

资料来源：《2013 年度中国对外直接投资统计公报》

---

① 相关资料来源于《2013 中国统计年鉴》。

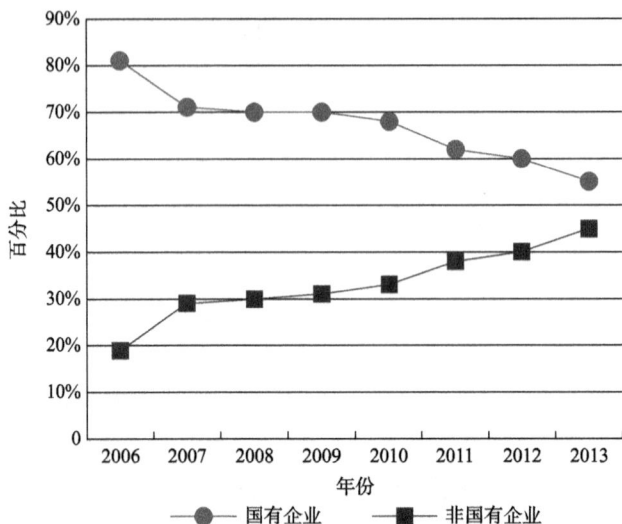

图3-6 2006~2013年中国国有企业和非国有企业OFDI存量占比情况
资料来源:《2013年度中国对外直接投资统计公报》

从图3-6反映的数字可以看出,国有企业占比降至一半左右,非国有企业占比不断扩大,反映了国家对OFDI的大力提倡,引领众多民营企业也纷纷投入国际化的大军中来。

2. 中国企业OFDI行业分布特点

1) 行业类型

在OFDI的行业方面,超过百亿美元OFDI流量的行业集中在租赁和商务服务业、批发和零售业、采矿业、金融业等行业,累计金额达到816.2亿美元(图3-7和图3-8)。

从图3-7和图3-8可以看出,无论是从流量还是存量来看,五大行业[①]仍然是中国对外投资的主力行业,2013年末的累计存量占到整个中国OFDI存量总额的83%,总计5 486亿美元。而前十大行业中的存量和流量的对比图中,只有一些行业有所出入,在存量统计图中,电力、热力、燃气及水的生产供应业截至2013年末OFDI存量排在第9位,而该行业在流量统计图中却没有排进前10名,2013年中国对外投资的行业中投资流量排在第9位的是农林和牧渔业,这也恰好反映了现在国家对农业海外投资的大力扶持。《世界投资报告》数据显示,2013年末,中国的OFDI已经几乎涉及所有的国民经济的行业类别,从境外企业的分布来看,有5 000多家企业进行批发和零售业、制造业的海外投资。

---

① 五大行业:租赁和商务服务业、采矿业、金融业、批发和零售业以及制造业。

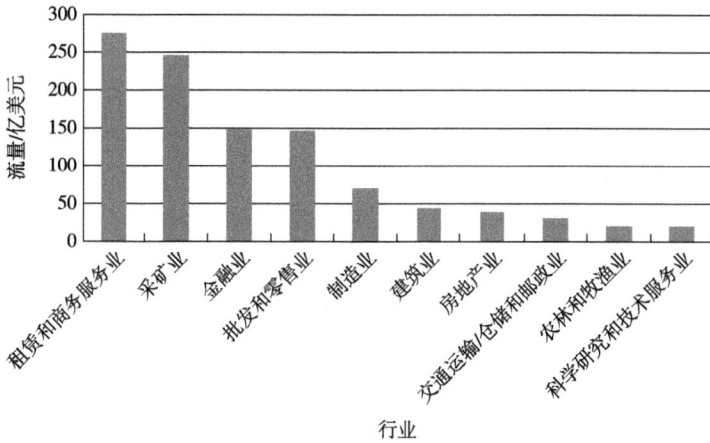

图 3-7　2013 年中国 OFDI 流量前十大行业分布

资料来源:《2013 年度中国对外直接投资统计公报》

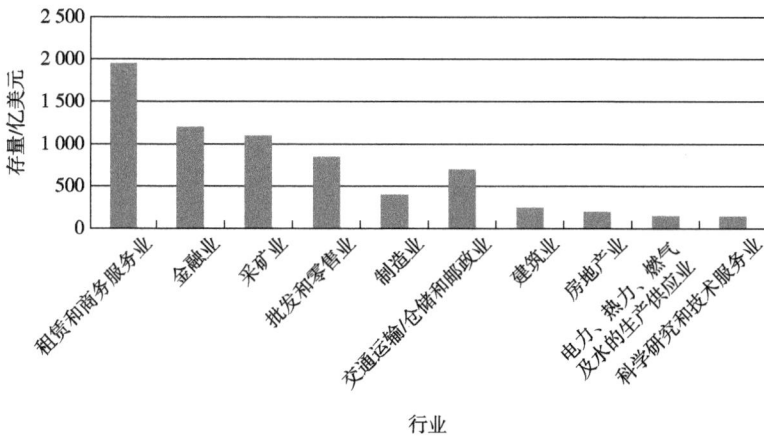

图 3-8　截至 2013 年末中国 OFDI 存量前十大行业分布

资料来源:《2013 年度中国对外直接投资统计公报》

2）行业类型与投资区位

由于投资的目的地不同，行业的类型及比重也有所不同。例如，中国对欧盟的 OFDI 的主要行业按存量看，前五大行业集中在租赁和商务服务业、金融业、采矿业、批发和零售业以及制造业；而对美国的 OFDI 的前五大行业是金融业、制造业、采矿业、批发和零售业、房地产业；对东盟 OFDI 的前六大行业是电力、热力、燃气及水的生产供应业，采矿业，批发和零售业，制造业，房地产业，租赁和商务服务；对非洲 OFDI 的前五大行业是采矿业、建筑业、金融业、制造业、科学研究和技术服务业。

3. 中国 OFDI 区位分布特点

从 OFDI 流量角度看，中国 OFDI 的市场遍布全球六大洲[①]，184 个国家和地区，占全球国家或地区总数的 79%。而且每年的 OFDI 都有新增加的国家和地区。OFDI 存量的 80% 都集中在发展中经济体，其次是发达经济体[②]。同时，也反映出中国 OFDI 对发展中经济体的投资快速增长的趋势，而相对地，对发达经济体的投资则呈缓慢增长的趋势，对转型经济体的投资则呈下降趋势。

表 3-2 反映了 2013 年 OFDI 流量的情况，对发展中国家经济体的投资为 917.3 亿美元，占到当年流量的 85.1%，同比增长 31%。《世界投资报告 2014》显示，较为显著的是对东盟投资的增长，同比增长 19.1%，投资额为 72.67 亿美元。对发达国家经济体的投资为 138.3 亿美元，同比增长 2.4%，占到 12.8%。而对转型经济体的投资则同比下降 46.8%，如 2012 年中国对哈萨克斯坦的投资流量高达 29.96 亿美元，占对转型经济体投资的 70%，2013 年对哈萨克斯坦投资却仅为 8.11 亿美元，同比下降了 72.9%。但中国对格鲁吉亚、俄罗斯、吉尔吉斯斯坦的投资分别实现了 59.5%、30.2%、26% 的较高增长[③]。

表 3-2　2013 年中国对经济体直接投资流量构成

经济体	金额/亿美元	同比	占比
发达经济体	138.3	2.4%	12.8%
发展中经济体	917.3	31%	85.1%
转型经济体	22.8	−46.8%	2.1%

资料来源：联合国贸发会议，《世界投资报告 2014》

近些年，中国的 OFDI 增长非常迅速，中国也成为许多国家 FDI 的来源。20 世纪 70 年代末期的"对外开放"政策和 2000 年的"走出去"战略的实施，使得中国的 OFDI 蓬勃发展。1996 年，中国的 OFDI 占全球 OFDI 的 3.3%，而这一数据在 2006 年上升到 10%。截至 2014 年，中国在全世界 OFDI 的国家排名中占据第 3 位。从前 20 个中国 OFDI 流入的东道国（地区）来看（表 3-3），避税场所、地域上接近中国、拥有丰富的自然资源或者有巨大的市场的国家，能够吸引中国的投资。排在前三位的中国香港、开曼群岛和英属维尔京群岛都属于"避税天堂"。按照区域划分，大部分在亚洲、拉丁美洲和欧洲（图 3-9）。这些数据表明避税场所身份和地域上的邻近是影响 OFDI 的重要因素。

---

① 六大洲包括亚洲、拉丁美洲、欧洲、非洲、北美洲和大洋洲。

② 相关数据来自《2013 年度中国对外直接投资统计公报》。

③ 数据来自《2013 年度中国对外直接投资统计公报》，经济体划分标准按照联合国贸易会议《世界投资报告》的相关规定。

表 3-3　2013 年末中国 OFDI 存量前 20 位东道国（地区）

序号	国家（地区）	存量/亿美元	占比
1	中国香港	3 770.93	57.1%
2	开曼群岛	423.24	6.4%
3	英属维尔京群岛	339.03	5.1%
4	美国	219.00	3.3%
5	澳大利亚	174.50	2.6%
6	新加坡	147.51	2.2%
7	英国	117.98	1.8%
8	卢森堡	104.24	1.6%
9	俄罗斯	75.82	1.1%
10	哈萨克斯坦	69.57	1.1%
11	加拿大	61.96	0.9%
12	挪威	47.72	0.7%
13	印度尼西亚	46.57	0.7%
14	法国	44.48	0.7%
15	南非	44.00	0.7%
16	德国	39.79	0.6%
17	缅甸	35.70	0.6%
18	中国澳门	34.09	0.5%
19	蒙古	33.54	0.5%
20	荷兰	31.93	0.5%
合计		5 861.60	88.7%

资料来源：《2013 年度中国对外直接投资统计公报》

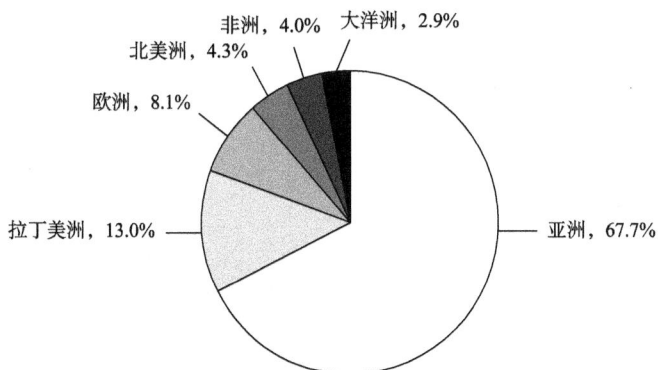

图 3-9　2013 年末中国 OFDI 存量地区分布情况

资料来源：根据《2013 年度中国对外直接投资统计公报》相关数据绘制

3.2 中国企业 OFDI 制度现状

3.2.1 "走出去"战略的发展

自 2000 年确定"走出去"战略以来,中国政府对企业赴海外投资经营进行大力支持,中国的对外投资也实现了快速的发展。商务部的数据显示,从 2008 年至今,我国对外投资年均增长 27.2%。有学者认为从 2014 年开始中国的对外投资额将超过利用外资额,开始逐步进入资本输出时代。中国影响 OFDI 的相关政策是随着"走出去"战略的发展而推进的。这一战略旨在通过进一步减少或消除影响国际投资的外汇、财政和行政方面的阻碍,来增强中国企业国际竞争力。2001 年以来中国 OFDI 增速阶段"走出去"战略及政策体系发展情况如表 3-4 所示。

表 3-4 2001 年以来中国 OFDI 增速阶段"走出去"战略及政策体系发展情况

阶段	内容	制度背景	相关政策
第一阶段:2001~2005 年"十五"期间	首次提出"走出去"战略,并将其上升为国家战略层面	2001 年中国加入 WTO,国家进一步扩大对外开放,实施"引进来"和"走出去",利用"两个市场、两种资源"。国家"十五"规划纲要提出:鼓励能够发挥中国比较优势的对外投资,扩大国际经济技术合作的领域、途径和方式,鼓励企业利用国外智力资源,在境外设立研究开发机构和设计中心。支持有实力的企业跨国经营。健全对境外投资服务体系,为"走出去"战略创造条件	支持性政策:2003 年商务部发布《商务部关于做好境外投资审批试点工作有关问题的通知》,下放境外投资审批权限、简化审批手续改革。国家外汇管理局取消了境外投资外汇风险审查、境外投资汇回利润保证金审批等 26 项行政审批项目,允许境外企业产生的利润用于境外增资或者再投资。2004 年,国务院颁布《国务院关于投资体制改革的决定》,取消审批制,实行核准制和备案制。2005 年,《对外经济技术合作专项资金管理办法》规定,对于商务部批准的境外经贸合作区,国家给予 2 亿~3 亿元的财政支持和不超过 20 亿元的中长期贷款
第二阶段:2006~2010 年"十一五"期间	支持有条件的企业"走出去"	国家"十一五"规划纲要提出,支持有条件的企业 OFDI 和跨国经营。以优势产业为重点通过跨国并购、参股、上市、重组联合等方式,培育和发展中国跨国公司。按照优势互补、平等互利原则扩大境外资源合作开发。鼓励企业参与境外基础设施建设。完善境外投资促进和保障体系,加强统筹协调、风险管理和海外国有资产监管	鼓励性政策:中非发展基金支持中国企业对非洲的海外投资。2007 年,国家税务总局发布《国家税务总局关于做好我国企业境外投资税收服务与管理工作的意见》。相关部门定期发布《国别贸易投资环境报告2007》《对外投资国别产业导向目录(三)》,实施和修订《对外直接投资统计制度》《境外投资联合年检暂行办法》等。2009 年《境外投资管理办法》发布,进一步简化、便利和规范对外投资。2010 年,商务部等出台《商务部等十部门关于进一步推进国家文化出口重点企业和项目目录相关工作的指导意见》

续表

阶段	内容	制度背景	相关政策
第三阶段：2011~2015 年"十二五"期间	加快实施"走出去"战略	国家"十二五"规划纲要提出，按照市场导向和企业自主决策原则，引导各类所有制企业有序开展境外投资合作。支持境外开展技术研发投资合作，鼓励制造业优势企业有效对外投资，创建国际化经销网络和知名品牌。逐步发展中国大型跨国公司和跨国金融机构。加快完善对外投资法律法规制度，积极商签投资保护、避免双重征税协定。健全境外投资促进体系，提高企业对外投资便利化程度，维护中国海外权益，防范各类风险。履行社会责任，造福当地人民	鼓励和引导性政策：2011 年 9 月，《商务部 发展改革委 科技部 工业和信息化部 财政部 环境保护部 海关总署 税务总局 质检总局 知识产权局关于促进战略性新兴产业国际化发展的指导意见》发布，探索在海外设立研究中心，扶持战略性新兴产业与国外研究机构、产业集群建立战略合作关系。2012 年 2 月，《关于加快转变外贸发展方式的指导意见》提出加快"走出去"带动贸易。推动国内技术成熟的行业到境外开展装配生产，带动零部件和中间产品出口。2012 年 5 月，《关于加快培育国际合作和竞争新优势的指导意见》强调与东道国经济社会发展的融合，积极履行社会责任。2012 年 6 月由 13 个部门颁布的《关于鼓励和引导民营企业积极开展境外投资的实施意见》明确了相关的鼓励和引导性措施

3.2.2　促进 OFDI 的其他相关政策制度体系

在"走出去"战略大背景下，政府在各个方面出台了很多的政策法规，旨在引导和帮助中国企业进行 OFDI（表 3-5~表 3-7）。

表 3-5　中国 OFDI 规制层面政策制度

日期	政策或法规	部门
法律法规		
2005 年 1 月 1 日	《对外直接投资统计制度》	商务部、国家统计局
	自 2005 年，企业按照统计制度要求报送对外直接投资统计数据	
2004 年 7 月 16 日	《国务院关于投资体制改革的决定》	国务院
	打破了传统计划经济体制下高度集中的投资管理模式，初步形成了投资主体多元化、资金来源多渠道、投资方式多样化、项目建设市场化的新格局	
2004 年 4 月 6 日	《中华人民共和国对外贸易法》	全国人民代表大会常务委员会
	扩大对外开放，发展对外贸易，维护对外贸易秩序，保护对外贸易经营者的合法权益，促进社会主义市场经济的健康发展	

续表

日期	政策或法规	部门
	法律法规	
2004 年 10 月 1 日	《关于境外投资开办企业核准事项的规定》	商务部
	商务部将境外投资核准权限下放，规范和简化了核准程序，标志着我国对外投资便利化取得突破性进展，是我国对外投资历史上第一次公开颁布的管理性文件	
2005 年 3 月 31 日	《企业境外并购事项前期报告制度》	商务部、国家外汇管理局
	便于及时了解我国企业境外并购情况，向企业提供境外并购及时有效的政府服务	
2006 年 4 月 30 日	《商务部办公厅关于建立中国对外直接投资国别（地区）数据核查制度的通知》	商务部办公厅
	统计公报中显示的我国对部分国家（地区）的直接投资数据与相关国政府发布的数据出现差异，统计部门为确保我国对外直接投资统计数据的准确、完整，及时分析差异的原因	
2009 年 3 月 16 日	《境外投资管理办法》（现已废止，启用新《境外投资管理办法》）	商务部
	促进和规范境外投资，企业开展境外投资应当认真了解并遵守境内外相关法律法规、规章和政策，遵循"互利共赢"原则	
2009 年 12 月 28 日	《商务部办公厅关于调整对外直接投资统计报告期别的通知》	商务部办公厅
	自 2010 年 1 月 1 日起，将《对外直接投资统计制度》中的"对外直接投资统计季度快报表（FDIJ 表）"的报表期别调整为月度快报表，并于月后 10 日前网上报送	
2010 年 11 月 9 日	《大陆企业赴台湾地区投资管理办法》	国家发展和改革委员会、商务部、国务院台湾事务办公室
	大陆企业赴台湾地区投资，应主动适应两岸经济和产业发展特点，结合自身优势和企业发展战略，精心选择投资领域和项目；认真了解并遵守当地法律法规，尊重当地风俗习惯，注重环境保护，善尽必要的社会责任	
2014 年 5 月 4 日	《国务院办公厅关于支持外贸稳定增长的若干意见》	国务院办公厅
	应对严峻复杂的外贸形式，支持外贸稳定增长，发挥"走出去"贸易促进作用	
2014 年 9 月 6 日	新《境外投资管理办法》（对 2009 年的修订）	商务部
	将提高境外投资便利化水平作为重要的政策目标；备案为主，核准为辅的境外投资管理模式，对敏感国家和地区、敏感行业实行核准，其余一律备案制	
	审核批准	
2004 年 8 月	《商务部、国土资源部关于实行境外矿产资源开发网上备案的通知》	对外贸易经济合作部、国土资源部
	为了及时了解我国企业开展境外矿产资源开发的情况，协助企业解决在项目推动和实施过程中出现的问题，外经贸部和国土资源部决定对我国企业事业单位在境外开展矿产资源开发实行项目备案	

日期	政策或法规	部门
审核批准		
2003 年 6 月 17 日	《境外资源开发网上备案制度》	国务院、国土资源部
	备案的内容主要包括企业基本信息、项目开发活动概况以及工作进展情况三个方面。从备案的目的看，是为政府了解掌握全面情况，及时为企业提供政府服务和指导，创造良好的外部环境，体现了创建服务型政府的理念	
2004 年 10 月 9 日	《境外投资项目核准暂行管理办法》（已废止，采用新办法）	国家发展和改革委员会
	适用于中华人民共和国境内各类法人，及其通过在境外控股的企业或机构，在境外进行的投资（含新建、购并、参股、增资、再投资）项目的核准	
2003 年 6 月 26 日	《商务部、国家外汇管理局关于简化境外加工贸易项目审批程序和下放权限有关问题的通知》	商务部和国家外汇管理局
	根据国务院有关部门机构与职能的调整和深化行政审批制度改革的要求，商务部和国家外汇管理局对境外加工贸易项目的审批程序和权限进行了调整	
2004 年 9 月 9 日	《商务部办公厅关于启用〈内地企业赴港澳地区投资批准证书〉的通知》	商务部办公厅
2016 年 4 月 13 日	《境外投资项目核准和备案管理办法》	国家发展和改革委员会外资司
	中方投资额 3 亿美元及以上境外投资项目，由国家发展改革委备案。涉及敏感国家和地区、敏感行业的境外投资项目，由国家发展改革委核准	
2004 年 8 月 31 日	《关于内地企业赴香港、澳门特别行政区投资开办企业核准事项的规定》	商务部、国务院港澳事务办公室
	进一步鼓励和支持内地企业赴港澳投资发展	
融资信贷（一）		
2000 年 10 月 24 日	《中小企业国际市场开拓资金管理（试行）办法》	对外贸易经济合作部和财政部
	支持中小企业发展，鼓励中小企业参与国际市场竞争降低企业经营风险促进国民经济发展，加强对"中小企业国际市场开拓资金"的管理	
2004 年 10 月 27 日	《关于对国家鼓励的境外投资重点项目给予信贷支持政策的通知》	国家发展和改革委员会、中国进出口银行
	根据国家境外投资发展规划、中国进出口银行在每年出口信贷计划中，专门安排一定规模的信贷资金（以下称"境外投资专项贷款"）用于支持国家鼓励的境外投资重点项目。境外投资专项贷款享受中国进出口银行出口信贷优惠利率	
2005 年 6 月 17 日	《财政部、商务部关于 2004 年资源类境外投资和对外经济合作项目前期费用扶持有关问题的补充通知》	财政部、商务部
	为贯彻党的十六大关于加快实施"走出去"战略精神，鼓励和扶持有比较优势的企业开展境外资源类投资和利用境外资源领域开展对外经济技术合作。对重点扶持项目之外的其他资源类项目，企业可以提出申请，财政部、商务部将根据对重点项目的资助情况统筹考虑	

续表

日期	政策或法规	部门
融资信贷（一）		
2005 年 8 月 16 日	《关于调整境内银行为境外投资企业提供融资性对外担保管理方式的通知》	国家外汇管理局
	支持企业参与国际经济技术合作和竞争，促进投资便利化，解决境外投资企业融资难问题，进一步简化提供融资性对外担保的管理手续	
2005 年 8 月 10 日	《商务部、中国出口信用保险公司关于实行出口信用保险专项优惠措施支持个体私营等非公有制企业开拓国际市场的通知》	商务部、中国出口信用保险公司
	帮助非公有制企业积极利用出口信用保险开拓国际市场，提高风险管理能力；实现稳健经营。对大型非公有制出口企业提供个性化便利服务。推动非公有制企业积极"走出去"开拓国际市场	
融资信贷（二）		
2005 年 12 月 9 日	《对外经济技术合作专项资金管理办法》	财政部、商务部
	专项资金对企业从事上述对外经济技术合作业务采取直接补助和贴息等方式予以支持	
2011 年 5 月 25 日	《中国银监会关于支持商业银行进一步改进小企业金融服务的通知》	中国银行业监督管理委员会
	进一步加大对小企业的贷款力度	
2011 年 10 月 24 日	《中国人民银行关于境内银行业金融机构境外项目人民币贷款的指导意见》	中国人民银行
	就境内银行对境外项目提供人民币融资做出规范，所有境内银行都可以依法开展境外项目人民币贷款业务	
2012 年 10 月 12 日	《保险资金境外投资管理暂行办法实施细则》	中国保险监督管理委员会
	规范保险资金境外投资运作行为	
2012 年 12 月 20 日	《关于股份有限公司境外发行股票和上市申报文件及审核程序的监管指引》	中国证券监督管理委员会
	取消境外上市关于企业规模、盈利及筹资额等财务门槛限制，大幅精简申报文件，简化审核程序，提高监管效率，为中小企业到境外直接上市融资创造有利条件	
2013 年 7 月 5 日	《商务部 外交部 公安部 住房城乡建设部 海关总署 税务总局 工商总局 质检总局 外汇局关于印发〈对外投资合作和对外贸易领域不良信用记录试行办法〉的通知》	商务部、外交部、公安部、住房和城乡建设部、海关总署、国家税务总局、国家工商行政管理总局、国家质量监督检验检疫总局、国家外汇管理局
	促进对外投资合作和对外贸易规范发展，强化政府服务，有效提示风险	
2013 年 7 月 1 日	《国务院办公厅关于金融支持经济结构调整和转型升级的指导意见》	国务院办公厅
	鼓励政策性银行、商业银行等金融机构大力支持企业"走出去"。推进贸易投资便利化	

续表

日期	政策或法规	部门
财政税收		
2000 年 4 月 10 日	《海关总署、中国银行关于加工贸易企业以多种形式缴纳税款保证金办法实施细则（暂行）》	海关总署、中国银行
	企业开展加工贸易业务因故无法向海关缴纳税款保证金的，可凭中国银行出具的以海关为受益人的税款保付保函（以下简称保函）办理海关备案手续	
2009 年 12 月 28 日	《财政部　税务总局关于完善企业境外所得税收抵免政策有关问题的通知》	财政部、国家税务总局
	依照企业所得税法及其实施条例中对境外税收额抵免的基本法则，125 号文件进一步明确了境外所得税的抵免方法	
2013 年 3 月 13 日	《国家税务总局关于〈出口货物劳务增值税和消费税管理办法〉有关问题的公告》	国家税务总局
	对外援助出口货物退税不需提交"援外计划书"	
外汇管理（一）		
2005 年 5 月 19 日	《国家外汇管理局关于扩大境外投资外汇管理改革试点有关问题的通知》	国家外汇管理局
	试点扩展到全国，增加境外投资的用汇额度，扩大试点地区外汇局的审查权限。凡办理此项业务的外汇分局和外汇管理部，其对境外投资外汇资金来源的审查权限从 300 万美元提高至 1 000 万美元。有助于境外投资便利化，深化境外投资外汇管理改革	
2009 年 8 月 1 日	《国家外汇管理局关于境内企业境外放款外汇管理有关问题的通知》	国家外汇管理局
	对放款人借款人的条件、额度等都进行了规定。便利和支持境内企业外汇资金运用和经营行为，提高境内企业资金使用效率，拓宽境外企业后续融资渠道，规范对外债权的管理与统计，促进境内企业"走出去"发展	
外汇管理（二）		
2009 年 8 月 1 日	《境内机构境外直接投资外汇管理规定》	国家外汇管理局
	贯彻落实"走出去"发展战略，促进境内机构境外直接投资的健康发展，对跨境资本流动实行均衡管理，维护我国国际收支基本平衡	
2011 年 1 月 6 日	《央行发布〈境外直接投资人民币结算试点管理办法〉》	中国人民银行
	便利境内机构以人民币开展境外直接投资，规范银行办理境外直接投资人民币结算业务	
2013 年 10 月 28 日	《国家外汇管理局关于在部分地区试行小额外保内贷业务有关外汇管理问题的通知》	国家外汇管理局
	在广东、浙江、深圳和福建四个地区试行，境内企业办理符合以下条件的小额外保内贷业务，可直接与境外机构或个人、境内金融机构签订外保内贷合同	

日期	政策或法规	部门
外汇管理（二）		
2014 年 2 月 10 日	《国家外汇管理局关于进一步改进和调整资本项目外汇管理政策的通知》	国家外汇管理局
	简化融资租赁类公司对外债权外汇管理；进一步放宽外直接投资前期费用管理；简化境内机构利润汇出审核；进一步放宽境内企业境外放款管理	
2014 年 3 月 7 日	《国务院关于进一步优化企业兼并重组市场环境的意见》	国务院
	要求简化海外并购的外汇管理；优化国内企业境外收购的事前信息报告确认程序，加快办理相关核准手续	
2014 年 6 月 1 日	《国家外汇局关于发布〈跨境担保外汇管理规定〉的通知》	国家外汇管理局
	简政放权、取消或大幅简化与跨境担保相关的行政审批；转变职能，合理界定跨境担保的外汇管理范围和监管责任边界；从事前审批转向事后监管；强化风险防范	
贸易开放		
2013 年 6 月 5 日	《境外经济贸易合作区确认考核和年度考核管理办法》	商务部、财务部
	进一步创新境外合作区发展模式；积极稳妥地推进境外经济贸易合作区建设	
2013 年 12 月 13 日	《商务部、国家开发银行关于支持境外经济贸易合作区建设发展有关问题的通知》	商务部、国家开发银行
	商务部对企业投资建设的合作区进行宏观指导，在国别和产业指引、资本投资便利化、境外投资保障等方面提供支持。国家开发银行根据国家对外发展战略的需要，支持国内产业集群"走出去"，为合作区建设提供投融资等服务	
境外管理		
2005 年 9 月 18 日	《商务院办公厅转发商务部等部门关于加强境外中资企业机构与人员安全保护工作的意见》	商务部、外交部、国有资产监督管理委员会
2010 年 8 月 26 日	《对外投资合作境外安全风险预警和信息通报制度》	商务部
2010 年 8 月 13 日	《境外中资企业机构和人员安全管理规定》	商务部、外交部、国家发展和改革委员会、公安部、国务院国有资产安全生产监督管理总局、国家安全生产监督管理总局、中华全国工商业联合会
2012 年 1 月 11 日	《境外中资企业机构和人员安全管理指南》	商务部
2013 年 3 月 18 日	《商务部关于印发〈规范对外投资合作领域竞争行为的规定〉的通知》	商务部

续表

日期	政策或法规	部门
境外管理		
2013 年 7 月 1 日	《对外投资合作境外安全事件应急响应和处置规定》	商务部、外交部、住房和城乡建设部、卫生和计划生育委员会、国务院国有资产监督委员会、国家安全生产监督管理总局
民营企业		
2012 年 6 月 29 日	《关于鼓励和引导民营企业积极开展境外投资的实施意见》	国家发展和改革委员会、外交部、财政部、商务部、人民银行、海关总署、工商总局、质检总局、银监会、证监会、保监会、外汇局

资料来源：根据商务部、国家发展和改革委员会、科学技术部等网站相关政策法规整理

表 3-6　中国 OFDI 规范层面政策制度

日期	政策或法规	部门
信息支持和中介服务		
2002 年 3 月 12 日	《关于成立境外中资企业商会（协会）的暂行规定》	对外贸易经济合作部
	为会员提供驻在国有关政策、法规和市场信息等各种信息、咨询服务，组织会员与驻在国开展交流与合作；代表会员与驻在国有关方面交涉经济商务事宜，维护会员的合法权益；加强会员之间的联系，定期组织有关活动，为会员间的信息沟通和经验交流提供便利；协调会员之间的经营行为；及时向我国驻外使（领）馆经商参处（室）和外贸部反映工作中遇到的问题；督促会员企业遵守所在国法律	
2004 年 11 月 11 日	《商务部关于印发〈国别投资经营障碍报告制度〉的通知》	商务部
	我驻外经济商务机构、商会及企业等以撰写年度报告和不定期报告的形式，反映境外中资企业在东道国（地区）投资经营中遇到的各类障碍、壁垒及相关问题；提醒投资企业规避投资风险；并通过多双边机制，维护我国企业的合法权益	
2005 年 12 月 14 日	《商务部办公厅关于启用〈中国企业境外投资批准证书〉的通知》	商务部办公厅
2004 年 4 月 16 日	《商务部关于印发〈在拉美地区开展纺织服装加工贸易类投资国别指导目录〉的通知》	商务部
2014 年 3 月 25 日	《中国企业在英国投资指南（2014 版）》	国家发展和改革委员会
产业科技（一）		
1999 年	《国务院办公厅转发科技部等部门〈关于促进科技成果转化若干规定〉的通知》	科学技术部等

续表

日期	政策或法规	部门
产业科技（一）		
2003 年	《关于加强对外贸易中的专利管理的意见》	对外贸易经济合作部（现今为商务部）
2002 年	《关于大力发展科技中介机构的意见》	科学技术部
2003 年	《关于印发〈关于加强国家科技计划知识产权管理工作的规定〉的通知》	科学技术部
2003 年	《中国海外科技创业园试点工作指导意见》	科学技术部
2006 年	《关于国际科技合作项目知识产权管理的暂行规定》	科学技术部
2007 年	《关于印发建立和完善知识产权交易市场指导意见的通知》	国家发展和改革委员会等
产业科技（二）		
2007 年	《财政部 科技部关于印发〈国际科技合作与交流专项经费管理办法〉的通知》	财政部、科学技术部
2008 年	《中华人民共和国专利法》	第十一届全国人民代表大会
2008 年	《国务院办公厅转发发展改革委等部门〈关于促进自主创新成果产业化的若干政策〉的通知》	国家发展和改革委员会、科学技术部、财政部、中国人民银行、国家税务总局、知识产权局、中国科学院、中国工程院
2009 年	《禁止出口限制出口技术管理办法》	科学技术部
2011 年	《国家国际科技合作基地管理办法》	科学技术部
2011 年	《财政部 科技部关于印发〈中欧中小企业节能减排科研合作资金管理暂行办法〉的通知》	财政部、科学技术部
2013 年	《国务院关于化解产能严重过剩矛盾的指导意见》	国务院

资料来源：根据商务部、国家发展和改革委员会、科学技术部等网站相关政策法规整理

表 3-7　中国 OFDI 文化层面政策制度

日期	政策或法规	部门
2012 年 5 月 17 日	《六部门发布〈中国境外文化建设若干意见〉》 重点阐明了中国境外企业文化建设的九大内容。一是树立使命意识，坚持和平发展、互利共赢的主旋律和价值观，展示中国企业的历史文化底蕴；二是坚持合法合规，做到依法求生存、依法求发展；三是强化道德规范，将道德感、伦理观渗透到企业经营和管理的全过程；四是恪守诚信经营，将诚信融入企业精神和行为规范之中；五是履行社会责任，造福当地社会和人民，树立中国企业负责任的形象；六是加强与当地融合，将企业经营管理与当地社会发展结合起来；七是加强风险规避，有效防范国际化经营中的各种风险；八是严抓质量考核，把质量当成创业之本、立业之基；九是创新经营特色，将企业文化与企业经营管理紧密融合	商务部、中共中央对外宣传办公室、外交部、国家发展和改革委员会、国有资产监督管理委员会、国家预防腐败局、中华全国工商业联合会

续表

日期	政策或法规	部门
2013 年 2 月 18 日	《商务部　环境部关于印发〈对外投资合作环境保护指南〉的通知》 倡导企业在积极履行环境保护责任的过程中，尊重东道国社区居民的宗教信仰、文化传统和民族风俗，保障劳工合法权益，为周边地区居民提供培训、就业和再就业机会，促进当地经济、环境和社区协调发展，在互利互惠基础上开展合作	商务部、环境保护部
2013 年 5 月 1 日	《关于发挥侨务优势服务中国企业走出去的若干意见》 发挥广大海外侨胞的作用，提升企业国际化经营的能力和水平	国务院侨务办公室、中华全国工商业联合会、中国国际贸易促进委员会

资料来源：根据商务部、国家发展和改革委员会、科学技术部等网站相关政策法规整理

　　对外投资相关政策体制的发展和变化，无疑对中国企业的 OFDI 产生了重要的影响（Buckley et al., 2007a），而对于在全球竞争中处于劣势的新兴经济体国家和发展中国家来说，正是由于政府对对外投资在政策上大力支持和鼓励，以及制度上的建设的特殊性，很大程度上弥补了这种劣势，也反映出政府制定的相关政策对企业"走出去"的重要作用（Luo et al., 2010）。由表 3-5 可以看出，政府在促进 OFDI 的过程中，规制层面的政策较多，充分发挥了制度的激励和支持效果，引导本国企业积极"走出去"。表 3-6 表明政府制定的政策在帮扶和服务企业海外投资方面的重要作用。表 3-7 反映出国家对文化建设方面的重视，随着"十二五"规划的深入，更加重视可持续投资和共同发展。

　　针对表 3-5~表 3-7 中的各个维度和各个方面，采用德尔菲法，邀请专家进行打分。德尔菲法是一种专家的头脑风暴法，对不容易量化的模糊性指标有着很好的预测和评估，是一种定性分析的方法。邀请相关专家，分两部分进行打分。第一部分是现有的政策制度体系中的相关政策法规在正向促进 OFDI 中的作用程度，分为强、较强、一般、较弱、弱，赋予分值分别为 5、4、3、2、1；第二部分为专家认为对中国 OFDI 有重要作用的相关政策制度的重要程度，分为高、较高、中、较低、低，赋予分值分别为 5、4、3、2、1。德尔菲法评分结果处理公式为 $M_j = \frac{1}{m_j} \sum_{i=1}^{m_j} C_{ij}$，其中，$M_j$ 为对 j（$j=1,2,\cdots,n$）方案全部评价的算术平均值；m_j 为参加 j 方案评价的专家数；C_{ij} 为第 i（$i=1,2,\cdots,m$）个专家对第 j 个方案的评分值。经过两轮打分后的结果如表 3-8 所示（德尔菲法只取最后一轮打分结果）。

表 3-8　德尔菲法评价结果

指标	第一部分得分情况	第二部分得分情况
规制层面	3.3	4.0
法律法规	4.0	4.0

指标		第一部分得分情况	第二部分得分情况
	审核批准	2.8	3.8
	融资信贷	3.2	4.6
	财政税收	2.9	4.1
	外汇管理	3.4	4.0
	贸易开放	3.4	3.9
	境外管理	3.2	3.5
	民营企业	3.3	4.3
规范层面		3.6	4.4
	信息支持和中介服务	3.7	4.3
	产业科技	3.5	4.6
文化层面		3.2	4.5

由表 3-8 可以看出，在第一部分专家打分结果认为在目前政策制度体系中，国家宏观层面的法律法规和支持政策发挥了重要的作用，但是在审核批准、财政税收、融资信贷等方面的作用效果还未达到较高水平，这可能与中国目前没有形成完善的投资体系和配套政策体系有关，而在外汇管理、贸易开放和促进民营企业海外投资方面虽然评分不是很高，但都表现出积极作用，说明类似自由贸易区建立、外汇体制改革等措施，对中国 OFDI 的作用正在不断增强。而在第二部分专家认为对中国 OFDI 重要影响方面，融资信贷、财政税收、促进民营企业海外扩张、技术研发支持、产业结构优化、文化建设方面，影响程度一般，是未来政策体系建设的方向。

通过以上对政策法规等制度的阐述，中国政府在推动中国企业"走出去"方面，发挥了重要的作用。伴随着"走出去"战略，在正向促进中国企业 OFDI 方面，具体来说，表现为以下几点：

第一，政府在不断地转变职能，简政放权，简化审批流程，促进投资便利化。

第二，在融资信贷方面，中国企业 OFDI 支持性的金融市场主体包括：国内政策性银行，中国进出口银行、国家开发银行、中国农业发展银行；专项基金管理机构，丝路基金、海上丝路基金等；国际开发性金融机构，亚洲基础设施投资银行、世界银行、亚洲开发银行等；商业银行，原则上不从事开发性项目，但是可以从事项目上下游商业性业务，还可以开办国际结算业务，为企业提供风险管理、投资银行等创新服务。这些机构对建立健全跨境贸易人民币结算、人民币跨境投融资、对外投资的企业直接在境外利用人民币结算、提供境外人民币贷款等方面发挥了重要的支撑作用。国内的经济发展水平及金融市场化发展，"国进民退"政策下的民间资本进入金融市场，随着直接资本市场的放开，整体的金融资本环境将有利于企业融资和信贷业务的发展，也将有利于企业 OFDI 的资本支撑。中国政府不仅在信贷融资方面提供大力支持，而且还设立专项资金、给予税收优惠等进行支持，减轻企业的税收负担。

第三，外汇管理方面。20 世纪 90 年代之后，中国政府逐步放开了即期外汇投资、远期外汇投资、证券投资和衍生品投资监管。国家外汇管理局将贯彻实施"走出去"发展战略作为重要责任，将涉外经济在内的国民经济发展服务列为重要内容，尤其在外汇使用和汇兑管理环节上予以海外投资企业便利化，不断深化外汇管理制度改革。从 2009 年开始，国家外汇管理局发布相关文件对境外直接投资外汇管理方式和程序进行简化与规范，对于境外投资在汇兑环节已经无管制。业务流程简化后，境内企业直接投资的外汇登记办理时限由 20 个工作日缩短为 5 个工作日。境内企业可使用自有外汇资金、留存境外利润、国内外汇贷款、无形资产、人民币购汇或实物等多种资金进行境外直接投资。证券投资有序开放，全年共批准 100 家合格境外机构投资者（qualified foreign institutional investor，QFII）158 亿美元、25 家合格境内机构投资者（qualified domestic institutional investor，QDII）106.3 亿美元、28 家人民币合格境外机构投资者（RMB qualified foreign institutional investor，RQFII）563 亿美元投资额度，分别新增 QFII 和 RQFII 500 亿美元和 2 500 亿元人民币投资额度[1]。2013 年国家外汇管理局发布《国家外汇管理局关于在部分地区试行小额外保内贷业务有关外汇管理问题的通知》。自 2013 年 1 月 1 日起，在广东、浙江、福建和深圳四个地区进行试点，力图缓解中小企业融资难问题，试行境内企业小额外保内贷业务的外汇管理政策，支持中小企业的海外发展。2014 年中国人民银行为贯彻落实《国务院办公厅关于支持外贸稳定增长的若干意见》，简化人民币结算的业务流程，为海外投资的企业提供便利。2014 年 1 月，国家外汇管理局发布《国家外汇管理局关于进一步改进和调整资本项目外汇管理政策的通知》，进一步放宽境内企业境外投资的前期费用汇出和境外放款管理，极大地缓解了企业融资难和资金不足的问题。

第四，在进出口税收方面，也出台了很多相关的政策，维护企业的合法权益。2013 年 9 月，国家税务总局发布《税收协定相互协商程序实施办法》，保障企业合法权益。2014 年 6 月，国家税务总局发布《国家税务总局关于居民企业报告境外投资和所得信息有关问题的公告》，提倡境外企业积极报税，既可促进税收又可防范风险，兼顾减轻纳税人负担。同时在维护企业权益的法律方面，国家税务总局代表中国政府对外签订税收协议，避免双重征税给企业带来的税费负担。截至 2014 年 6 月 30 日，我国已经与 99 个国家（地区）签署了税收协定，内地与香港、澳门特别行政区分别签署了避免双重征税安排。税收协定网络的铺建，有力地配合了中国"走出去"战略的实施，保护了投资者的利益[2]。

---

① 资料来源：《2013 中国经济年鉴》。

② 资料来源：商务部、国家统计局和国家外汇管理局联合发布的《2014 年度中国对外直接投资统计报告》。

　　第五，开放型经济制度。开放型的经济，有利于企业"走出去"。目前，国内开放型经济发展水平提高，企业"走出去"的步伐加快。对外贸易的平稳增长，有助于企业加快"走出去"的步伐。2012 年全年商品进出口总额为 38 671 亿美元，增长 6.2%，出口 20 487 亿美元，增长 7.9%，进口 18 184 亿美元，增长 4.3%；贸易顺差 2 303 亿美元。按照出口和进口规模来看，中国在这两项上分别占到了世界的 11.2% 和 9.8%，分别居世界第一位和第二位[①]。另外，从自由贸易区建设加快来看，在构建开放型经济体系中，多双边和区域经济合作进一步深化。随着区域全面经济伙伴关系协定谈判的开展，正式启动了 RCEP（Regional Com-prehensive Economic Partnership，即区域全面经济伙伴关系）自由贸易区建设进程。这对推动中亚区域经济在交通贸易便利化、贸易政策、能源经济走廊等重点领域的合作具有重要作用。

　　第六，研发投入和产权保护增强。从科学技术部颁布的相关的产业科技政策来看，政府对产业技术创新提供了大力支持。中国企业进行 OFDI 时，大多缺乏核心的技术优势，而这恰恰是发达国家跨国公司优势集中的方面。随着中国经济的发展和全球价值链的生产与研发的参与，国内开始逐渐关注科技成果的创新和市场化，加大研发经费投入、加速科技成果市场化的转化、提高专利授权数，旨在提升企业的技术创新能力，而对于知识产权保护的重视，也使得企业的合法权益得到了保障。

　　国内 R&D 经费支出变化如图 3-10 所示。可以看出，国家对研发的经费投入力度在逐年增大，整体表现为上升趋势。

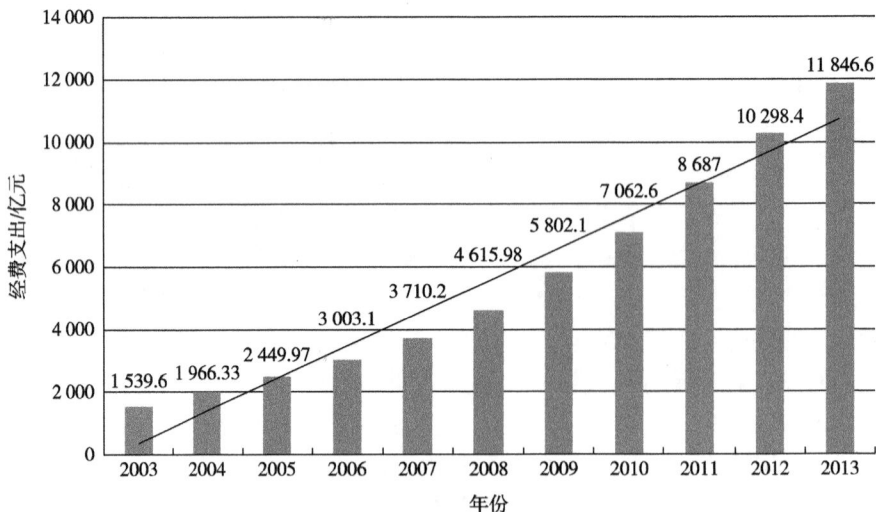

图 3-10　国内 R&D 经费支出变化

① 资料来源：《2013 中国经济年鉴》。

对知识产权的保护可以通过国内专利授权的数量来反映。图 3-11 反映了国家历年在专利授权数量方面的变化。国内专利授权数量在逐年增加，截至 2013 年，专利授权数量已经达到 1 313 000 件，同比增加 4.6%，相比 2012 年，一年的增量为 57 862 件，2013 年是 2003 年的 7.2 倍，10 年间增加了 6 倍多。

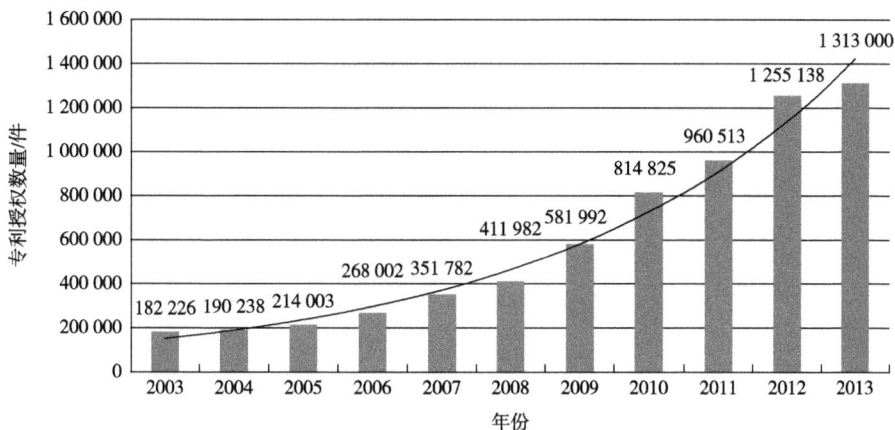

图 3-11　国内专利授权的数量

而科技成果的市场化则反映了国家科技政策的作用，对促进科技成果转化，加速科技成果产业化，进行技术创新，具有重要的作用（图 3-12）。

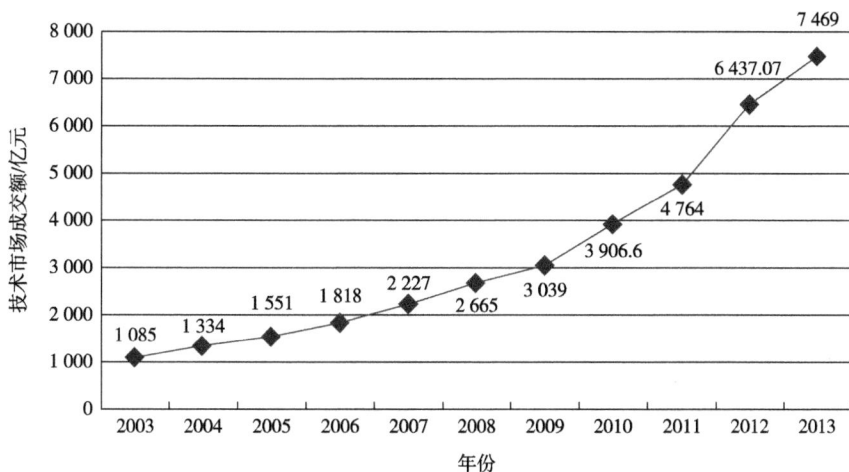

图 3-12　2003~2013 年技术市场成交额

2012 年，《关于加快培育国际合作和竞争新优势的指导意见》发布，对当前和今后一个时期包括对外贸易、利用外资和境外投资在内的对外开放各方面参与国际经济合作与竞争的政策进行了全面、系统的阐述，培育新的增长动力，集成新的发展优势，拓展新的开放领域①。

第七，民营企业海外投资迅速发展。改革开放的主要成果之一是民营企业成为继国有企业后的又一大市场经济主体。中国企业联合会披露，2002~2012 年这10 年间，500 强入围的门槛从原来的 25 亿元提高到 198 亿元，但是上榜的民营企业的数量却从 84 家上升到 190 家，营业收入总额、资产总额、纳税总额以及就业人数总额均实现了快速增长。民营企业发展较快的地区，经济实力都较强。国家也在大力倡导非国有经济的发展。国际金融危机后，全球经济环境都发生了较大的改变，中国民营企业 500 强，积极参与"走出去"计划，进入国际市场竞争，提升了国际化水平。近几年，进行海外投资的中国民营企业 500 强在项目和数量上的增速都较快，投资规模也在增大（图 3-13）。这些民营企业海外投资目标明确，方式多样化，从战略上进行全球布局。在某些领域，民营企业已经成为对外投资的主力军。

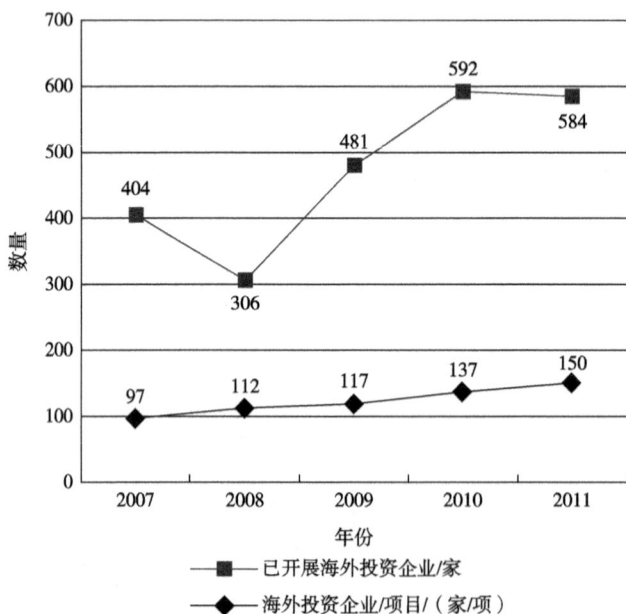

图 3-13　2007~2011 年中国民营企业 500 强海外投资情况
资料来源：中华全国工商业联合会和中国民（私）营经济研究会主编的《中国私营经济年鉴（2010.6-2012.6）》

为适应民营经济海外发展，中华全国工商业联合会将民营企业"走出去"工作纳入工作范围。商务部、国家统计局和国家外汇管理局联合发布的《2014 年

① 资料来源：《2013 中国经济年鉴》。

度中国对外直接投资统计报告》显示，中华全国工商业联合会联合其他部门发布了很多政策法规，旨在引导规范民营企业的海外投资，并为其提供保障和服务。2013 年 5 月，《国务院侨办、国有资产监督管理委员会、全国工商联、中国国际贸易促进委员会关于发挥侨务优势服务中国企业走出去的若干意见》发布，提倡发挥海外侨胞作用、提升企业国际化经营能力和水平、防范海外投资风险。另外，相关的还有《民营企业 "走出去" 发展模式与特征研究报告》《中国企业跨境并购特别报告》《中国企业走出去风险控制与投资指南》。

但是，不能忽略的是，在走出国门迈向世界的过程中，民营企业仍然缺少支持和保障。

3.3　本章小结

本章从中国企业的 OFDI 现状和制度发展现状方面进行了分析和阐述，中国 OFDI 的发展阶段带有鲜明的制度 "印记"，虽然很多的政策法规和信贷等的支持都体现着国家对企业 "走出去" 的大力支持，但是由于中国正处于经济转轨期，原有的计划经济体制下的一些弊端仍然存在，市场不完善、资本市场不健全等相关制度基础薄弱，这些现象也确实存在。例如，有些企业，如民营企业的国际化经营，首要困难体现在审批程序复杂，其次按因素重要程度体现在，缺乏本国企业之间的有序协调、外汇管制严格、缺少针对企业外贸的中介服务、使馆对企业指导不够等方面。另外，有些企业面临国内激烈的市场竞争和较差的制度环境，而选择海外经营。那么，究竟在中国企业的 OFDI 进程中，中国作为母国的制度因素是如何影响企业的 OFDI 的？这些制度相关因素又是如何作用于企业的 OFDI，从而形成带有本国特色的对外投资的制度优势的呢？这些问题将在后面几章的分析中进行阐述和验证。

第4章 中国企业 OFDI-S 理论模型建构

4.1 中国企业 OFDI 的特定优势

4.1.1 后发优势与国家竞争优势

一个引起国内外学者广泛关注的现象是，中国作为最大的发展中国家，其对外投资的发展路径明显不同于发达国家跨国公司，正如第 2 章中所指出的那样，用主流国际投资理论和一般的发展中国家对外投资理论均不能很好地对其进行解释。同时，进行海外投资的中国企业竞争优势的来源也有所不同。中国很多跨国企业已经跻身世界领先行列，这种后发优势①不可小觑。后发优势主要来源于学习和模仿创新，以及市场经济内在规律所形成的后发优势，而制度在相对落后的发展中国家形成后发优势时发挥了巨大的作用，制度创新是后发优势的一个重要来源。

1. 波特的国家竞争优势——钻石模型

波特在《国家竞争优势》一书中提出了体现国家竞争优势的著名的"钻石模型"。企业的竞争优势在某种程度上是国家竞争优势的反映。波特认为一国企业和产品在参与国际竞争的时候要形成独特的竞争优势，而竞争优势的形成来自于四个基本要素和两个辅助要素（图 4-1）。前者包括：①生产要素。也可以理解为资源与才能要素，由所处地理位置、自然资源情况、人口情况等初级要素和那些只

---

① 一国的后发优势是指国家发展水平相比先进国家（地区）落后，但是由于这些国家（地区）内在具备某些客观的条件，这些条件使得这些相对落后的国家（地区）具备一定的优势，能够比发达国家（地区）实现更快更好的发展，而这一条件是发达国家（地区）所不具备的，它来自于经济相对落后的内在性和共生性。因此，这些先天的有利条件就成为促进发展中国家快速发展，推动国家整体进程，推动现代化、工业化的经济战略。

有通过较长时期投资与积累才产生的高级要素所构成，如专业的技术知识、复杂熟练的劳动力等，高级要素对一国在全球价值链中进行竞争更加有利。②需求条件。尤其是国内需求状况，国内的消费者会对企业的产品提出高质量、高品质的标准要求，推动本国企业提升竞争力。③相关和辅助性行业。一国供应商和相关辅助行业如果具备国际竞争优势，对本行业的国际化发展也有很大的好处，在行业间产生"溢出效应"，有助于形成优势产业集群。④企业战略、结构与竞争。如果行业中存在着激烈的竞争，则会迫使企业寻求能够提高竞争力的途径，这反而会为企业的国际化提供强有力的支撑，另外，企业的组织和管理上的优势，也有助于企业提升经营的效率和水平。两个辅助要素：机遇和政府。技术革命所带来的重大的发展机遇，国家政策影响原有行业结构调整等机会，也会促进企业国际化扩张。

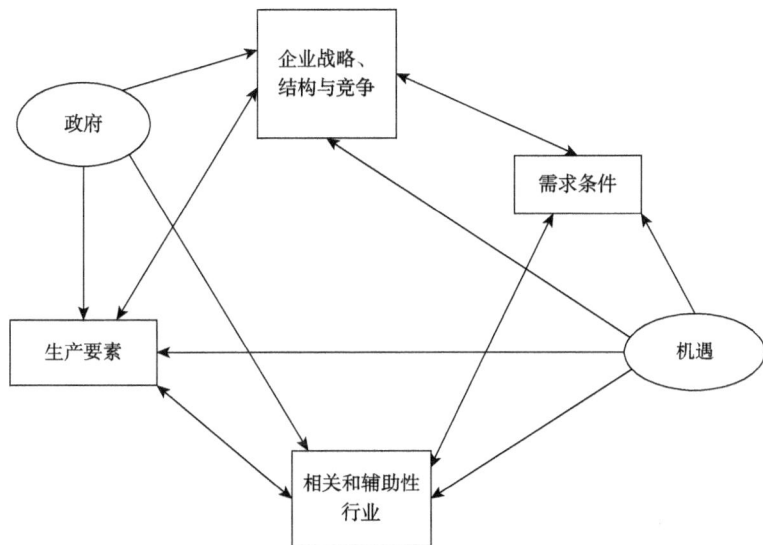

图 4-1　波特钻石模型图

资料来源：波特 M E. 国家竞争优势[M]. 李明轩, 邱如美译. 北京：中信出版社, 2007

2. 发展中国家对外投资的卢卡斯悖论[①]

传统的国际经济理论认为，国际资本应当从经济发展水平高的国家流向经济发展水平较低的国家。但是，当前的国际资本流动却出现了两个悖论：第一，资本发生了从发展中国家向发达国家的逆向流动；第二，资本边际报酬高、经济增长速度快的发展中国家经历了持续的资本流出而不是流入。而按照新古典增长理

---

① 资料来源：何帆, 姚枝仲. 中国对外投资：理论与问题[M]. 上海：上海财经大学出版社, 2013.

论的分析，开放型经济体系的资本流动方向是从发达国家流向发展中国家，最终实现的均衡是所有国家福利的提高。新古典增长模型关于国际资本流动的预测如图 4-2 所示。

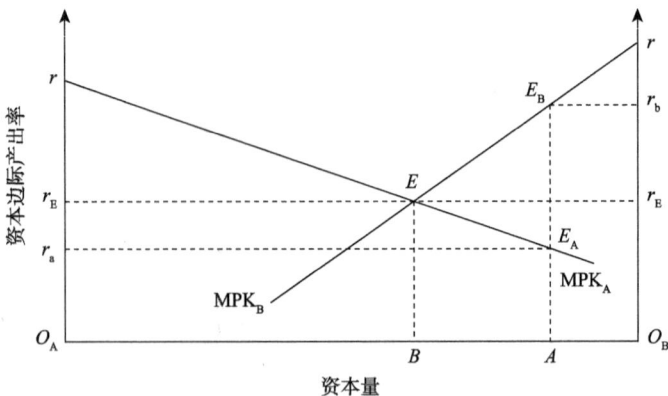

图 4-2　国际资本流动与投资

资料来源：何帆，姚枝仲. 中国对外投资：理论与问题[M]. 上海：上海财经大学出版社，2013

假定世界由两国 A 和 B 组成，世界资本总量为横轴 $O_A O_B$，其中，资本比较充裕的国家 A 的资本量为 $O_A A$，资本短缺国 B 的资本量为 $O_B A$；MPK_A 和 MPK_B 分别为 A、B 两国在不同投资水平下的资本边际产出率曲线。假定在封闭的经济条件下，两国间不发生资本的流动，A 国将全部资本 $O_A A$ 投入本国的生产，资本的边际收益率等于边际产出率为 r_a，B 国也将全部资本 $O_B A$ 投入本国的国内生产，资本边际收益率等于边际产出率为 r_b，由图 4-2 可以看出，A 国的资本投资报酬率 r_a 高于 B 国的 r_b。这一情形放在开放的经济条件下，资本会从充裕国 A 流向稀缺国 B，直到两国资本边际报酬相等的 E 点的 r_E 为止。这是新古典增长理论关于资本流动的经济学预测。从理论上该假设是乐观的，但是现实的情况是国际资本流动与理论假说相差悬殊，甚至截然相反。

针对这一现象，卢卡斯（Lucas，1990）指出，从富国流向穷国的资本规模其实非常小，远远低于新古典增长理论的预测模型。这就是著名的卢卡斯悖论。而且随着新兴国家更深入地融入国际金融一体化，这一情况进一步加剧，根本没有得到缓解。发展中国家的资本流动之谜，很大程度上与这些国家的制度基础、社会经济发展水平、人力资本素质和生产率水平方面有巨大的关系。资本边际报酬率和国际资本流动的影响因素可以归结为三点：生产要素的缺失、制度（政策）框架和资本市场的不完善。而从发展中国家 OFDI 的视角，制度基础薄弱和不同是影响发展中国家资本流出的主要因素之一。制度通过产权保护、技术创新和应用等方式对资本投资和经济绩效产生影响。另一个重要的影响因素为政府的政策，政府的税收、通货膨胀和资本管制等方面的政策会对资本的国际流动产生显著的影响。可以将这些政策影响因素看成对资本的征税，构建加入制度和政策因素的资本边际报酬模型。假定两个国家 i 和 j，则资本边际生产力收敛条件如式（4-1）所示：

$$A_t(Z_{it})f'(k_{it})(1-\tau_{it}) = r_t = A_t(Z_{jt})f'(k_{jt})(1-\tau_{jt}) \tag{4-1}$$

其中，Z_t 为制度变量；τ_t 为资本税率；k 为通货膨胀率；r 为资本边际生产率；t 为年份。

Smaghi（2007）认为，发展中国家在国际资本流动悖论中扮演着重要的角色。很多发展中国家经济发展相对落后，而且金融体系效率较低且不完善。再加之全球化的不确定性导致预防性储蓄增加，而发展中国家自身的金融系统却无法将其消化，所以高储蓄带来的直接效应是资本从发展中国家流向发达国家，二阶效应大于一阶效应。另外，类似中国这样的国家，高储蓄导致外汇储备十分充足，甚至过度储备，而这些制度因素与发达国家有所不同，从而会影响资本的国际流动方向。

3. 发展中国家 OFDI 的国家竞争优势

发展中国家在国家竞争优势的生产要素方面既有优势，也有劣势。发展中国家的优势大多体现在初级要素上，如中国的廉价劳动力和低成本。在高级要素方面，虽然在某些领域或局部地区占有优势，但从总体上来看，和发达国家相比仍然表现出明显的劣势。例如，发展中国家的消费者对价格更加敏感、优势产业集中在劳动力密集型产业和部分技术含量不高的资本密集型产业内、不善于把握科技发展的重要机会，以及政府在效率和透明度方面都较差等；而对发达国家来说，消费者追求产品的质量和性能、产业集中在高科技产业和技术含量高的资本密集型产业内、善于把握技术进步以及拥有发达的现代企业制度和公司治理结构等，另外，发达国家的政府效率要高于发展中国家。关于发展中国家的跨国公司是否拥有比发达国家跨国公司更强的竞争优势，跨国经营环境是否允许这些公司在国外比当地公司或发达国家的跨国公司更有效地进行某些类型的经营活动，一直是有争论的话题。这些优势包括弹性、资本或资源使用的经济性，还有母国嵌入所带来的优势。不可否认的一点是，发展中国家的政府虽然效率较低，但是对于本国企业的"走出去"给予了大力的支持，这体现在相关的投资支持政策和优惠的信贷支持等方面。波特认为国家的竞争力发展需要经过生产要素导向阶段、投资导向阶段、创新导向阶段和富裕导向阶段（林毅夫和李永军，2003）。大多数发达国家的竞争优势都是由后面几个阶段产生的，而发展中国家则集中在前面的几个阶段。发展中国家的 OFDI 大多发生在投资导向阶段，此时，国家的竞争力来自政府以及企业积极的投资意愿和能力，并充分利用本国具有优势的生产要素，或是为本国企业创造便利和支持的条件与环境。而发展中国家，尤其是新兴经济体国家，如中国 OFDI 很大程度上向国家创新导向阶段迈进，通过跨国公司利用和吸收国外的先进技术与知识，形成本国跨国公司独特的竞争优势，提升国家整体的竞争力。而且与发达国家的传统跨国公司不同的是，新兴经济体国家的跨国公司甚至在没有获得一定的生产规模之前，就开始进行全球化的投资（Bartlett and Ghoshal, 2000）。而且很多新兴经济体国家在制度方面不如发达国家完善，这就使得这些国家的跨国公司在利用制度空白和限制方面具有一些特定优势。而制度空缺的优势是这些跨国公司竞争优势的重要来源。例如，本国政府对 OFDI 的大力支持，尤其在制度环境相似的国家进行投资时，这样的优势更加明显，在一定程度上，形成了后发优势。发达国家的跨国公司的投资行为与新兴经济体国家的投资行为存在很大的不同。Dunning 等对发达国家与新兴经济体国家 OFDI 进行了比较，如表 4-1 所示。

表 4-1　发达国家、新兴经济体与第三世界国家 OFDI 比较

OFDI	第三世界跨国公司（第一次浪潮）	新兴经济体跨国公司（第二次浪潮）	传统跨国公司
所处投资发展周期阶段	阶段 2	阶段 3	阶段 4 和阶段 5
目的地	区域 OFDI 邻近国家和其他发展中国家	大部分仍是区位投资，但开始向全球扩张	全球范围
动因	在发展中国家进行资源寻求和市场寻求 OFDI	在发展中国家进行资源和市场寻求；在工业化国家进行资产寻求和市场寻求	效率寻求：OFDI 主要是为了最优化利用不同国家的比较优势和竞争优势
类型	在发展中国家：资源密集，轻工业部门的小规模生产	在发展中国家：资源密集；在发达国家：劳动密集型、市场寻求型、资产寻求型 OFDI	资本密集和知识密集型部门的效率寻求型 OFDI
所有权优势的层面	国家层面	国家层面和企业层面	主要是企业层面
所有权优势的表现	（1）联合大企业所有权；（2）适应发展中国家的技术；（3）适合第三世界的管理模式；（4）低成本投入（包括低成本的管理和技术方面的人力资源）；（5）种族联系所带来的优势	（1）联合大企业所有权；（2）适合第三世界的管理模式；（3）低成本投入（包括低成本的管理和技术方面的人力资源）；（4）种族联系所带来的优势；（5）一些产品差异化；（6）有限的营销技能；（7）对要素/产品市场的垂直控制；（8）资本支持	（1）规模经济；（2）更易进入资本市场；（3）技术；（4）产品差异化；（5）营销诀窍；（6）跨国管理技巧；（7）全球范围内企业内部高效运作；（8）对生产/产品市场的垂直控制

后发优势与国家竞争优势是可以统一在一起来看的（林毅夫和李永军，2003）。国与国之间的差异很大一部分来源于国家层面的资源禀赋的结构性差异，也可以理解为制度与制度的不同，尤其是新兴经济体国家，国家政府在企业对外投资中发挥了重要的作用，这和波特认为政府作用虽然重要，但政府本身并不能帮助企业建立竞争优势的论断有所出入，这源于中国经济和社会特征的独特性，政府在主导 OFDI 的战略和资源分配上起到了重要作用。中国企业的竞争优势主要基于中国本土的特征，而且无法被复制到东道国。从某种程度上，可以认为中国企业的竞争优势除企业本身的优势之外，还来源于母国的制度环境，是一种国家制度性优势，而本书的研究内容，更加关注这种制度优势所带来的企业国际化经营的竞争优势。根据中国特殊的国情与文化，以及企业 OFDI 活动的实践，需要选取一种更为贴切的研究视角来分析中国企业的 OFDI 行为。

4.1.2　中国企业 OFDI 综合优势

裴长洪和樊瑛（2010）在研究母国特定优势的定性分析中指出，中国企业 OFDI 更多地要体现国家的宏观经济利益，并兼顾企业微观利益。我国国有企业在国际化经营时，很大程度上是受到国家政治目标和规范压力的影响的，而并不仅仅是商业目标（Deng，2009）。不同所有权性质的企业所承担的目标是不一样的，而国家目标和企业目标在中国企业 OFDI 中的比重影响也是不尽相同的。中国企业和政府利益耦合的关键之处就在于，政府能够给企业的 OFDI 提供哪些支持性政策，以及政策发挥作用的程度，同时，企业又如何找到综合目标下的国家利益和企业利益之间的平衡点。

国家在促进 OFDI 的过程中追求社会整体福利的提升和国家宏观战略的发展，企业的目标一般是追求自身利润最大化和国际化发展，借助计算机领域中的耦合性和内聚性的阐释，根据国家目标和企业目标实现的互动关系，尝试构建目标耦合内聚与不同所有权性质企业在 OFDI 中的互动作用。耦合性和内聚性是计算机领域中两个相互对立又密切相关的概念。耦合性也可以称为模块间的联系，度量的是软件结构内部各模块间联系的紧密程度。模块之间联系越紧密，其耦合性就越强，模块的独立性就越差。内聚性可以称为模块内联系，度量的是模块内部各个元素彼此结合的紧密程度。较高的内聚性说明模块具有较强的独立性。高内聚性要求模块的功能应明确、单一，即一个模块只做一件事情。将其应用到对中国企业 OFDI 行为的研究方面，对于不同所有权性质的企业，OFDI 的动机和所要实现的目标会有所不同，不同所有权类型的企业的目标与国家目标的耦合关系①如图 4-3 所示。

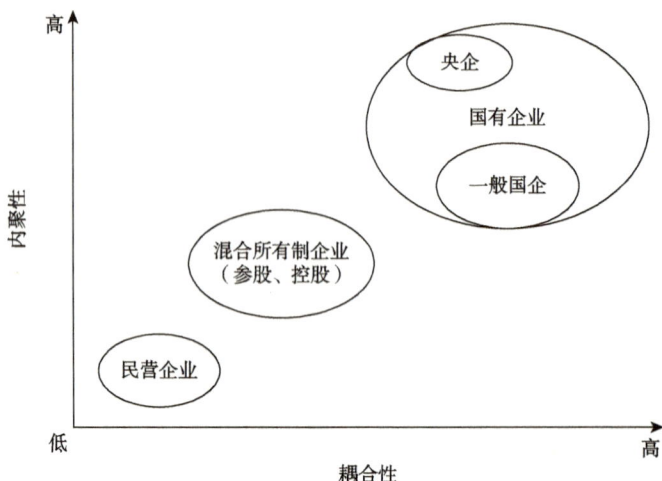

图 4-3　不同所有权类型的企业的目标与国家目标的耦合关系

可以用简单的函数来表示国家目标和企业目标的耦合，用 G_{OFDI} 来表示中国 OFDI 所能达到的预期目标，$G_{\text{OFDI}} = \alpha \times G_g + \beta \times G_f$，其中，$G_g$ 代表政府的目标；α 为政府目标的重要性或者权重大小；G_f 代表企业本身的目标；β 为企业目标的重要性或权重大小。根据不同所有权性质的企业类型，α 和 β 的大小有所不同。因此我们认为，央企和一般国企等国有企业要更多地关注国家目标的实现，企业的目标有时是兼顾的，有时可能有所牺牲，企业目标和政府目标之间存在较高的相容性和内在一致性，因此，当企业目标和国家目标具有较高内聚性和耦合性时，α 较大。民营企业则更多地顾及企业本身利润的最大化，有可能实现某种程度的国家目标，所以与国家目标的一致性较差，而且目标的相容性也较差，所以是低内聚低耦合的特征，β 较大。而混合所有制企业可能介于二者之间，或者具有中度的目标一致性或相容性，也可能具有相对较高的目标一致性，但是低耦合性，即在实现目标的路径和方式上有所出入，也可能具有相对较低的目标一致性，高耦合性。例如，在某行业或某一领域，即便国家并没有明确规定"走出去"，但是却也达到了"走出去"的效果，α 和 β 的大小相对有所调整，但是差别幅度没有上述两种类型的差别幅度大。

因此，中国企业的 OFDI 竞争优势，既来自于企业自身特定资源和能力的异质性，也来自于对国家资源要素禀赋的利用。可以说是结合了母国特定优势的一种综合的竞争优势，而不同所有权类型的企业在竞争优势中由于要实现的目标有

---

① 需要说明的是，鉴于数据的可获得性，在实证分析时只分为国有和非国有两种企业类型。

所不同，国家优势和企业优势作用发挥的效果和比重有所差异。但是需要肯定的是，中国的制度对于本国企业的 OFDI 行为以及竞争优势的影响都产生了重要的作用，很多西方学者甚至认为，中国企业在不具备某些优势的情况下，却能够成功进行 OFDI，是因为中国的制度因素带给企业的竞争优势弥补了中国企业 OFDI 的劣势，即认为中国企业 OFDI 的优势来自本国的制度因素。在本书的研究中，主要关注制度因素对企业竞争优势影响的方面。

例如，国有或国有控股企业可以获得低于市场利率的资本、软贷款限制等（Lardy，1998；Warner and Sachs，2002）。缺少效率的银行体系通过政策或非效率将软贷款贷给潜在的对外投资者（Warner and Sachs，2002；Child and Rodrigues，2005；Antkiewicz and Whally，2006）。Liu 和 Zou（2008）在分析海尔的多元化时指出，联合型企业可以在内部缺乏效率的资本市场中经营获得有效的 FDI 补贴。国家支持的软贷款成为中国企业进入东道国经济的一种"正常"模式（Warner and Sachs，2002）。中国跨国公司的高标价得益于私人股东的缺失以及对相关的技术、商业和政治风险的乐观态度，这与中国政府的支持、较低的资本成本和对失败的有限畏惧有关（Ma and Andrews-Speed，2006）。

4.2　中国企业 OFDI-S 模型建构

4.2.1　邓宁关于制度的解读

邓宁的 OLI 范式至今在 FDI 理论中仍是影响最为广泛的一个分析范式。在不完全市场的假设下，根据企业所拥有的不同资源禀赋的差异以及相较于其他企业的比较优势理论，通过对外扩张来节省交易费用，从而完成跨国界市场的内部化过程。可以说折中范式涵盖了海默的垄断优势理论、巴克利和卡森的内部化优势理论以及区位优势与 IDP 理论等主要的分支，可以作为企业跨国经营的理论依据，也可以作为宏观层面国家提升本国企业吸引外资竞争力和国家竞争优势的政策指导。但是 OLI 理论也受到了一些批判，被认为只是各种变量的简单罗列，而且 OLI 各要素之间存在自相关，着眼点只在微观经济活动领域，不具有动态性，只适合发达国家，等等。

随着国际经济活动和全球经济环境的剧烈变化，邓宁开始对 OLI 范式进行完善和发展，整合国际贸易理论、国际产业竞争理论、技术创新理论，在范式中引入了时间维度，将企业的行为和战略融合起来，同时将资源禀赋观纳入区位优势的扩展中，并考虑到文化等要素的影响等。从某种程度上讲，OLI 范式是一个开放的研究框架，随着国际经济环境和理论的发展，OLI 可以包容更多的理论，覆盖更多的层次，得到进一步的扩展和更新，因此是一个开放式的动态分析范式。这为我们对理论的进一步丰富和完善提供了可以拓展的空间，既能够保留框架中主流适用的观点，又能够根据新的国际投资环境和形势的变化在现有要素内容上进行拓宽，还能纳入新的要素维度。

在新兴经济体国家对很多西方发达国家进行投资的案例中，很多情况下并不能完全同时具备三种优势，甚至可能在企业自身所有权优势较弱的情况下，也能成功地进行 OFDI。这一现象背后的根源到底是什么呢？主流理论对此解释稍显不足。

从 20 世纪 90 年代至今，许多管理学和经济学研究者都将关注的焦点转移到制度及与制度相关的资产的角色上来，从理论分析和实证检验的角度来开展研究（Peng et al.，2008）。宏观角度上，研究企业国际化的经济学家们检验了制度与经济增长以及国家层面的制度是如何影响本国和国外的跨国公司的（Mudambi and Navarra，2002；Henisz，2003；Maitland and Nicholas，2003；Mudambi et al.，2003；Peng，2002，2003）。微观角度上，管理学者开始探讨跨国公司子公司在母国和东道国制度环境中开展经营的合法性。学者们通常用制度距离来研究（Kostova，1999；Shenkar，2002），在研究框架上就采用 DiMaggio 和 Powell（1983）以及 Scott（2001）所界定的三种制度类型：规制、规范和文化-认知，来研究驱动因素和实施机制方面的不同，这些不同可以作用于跨国公司子公司的区位选择以及它们的行为和动机方面（Kostova and Zaheer，1999；Kostova and Roth，2002）。

随着国内外学者对制度作用的关注和研究，邓宁开始修正已有的 OLI 分析范式，也考虑了制度的因素，除了他之前将所有权优势划分的资产所有权优势 Oa、交易性所有权优势 Ot 之外，认为应该增加一个新的 Oi[①]，即与制度相关的竞争优势（Dunning and Lundan，2008）。而且邓宁认为应该从母国和东道国的制度角度考虑对区位优势 L 的影响，而不是单纯从东道国制度对跨国公司内部化优势 I 的影响角度研究。在 OLI 范式的三个维度中，所有权优势是最难处理的。所有权优势要求确定企业层面制度嵌入的程度（包括正式和非正式的制度）以及从这些制度中所获取的优势 Oi，并且将其和已有文献研究中基于资产所有权优势 Oa 以及交易性所有权优势 Ot 所产生的优势区分开来（Dunning，2006）。邓宁指出以往的研究者对制度所有权优势（Oi）的增强与重构机制的了解很少，现有的研究可以将 Oi 建构到 Oa 和 Ot 优势之中，因为 Oi 很难与技术或其他类型的特定所有权资产区分开，因此也很难直接回答 Oi 优势的重要性。虽然邓宁对 OLI 范式阐述了

---

① Oi 的构成一部分反映在企业的准则、价值和文化实施机制方面，另一部分反映在企业嵌入的人文环境中的准则和价值观上（Dunning，2006）。另外，Oi 的写作方式均按照邓宁的书写方式，其中 i 代表制度，不同于本书的制度符号 S。

制度因素的重要作用，进行了一定的扩充，但是在阐述制度对所有权、区位和内部化优势的影响时，并没有给出一定的作用机制，仍然停留在方向建构的定性研究上面，而且也未体现出制度作为内生影响因素的作用。究其原因，一方面，源于上述所言的制度难以同其他资产相剥离开，作用机制非常复杂；另一方面，不同发展水平的国家之间，即使是同一发展水平的国家之间，制度也存在很大的不同，不能一概而论，无法具体化和现实化。另外，邓宁的关注仍然是以发达国家为主，而在发展中国家，尤其是在中国，处于新兴经济体和转轨经济体的中间阶段，制度的作用显得更加重要。

因此，本书立足于发展中国家的角度，就目前中国的 OFDI 情况，结合制度观，将制度作为内生变量引入影响企业 OFDI 的因素当中，探讨制度对 OFDI 所有权优势 O 和内部化优势 I 的作用机理，尝试构建适合中国的 OFDI-S 分析框架（其中 S 为 system 的缩写，代表制度），对 OLI 范式进行内涵的扩展，研究中国OFDI 行为的母国制度方面的影响。

4.2.2 母国制度嵌入的 OFDI-S 理论模型建构

通过文献梳理，发现很多学者在继资源观之后，从制度观的角度来研究新兴经济体国家对外投资的现象，为科学研究提供了一种新的解读视角。但是需要注意的是，制度理论国家层面的分析认为，国与国之间的差距是制度的差距，新兴经济体国家之间的制度形式千差万别，因此也无法用一个完全能够统一的框架来分析 OFDI 行为，要根据各个国家的不同情境，即根据制度作用的情境化来分析OFDI 行为。鉴于对外投资理论中 OLI 范式的主流地位和贡献，结合中国本土的特征，本书试图构建母国制度嵌入的企业 OFDI 的理论范式。

1. 模型构建的前提假设

崔新健（2001）提出了 FDI-OL 模型的研究框架，从发展中国家的视角填补FDI 理论中东道国政府作用的空白，主要用来研究东道国和跨国公司两个主体之间的行为关系，通过突出强调区位优势作用来反映东道国在 FDI 中的重要作用，具有很强的理论价值和贡献，所用的研究方法非常值得借鉴。因此，本书的研究以 Dunning 和 Lundan（2008）的修正 OLI 范式为理论立足点，根据目前国内外学者的文献研究，突出强调母国制度的作用，将制度作为内生变量，引入模型当中，研究中国企业的 OFDI 行为。

本书所提出的理论将母国制度 S 看成是影响中国企业 OFDI 的一个重要的内生变量，制度优势的发挥是制度环境的影响因素通过影响企业的所有权优势（O）

和内部化优势（I）两个维度来发挥作用。模型中简化为 O 和 I 两个维度，而不考虑制度对区位优势 L 的影响，原因如下：首先，区位优势一般是针对东道国的要素禀赋而言的，只有东道国的某些资源相较于国内有比较优势，在企业具备所有权优势和内部化优势的同时，才会发生 OFDI，虽然现在有学者提出要综合考虑母国和东道国制度因素对 FDI 的影响，但是作用机理非常复杂，结合本书力图探讨母国制度对企业 OFDI 行为的影响，将研究框定在母国的制度环境中，因此在本书的研究中弱化了制度对区位优势的影响。其次，很长一段时间的发展过程中，中国企业 OFDI 带有明显政府意愿的色彩，国有企业一直占据主导地位，随着国家和政府加大推动"走出去"战略，国家放松了相关限制，近几年非国有企业的OFDI 才呈现出增长的态势。根据之前提出的中国企业 OFDI 的目标解读，有学者认为在区位选择上，如自然资源寻求型的 OFDI、市场寻求型的 OFDI、效率寻求型的 OFDI 或战略资产寻求型的 OFDI，在很大程度上受国家意愿的支配和政府目标的要求更多一些，作用机理难以在本书中讲清，所以假设暂不考虑区位因素。最后，从企业角度来说，所有权优势是母国企业所具备而东道国企业所不具备的，而内部化优势也是企业层面的，是动态的，是企业通过内部化外部市场保持企业的竞争优势，规避市场不完全所带来的不利影响，通过跨国界的扩张进行内部化，从而实行资源的跨国配置，使企业的垄断优势发挥最大作用，某种程度上可以理解为跨越国界区域对所有权优势的发挥，体现一种主体性的行为，区位优势不是企业主体本身所具有或获得的优势。按照制度系统的定义，企业可以作为制度主体之一，存在于所处的制度环境当中，受制度环境的影响。在母国环境下，制度更多影响的是企业的所有权优势和内部化优势，体现了政府和企业两大制度主体间的互动。基于以上三点，本书模型构建为 OFDI-S 框架。

2. OFDI-S 分析模型的函数设定

令 Y 表示企业 OFDI 优势，将 S 作为影响企业 OFDI 的内生变量，则

$$Y = f(\text{OI}, S) \tag{4-2}$$

$$\text{OI} = f(S) \tag{4-3}$$

其中，$S = \{S_R, S_N, S_C\}$。式（4-3）表示制度优势的发挥，这种作用反映在对企业进行 OFDI 时的企业所有权优势和内部化优势方面的影响。OI 为企业 OFDI 时的OI 结构，由该时点所有权优势（O）和内部化优势（I）所构成，但是 OI 为制度 S 作用后的 OI，因此，企业的 OFDI 行为可以看作制度 S 的复合函数。S_R，S_N，S_C 为制度 S 三个维度的影响因素和发挥作用的三个层次：S_R 表示制度的规制维度，其对企业所有权优势（O）和内部化优势（I）的作用，即 $S_R \rightarrow \text{OI}$ 代表了制度规制维度优势的发挥，其中 R 为 regulative 的缩写；同样，S_N 表示制度的规范

维度，该制度维度对企业所有权优势（O）和内部化优势（I）的作用，即 $S_N \to OI$ 代表了制度规制维度优势的发挥，其中 N 为 normative 的缩写；S_C 表示制度的文化-认知维度，该制度维度对企业所有权优势（O）和内部化优势（I）的作用，即 $S_C \to OI$ 代表了制度文化-认知维度优势的发挥，其中 C 为 cognitive 的缩写。本书将沿着这一理论模型的逻辑进行整体的框架构建。

4.2.3　OFDI-S 模型的经济学分析

在一个完备的市场机制中，没有不确定性，企业不需要做出战略选择，也不需要赚取经济租金，制度的作用就显得不那么显著。正是因为发展中国家在市场的完备性和制度的完善性方面都较差，所以制度在 OFDI 活动中发挥了很大的作用。有学者针对中国制度环境中某些因素对中国家族企业的 OFDI 行为进行了研究，也有学者针对中国国有企业 OFDI 行为的动因和进入模型进行研究，可以看出，母国制度对中国企业投资行为的影响很关键。制度优势来源于制度基础设施，在特定的时刻，这些制度基础设施有一系列的内部产生和外部施加的诱因、规制和规则，每一个都会影响股东的管理决策、态度和行为的方方面面（Dunning and Lundan，2008），并影响福利创造与其他经济体的目标和愿望相结合。

企业本身以追求利润最大化为目标，在中国作为母国的制度环境下，不同所有权性质的企业面临的目标可能有所不同，在一定程度上需要实现国家的宏观利益。所以，中国企业的 OFDI 行为是两种目标综合作用的结果，OFDI 行为的效果是综合优势的体现，也可以理解为 OFDI 所能达到的整体效用水平，可以用简单的无差异曲线来直观观察（图 4-4）。

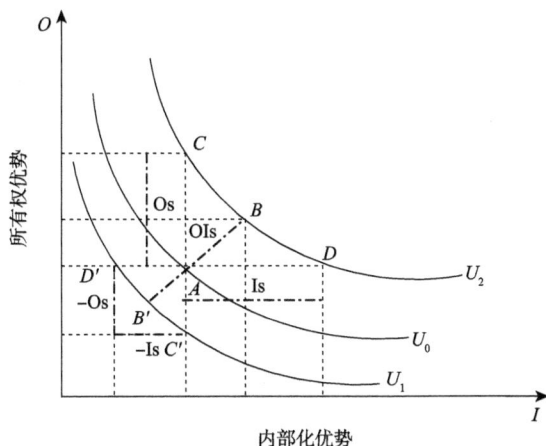

图 4-4　OFDI-S 理论框架经济学意义

图 4-4 中，横纵坐标分别代表内部化优势变量和所有权优势变量，U_0，U_1，U_2 分别代表企业 OFDI 规模的不同效用或福利水平的无差异曲线，根据无差异曲线的特点，按照效用水平的大小排列，$U_1 < U_0 < U_2$。U_0 为在不考虑制度因素影响的情况下，不同企业根据不同的所有权变量（O）和内部化变量（I）的组合，进行 OFDI 所能达到的效用，A 点位于 U_0 上，代表企业初始的 O、I 水平。B、C、D 点位于 U_2 上，代表较高水平的效用曲线。B'、C'、D' 位于 U_1 上，代表较低的效用水平。从 A 点到 C 点，在对内部化优势变量影响相同的情况下，所有权优势有所不同，相较于 A 点，C 点的所有权优势有所提升，按照本书的研究框架，这一部分的提升，来自于制度对所有权优势的作用，即 Os 的距离，是制度优势在所有权优势维度的发挥；从 A 点到 D 点，相同的所有权优势变量水平，内部化优势变量增加，Is 为制度优势在区位变量维度的发挥；从 A 点到 B 点，两个维度的变量 O 和 I 均有所增加，这来自于制度对 O、I 作用的合力所产生的效果。从 U_0 到 U_2 可以看作制度优势的"推"的作用，这体现在两个方面：一方面，是对企业的行为效用产生利好的影响，有利于促进企业的 OFDI，表现为积极主动的"推"的作用；另一方面，在不利的制度环境下，企业为了获得更好的发展，会转而选取新的海外市场，或从其他渠道获取新的资源，节约交易成本，按照"制度逃离论"，从某种程度上也会激发企业的国际化意愿，进行国际化扩张，导致企业被迫逃离国内市场，进行 OFDI，是被动的"推"的作用。从 U_0 到 U_1 可以看作制度优势的"拉"的作用，导致企业 OFDI 的效用水平下降，这反映了企业所处的经营环境中的制度因素的某些方面有所改善，企业减少了 OFDI 活动，致使 OFDI 效用下降。从 A 到 D'，反映了国内制度环境变化可能使得企业在国内市场就可以实现交易费用节约和不确定性减少的效果，因此原来一些影响企业进行 OFDI 的内部化优势的因素则显得不再重要；从 A 到 C'，制度对所有权优势产生了负向的影响，可能原来企业所具有的某些进行 OFDI 的所有权优势，随着国内制度环境的相关因素的改善，而不再是企业海外投资的所有权优势，导致所有权优势相比原来发生了改变；从 A 到 B'，制度对 O、I 的综合作用都显示出负的效果，说明企业进行 OFDI 的意愿在降低。

人类社会的许多制度是在社会的相互作用中形成的，由于自然环境、地理位置等的差异在相互作用中形成了不同的文化、生产方式和生活方式，同时也形成了相应的正式制度和非正式制度以及实施机制，这就是诺斯所说的"游戏规则"——制度。

嵌入母国制度的 OFDI-S 优势理论与邓宁的国际生产折中理论二者的差异的简单对比如表 4-2 所示。

表 4-2　OFDI-S 优势理论与国际生产折中理论的简单比较

项目	嵌入母国制度的 OFDI-S 优势理论	邓宁的国际生产折中理论
适用范围	发展中国家跨国企业（中国）	发达国家跨国企业
全球价值链中的位置	低成本制造、外包业务	研发与市场营销、渠道等价值链高端
国际化速度	加速、动态	渐进、比较静态
国际市场进入顺序	双重路径：同时进入发达国家和新兴市场	简单路径：从制度距离较近的国家到较远的国家
与母国制度关系	较强，政府参与、资本自由度、资本市场成熟度等制度对企业有制约和激励的双重功效	较弱，法制性制度结构，影响不是特别大
竞争优势来源	相对竞争优势，需要在国际化中积累、更新、强化动态能力，同时得力于母国制度环境形成的特定国家优势	绝对竞争优势，在母国已经积累了强大的资源，企业自身的竞争优势占绝大部分

4.3　本章小结

　　本章通过阐述发展中国家资本流动悖论的现象，从发展中国家的后发优势切入，提出中国企业 OFDI 的竞争优势除企业自身优势外，受到母国制度优势的影响，形成了 OFDI 的综合优势。企业嵌入在母国的制度环境中，中国特殊的制度背景，使得企业可能要肩负不同的国际化目标。本章在分析 OFDI 优势的基础上，提出了制度影响 OFDI 的理论模型（反映在企业 OFDI 的所有权优势（O）和内部化优势（I）方面），并进行了经济学效用的分析，为后续章节对制度与 OFDI 关系的进一步分析提供了框架。

第5章 基于OFDI-S模型的中国企业OFDI制度优势分析

中国作为新兴经济体国家中最具代表性的一员，目前正处在重要的经济转型期，按照邓宁的IDP理论，中国发展现状处于第三阶段，即在向更高的阶段升级的过程。中国国内的制度对本国企业的OFDI行为的影响成为一个非常重要的因素。企业的经营活动离不开国家特定的背景，可以通过地理嵌入受所在区位的约束，并被该区位内已有的经济活动同化，也可以通过与其他企业间的正式或非正式的联结实现网络嵌入。而跨国企业的OFDI行为，尤其是来自类似于中国这样的新兴经济体国家的企业在进行OFDI时，不仅要受到企业自身资源和优势以及东道国要素的影响，同时还要受到母国制度的影响，制度从企业、产业和国家三个层面影响企业的生产力水平。在产权得到有效保护和社会信用体系完善的制度环境下，企业有更强的研发动机；高质量的社会基础设施在提高工人劳动力水平的同时也降低了企业的交易成本；在市场体系发展良好的国家，特别是资本市场比较健全的国家，社会资源可以在企业之间优化配置；完善的技术革新体系提高了企业技术革新的能力。威廉姆森在交易成本框架下，从政治制度、人类行为和经济制度三个层次上探讨了制度规范、法律准则及其他一些环境因素对个人行为和组织模式选择的影响。但是在威廉姆森的交易成本框架下，他虽然意识到了社会和政治制度的影响，但是没有给予足够的重视。他认为在有限理性、机会主义、资产专用性及其不确定性同时存在时，契约的执行就完全依赖于特定的制度设计，而社会的政治、法律制度都将失去作用。实际上，一个国家的社会、政治和经济制度等各个方面都可能给企业带来国家专用优势或劣势。企业的战略选择是公司专用优势、产业条件和国家专用优势（劣势）相互作用的结果（Peng，2003；Lu and Yao，2006；Ma and Andrews-Speed，2006；Zhou et al.，2007；Meyer et al.，2009）。本章从制度的三个维度入手，对中国企业的OFDI行为进行解读分析。基于OFDI-S模型的理论概念图如图5-1所示。

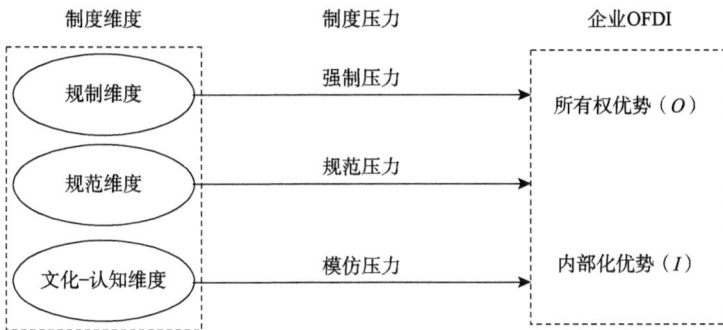

图 5-1　基于 OFDI-S 模型的理论概念图

制度的三个维度会产生三种制度压力，这三种制度压力反映在企业 OFDI 的所有权优势（O）和内部化优势（I）上，下面从理论上分别对其进行探讨分析。

5.1　制度的规制维度与中国企业 OFDI

W. R. Scott（1995）将制度定义为，能为社会带来稳定的，具有认知性、规范性和规制性的结构与活动，提出了规制、规范和文化-认知三种构成企业外部环境的合法性约束。规制维度，即促成或阻碍企业创立的政府政策与制度，包括政府管制、法律法规、专业团体和主导组织制定的标准等，如新企业取得各种质量认证以获得消费者认可，政府要求新企业按其标准创立，等等。

5.1.1　规制维度影响 OFDI 的因素

1. 中国 OFDI 的政府制度结构的支持

中国 OFDI 的政府制度结构由中央和地方两级系统构成。从促进和监管两个方面分别对 OFDI 进行支持和管理。

中央政府主要通过以下政治和监管机构引导和管理中国的 OFDI：国务院、中国人民银行、国家外汇管理局、商务部、国家发展和改革委员会、国有资产监督管理委员会。中央和地方 OFDI 政府机构及其主要职能如表 5-1 所示。

表 5-1　中央和地方 OFDI 政府机构及其主要职能

相关政府机构	主要职能
国务院	在中国总体的 OFDI 中充当了制度领导的角色，负责处理 OFDI 中基础或基本的事项（如主要法规和政策的变化）
中国人民银行	主要通过货币政策和外汇政策影响 OFDI
国家外汇管理局	负责对 OFDI 的外汇流出实施监管
商务部对外投资和经济合作司	在促进和管理 OFDI 过程中处于中心的政府部门，主要负责组织、协调"走出去"战略，指导和管理对外投资业务，拟定并组织实施对外投资的发展战略及规划；起草对外投资法律、法规，拟定相关部门规章和保障、监管等制度，会同相关部门提出财政、金融、保险、外汇、出入境等促进政策的建议；核准境内企业对外投资，除金融类外，实施监督管理；开展对外投资和经济合作方面的多双边交流与合作，商谈落实政府间合作项目，建立重点产业、企业联系制度，指导重大对外投资和经济合作项目的实施；会同有关部门处理对外投资境外突发事件，负责牵头外派劳务和境外就业人员的权益保护相关工作；指导、组织、协调境外经济贸易合作区建设的相关工作；牵头负责优惠出口买方信贷相关工作；指导和管理对外投资的相关培训工作
国家发展和改革委员会（利用外资和境外投资司）	提出境外投资战略，拟定中长期发展规划和年度计划；起草境外投资有关行政法规和规章；审核重大境外资源开发类和大额用汇投资项目，负责拟定境外投资用汇规划
国有资产监督管理委员会	拟定国有资产管理的法律、行政法规和规定规章制度，依法对地方国有资产管理进行指导和监督；代表国家向部分大型企业派出监事会；通过法定程序对企业负责人进行任免、考核并根据其经营业绩进行奖惩；通过统计、稽核对所管国有资产的保值增值情况进行监管
地方各级（省、市、县）对外经济贸易委员会（由商务部授权的地方政府机构）	负责管理有关 OFDI 的事务。在 OFDI 审批程序上，所有中国国有企业的 OFDI 项目经国有资产监督管理委员会审核后，向商务部报请批准。私营企业对 135 个国家的 OFDI 项目只需向各级对外经济贸易委员会报请批准

　　无论商务部还是地方经济贸易委员会，OFDI 的审批许可都将在 15 个工作日内完成，这一时间短于绝大部分发展中国家，这也为中国企业 OFDI 提供了强有力的制度支持。中国对外投资主要管理机构及相关职能如表 5-2 所示。

表 5-2　中国对外投资主要管理机构及相关职能

相关管理机构	职能
中国进出口银行	研究协调相关利用外资和境外投资的重大政策，研究提出利用外资、境外投资管理体制改革的建议；办理对外承包工程和境外投资贷款；办理出口信贷和进口信贷
国家开发银行	拓展国际合作业务，为中国企业"走出去"提供金融支持和服务，如支持国家电网、金风科技、西电国际、华为、中兴等企业开拓国外市场
驻外使馆经商处或中国派驻受援国经济代表处	配合实施"走出去"等经贸战略，为扩大双边贸易、投资、劳务、技术等合作牵线搭桥，为协助国内有关部门、地方政府、企业和行业组织在该国开展经贸活动提供资讯和服务；为在该国的中资企业提供服务和保护，为解决双方企业出现的贸易、投资、劳务合作的纠纷提供必要的协助

资料来源：全球环境研究所. 走出去——中国对外投资、贸易和援助现状及环境治理挑战[M]. 北京：中国环境出版社，2013

　　Luo 等（2010）在研究中指出中国现存的 OFDI 政策管理体制从促进和监管两个方面双管齐下，促进措施包括金融和税收政策的支持、OFDI 方向引导、信息服务的支持、风险防卫机制四个方面，而监管集中体现在简化审批程序和 OFDI 年度联合审查制度方面（图 5-2）。

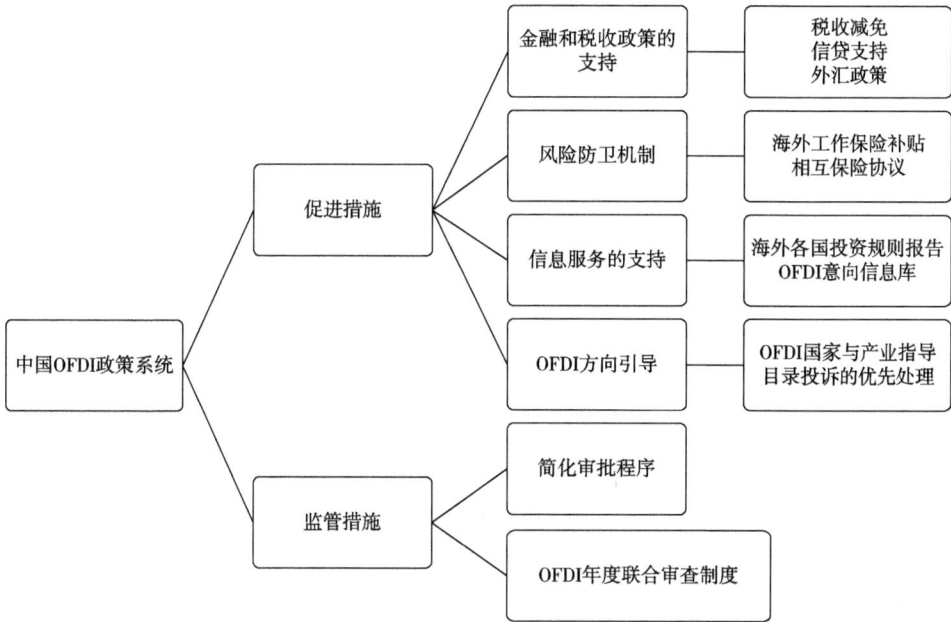

图 5-2　中国现存 OFDI 政策管理体制

资料来源：Luo Y D，Xue Q Z，Han B J. How emerging market governments promote outward FDI：experience from China[J]. Journal of World Business，2010，45（1）：68-79

　　Dunning 和 Lundan（2008）认为，政府的鼓励和支持政策，甚至是约束性的政策，都会影响企业 OFDI 的竞争优势，并体现在强度和方向的决定性影响方面。政府的正向引导和政策支持必不可少，但是要避免政府对 OFDI 的过度干预，当前很多企业在进行海外投资和经营时，都面临着审批行政手续烦琐，审核严格等问题。

　　由此提出假设：

　　H_{5-1}：有效地减少政府干预有助于促进中国企业的 OFDI 规模扩张，与 OFDI 呈正相关。

2. 法律制度的完善程度

　　为了有效地促进和支持国内企业"走出去"，政府出台很多法律政策，尤其是在对生产者合法权益的保护及对知识产权的保护方面。邓宁在其研究中强调了知识资产对企业形成所有权优势方面的重要性。在促进国内企业自主创新能力的培育、限制知识产权在跨国公司间的滥用以及激发经济主体充分参与市场经济竞争等方面都发挥着重要作用。产权是赋予资产所有者排他占有和使用资源的一种权利，在分配资源、达成交易和分配收益方面发挥着重要的作用（Demsetz，1967）。剩余索取权会影响企业再投资的决定——是增加还是减少投资。Barzel（1997）认为法律产权的界定与保护是交易的前提，也是对财产所有者利益的保障，借助国家法律等制度形式的产权力度较强。Sherwood（1990）认为尤其是在发展中国家，在整体法律制度环境越不完善的情况下，越能显示出对专利和知识产权保护的价值，这对提升企业的国际竞争力有着重要的意义。而产权保护不力，则可能导致企业被迫选择法律制度相对完善的市场，即"制度逃离"。

知识产权保护方面，郑展鹏和刘海云（2012）用知识产权保护作为考察企业OFDI 时所面临的国内产权制度环境，这可以通过专利授权数量来间接反映。根据《中国统计年鉴》相关数据，我国专利授权量保持了持续增加的势头，年均增长率将近 22.26%。从 2001 年的 99 278 项到 2006 年的 223 860 项，提高了一倍多。2006 年后，我国专利授权量进入高速增长期，2010 年的专利授权数为 740 620 项。而国内对专利保护水平的不断提高可以使企业获得技术上的比较优势，促进企业创新，保障市场秩序，但是由于区域发展的不平衡，各地区对知识产权保护的法律发展不尽相同，相关制度的发展也呈现出好坏不同的发展趋势。相对而言，东部地区的专利授权比重较高。

对生产者合法权益的保护体现的是市场运行的法律制度环境，也是市场正常运行的基础条件。保护生产者合法权益和保护消费者合法权益同样重要，是产品市场的供给者和需求者。生产者合法权益的立法保护是对市场不完善的制度规制，有利于生产者提高产品质量、提高服务水平，有利于企业开拓国际市场、增强企业的竞争力，也为技术创新和技术的发展提供了有力的支撑。随着民营企业开拓海外的业务，国际贸易摩擦也逐渐增多，同时也遭遇了反倾销、贸易保护等纠纷。2011 年中国民营企业 500 强遭遇的主要贸易摩擦类型以知识产权纠纷为主，其次是反倾销、反补贴、特别保障措施和其他影响。

根据王小鲁等对国内企业经营的法制环境指数的测量，2006~2012 年，企业对"经营者人身和财产安全"这项指数的评分要高于中性评价值 3.0 分，因此反映出企业对其合法权益保护的状态比较满意，但是满意度在 2009~2010 年有所下降。而在政府的"司法公正和效率"指标方面，却低于中性评价值 3.0 分，反映了企业对国家司法系统法律执行的效率和公平性上面的评价是负面的，这说明我国的法律制度环境还有待改善。另外，从动态的角度观察，这两项都随时间出现了明显的波动，说明我国法律体系的稳定性还有待提高（王小鲁等，2013），如图 5-3 所示。

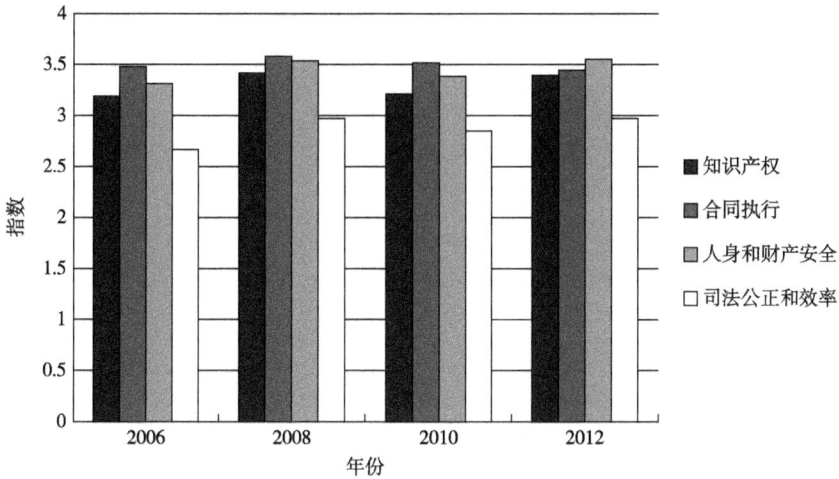

图 5-3 知识产权保护与经营者合法权益保障指数图

资料来源：根据《中国分省企业经营环境指数 2013 年报告》的相关数据绘制

由此提出假设：

H₅₋₂：对生产者合法权益的有效保护有助于促进中国企业的 OFDI 规模扩张，与 OFDI 呈正相关。

H₅₋₃：知识产权保护力度的提升与中国企业 OFDI 呈正相关。

3. 融资与信贷支持

OFDI 反映了资本国际流动的一个方面，而对进行 OFDI 的跨国公司来说，不仅仅要具备充足的资金，且在获取这些资金时要获取成本的优势，而且可以进行货币的自由兑换。在中国政府的主导下，一些企业可以获取较低成本的融资，而且国家的外汇储备十分充足，这些成为我国企业进行 OFDI 的又一所有权优势。国内金融市场的不断成熟为企业开展 OFDI 提供了足够的资金支持，也有效降低了企业在生产经营中的资金周转成本，因而成为影响各地区企业海外投资的重要因素。

政府能够通过提供给子公司税收优惠、原材料优选权以及低成本的资本等有利条件帮助企业克服所有权劣势（Buckley et al.，2007a）。中国企业相对缺乏技术优势，因此资本在国际化扩张中就显得尤为重要。较低成本的金融支持可以帮助中国企业通过并购获取外国市场技术和能力（Luo and Tung，2007）。

国有企业 OFDI 带有各级政府需求的色彩，在政府的推动下，在资金、资源等获取上具有易得性的优势，这有助于企业进行海外扩张，而且这种制度红利可以一直延伸到海外（周黎安等，2013）。国有企业 OFDI 的政治资本优于非国有企业。

但是很多民营企业的对外投资规模较小，民营企业存在融资难的问题，资金不足以成为影响这类企业海外投资的重要因素，这导致其在对东道国进行投资时，具有较高的风险规避意识（Ramasamy et al.，2012）。一般来说，银行在对企业贷款时倾向于大企业。一些中小企业和民营企业只能依赖自身的积累和民间融资，在很大程度上造成了中小企业和民营企业融资难的问题，使其处于不利的地位。虽然国家一直在政策上进行调整和倾斜，试图解决民营企业融资难的难题，同时正规金融机构的融资难度下降，但是需要付出的额外费用反而在上升，与此同时，民间融资的难度也在加大。这是因为我国的金融机构以高度集中的国有银行为主，民营企业缺乏信用担保和制度保护，而随着中国经济进入"新常态"，金融业面临着重大改革。金融市场化有利于企业获得外源性融资，提高资本资产的可获得性，对于民营企业海外投资意愿的增强有积极的影响，有利于企业做出进行 OFDI 的决策。

由此提出假设：

H$_{5-4}$：国家融资与信贷支持有助于促进中国企业 OFDI 规模扩张，与 OFDI 呈正相关。

4. 国家贸易开放程度

关于贸易开放度，Romer（1986）和 Lucas（1988）等新增长理论的经济学家认为其主要通过提高和加速本国的技术进步来促进经济增长。Krugman（1985）认为贸易开放度是通过发挥规模经济效应促进经济增长的。Edwards（1992）、Obstfeld 和 Rogoff（1996）则认为开放的国家更容易吸收来自先进国家的新思想和技术。Krugman（1985）认为贸易开放度能提高国内资源配置的效率，加快国内投资率。Edlin 和 Stiglitz（1995）则认为贸易政策有助于国家的整体学习和进步，尤其是对发展中国家来说。贸易开放能够加深中国与世界各国的经济和贸易往来，深化合作和分工，对于通过 OFDI 提升本国经济也有重要的作用。在贸易开放度方面，目前国家 OFDI 扶持方面的新亮点体现在以下几个方面：

（1）提出"一带一路"[①]倡议。2014 年 1 月 13 日，"一带一路"的构想获批，沿着国家合作的路线推动开放和对外贸易合作。通过与中亚、西亚、东南亚、东非等国家和地区广泛开展在基础设施领域的合作，输出资金、技术和人才，参与高铁、基建、核电三大领域的建设。帮扶中国的制造业开拓国外市场，扶持产业

---

① 英文为 One Belt and One Road，缩写为 OBAOR，是指"丝绸之路经济带"和"21 世纪海上丝绸之路"。"一带一路"提倡的是合作发展，在和平发展的大旗下，依靠与沿线国家的既有的区域合作平台以及已有的与其他国家的双（多）边机制，意在借用古代"丝绸之路"的历史符号，积极主动地发展与沿线国家的经济合作伙伴关系，共同打造政治互信、经济融合、文化包容的利益共同体、命运共同体和责任共同体。这是中国首次倡导的由国家高层推动的国家层级的倡议。

"走出去"，形成合力，促进国内产业结构的升级，是我国新一轮对外开放的战略支点。成立亚洲基础设施投资银行和丝路基金为"一带一路"战略提供金融支持。例如，金融租赁作为国家金融服务"三农"、扩大商品出口、支持产业升级的重要工具，尤其是在帮助中小企业完成技术改造、产业升级方面具有无可比拟的优势。"一带一路"的金融服务体系如图 5-4 所示。

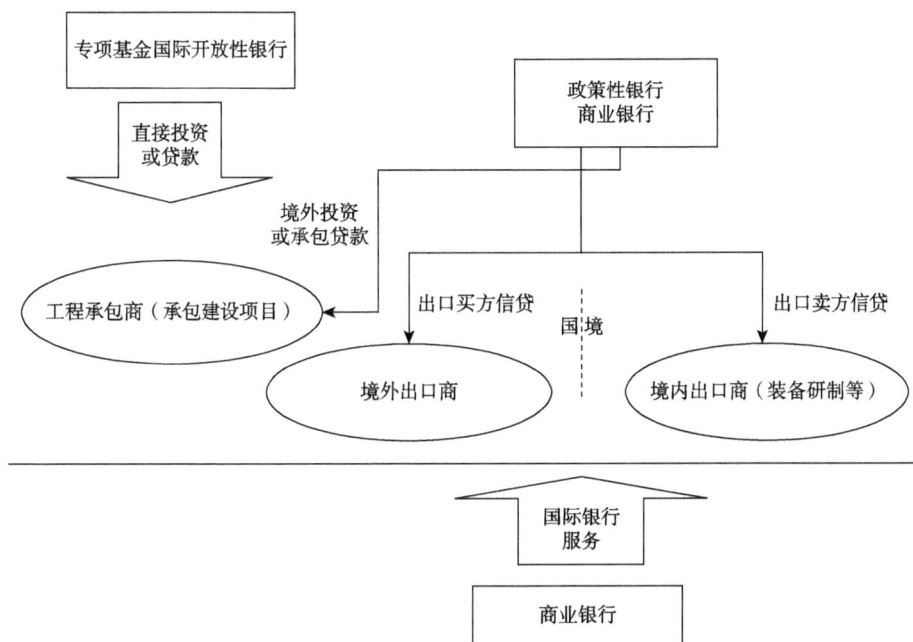

图 5-4　"一带一路"的金融服务体系

（2）建立中国（上海）自由贸易试验区（China（Shanghai）Pilot Free Trade Zone）。中国（上海）自由贸易试验区，是中国政府在大陆境内设立的第一个自由贸易区。这成为中国经济新的试验田，是政府实现职能转变，在金融制度、贸易服务、外商投资和税收政策等多方面进行改革的窗口，从长期看，必将大力推动境内离岸业务的发展，是中国深化改革，扩大开放的重大举措。自由贸易区的一大特点，就是人民币资本的放开和金融创新，对中国加入环太平洋伙伴关系协议（Trans-Pacific Partnership，TPP）等将起到重要的中间作用。从中国企业 OFDI 的区域特征来看，很多资金流向"避税天堂"的中国香港、英属维尔京群岛等地，而自由贸易区的试行，必将推动中国企业进一步国际化，实现内外贸一体化发展。

中国（上海）自由贸易试验区通过带动金融、税收、贸易、政府管理等一系列政策变革，尤其是在六大领域的开放①，为民营企业和境外资本等提供了广阔的发展空间，其在税收优惠政策方面给予企业较大实惠，包括对人才的激励措施，这都将大大提高企业的对外投资积极性。其中，金融领域的改革主要集中在存款利率市场化、企业融资多元化、企业 OFDI 便利化等方面，拓宽企业从境外进行融资的渠道，从而大幅度降低自由贸易区内企业的融资成本。自由贸易区的金融改革不仅突破了政策层面的限制，也优化了企业进行对外投资的审批流程，简化了 OFDI 的审批流程，将对外投资项目的备案流程压缩到 5 个工作日。在我国继续实施对外投资战略的指引下，政府各部门将进一步对企业对外投资在信贷税收、审批流程、外汇管理、融资保险等方面给予政策支持。

因此，上海自由贸易区的试点模式已经成为我国企业 OFDI 的新亮点，通过自由贸易区的示范作用，全面改革我国 OFDI 的管理体制，助推企业加快 OFDI 的步伐。

由此提出假设：

H_{5-5}：贸易开放度的提高有助于促进中国企业 OFDI 规模扩张，与 OFDI 呈正相关。

5. 财政税收对企业 OFDI 的影响

在王小鲁等（2013）的《中国分省企业经营环境指数 2013 年报告》中，通过对 2012 年全国各地样本企业的 3 285 位企业负责人进行的问答，针对企业的经营环境各个方面进行统计打分，结果显示，企业在所处的经营环境方面所面临的主要障碍影响因素中，税费负担仅次于政府行政管理，30.3%的企业负责人将其列为首要障碍因素（表 5-3），反映了很多企业都认为本企业的"税收负担过重"，不利于企业的发展和成长，企业的税费负担过重是不争的事实，这对中国企业进行国际化扩张也是不利的，政府为了鼓励中国企业"走出去"，在减轻企业的税费负担方面给予了大力的支持。

表 5-3　对各企业负责人在影响企业经营的主要障碍因素方面的调查（2012 年）

障碍因素	占比
政府行政管理（公开、公正、公平；政府效率；地方政府过度干预；政府廉洁）	33.7%
税费负担（税收负担；收费、集资、摊派）	30.3%
人力资源供应（技术人员；管理人员；熟练工人）	16.1%
金融服务（正规金融服务；民间融资服务）	14.3%
法制环境（执法公正和效率；经营者权益保护）	3.7%

① 自由贸易区开放的六大领域涵盖金融服务领域、航运服务领域、商贸服务领域、专业服务领域、文化服务领域和社会服务领域。投资实行负面清单管理，政府不过多干预，从事前的审批管理转变为事后的监督管理。

续表

障碍因素	占比
基础设施条件	0
诚信社会环境	1.5%
中介组织和技术服务	0.4%

资料来源：王小鲁，余静文，樊纲. 中国分省企业经营环境指数 2013 年报告[M]. 北京：中信出版社，2013

　　国家也在尽力解决企业 OFDI 中的减税问题，颁布了《境外所得计征所得税暂行办法》，允许企业境外投资收入所得在境外业务间实行盈亏互补；企业境外已经缴纳税款，在缴纳境外所得国内税款时，允许以适当方式进行抵扣；对因不可抗力导致企业的较大损失，可申请减免一年的所得税款。

　　同样，国家对于中国企业境外投资的进出口税给予积极支持，如对企业 OFDI 的货物或承包工程等项目，免征或退还企业在出口环节的增值税、消费税。国家税务总局 2007 年出台了《国家税务总局关于做好我国企业境外投资税收服务与管理工作的意见》，这一政策很大程度上是为进行境外投资的境内企业提供税收服务的。国家在税收政策上能够提供包括进出口关税、公司所得税和个人所得税等各方面的减免优惠。例如，我国企业在以机械设备、技术、半成品及原材料为 OFDI 的资本时，可以享受更低的出口关税，对长期进口的原材料享受减免进口关税，企业 OFDI 项目中的中方员工享受个人所得税减免等优惠待遇。同时，制定损失准备金政策，为企业 OFDI 免除后顾之忧。

　　由此提出假设：

　　H_{5-6}：减少企业税外负担有助于促进中国企业 OFDI 规模扩张，与 OFDI 呈正相关。

6. 非国有经济的发展对企业 OFDI 的影响

　　改革开放以来，市场导向的非国有经济部门的迅速发展，对中国经济增长和市场化做出了重要的贡献，这也使得民营企业发展逐步壮大，而市场经济资源配置有限，迫使一些企业寻求外部的市场来进行国际化经营，参与全球竞争。商务部相关统计数据显示，中国的 OFDI 总额，2003 年为 28.65 亿美元，2012 年增长到 878 亿美元[①]，将近 10 年的时间共增长了近 30 倍，增速惊人。2003 年几乎绝大部分对外进行 OFDI 的企业都是国有企业，2012 年国有企业 OFDI 的比例已经下降了将近一半，这正是国内对非国有经济发展大力促进的结果，OFDI 主体的多元化明显，有限责任公司为投资主体的所有权类型开始增多，相较于国有企业

---

① 资料来源：商务部网站。

占比下降，这类投资主体的占比反而在上升，到 2011 年，已经占到全部对外投资企业数量的 60% 左右。此外，股份合作、集体企业、个体经营、股份有限等形式的企业海外投资在不断增加。这说明民营企业在对外投资中发挥着越来越重要的作用。

我们可以从两个方面对非国有经济的发展影响民营企业"走出去"进行解读。第一，2003 年开始，中国的 OFDI 呈爆发式增长，这源自于国家宏观战略的支持，企业以国有企业和国家优势产业为主，而这些产业中的绝大多数仍是国有企业主导，因此在最初的增长阶段，民营企业并未展现出增长的潜力。但是随着国家从计划经济向市场经济过渡的转型期的到来，国家开始逐渐放权给市场。另外，"十二五"时期政策上的支持、审批程序的简化以及政府专项资金的支持等，使得民营企业有更大动力和意愿"走出去"，这也是民营企业海外投资增多的原因之一。第二，国有企业占比下降，民营企业占比上升，在一定程度上反映了中国 OFDI 的惊人增长和多元化发展。国有企业仍然是国家主要鼓励的企业海外投资的主体，但是每年总投资额的增加，以及民营企业快速的海外发展，国有企业海外投资的比例必然下降，不是绝对量的下降，而是相对比例的下降。

非国有经济的发展，反映了市场在调配资源方面的作用越来越强，而且国内市场完善程度有所提升。自由、公平的市场秩序有利于提升国家整体的生产力。而市场管制、征税或补贴等不恰当的政府干预会对生产力水平产生不利的影响。市场体系健全的发达国家，资源配置更加合理，投资的机会也多，而反观相对落后的发展中国家，不健全的要素市场体系常常会导致产品市场无效率，不利于非国有企业的发展。

由此提出假设：

H5-7：非国有经济的发展有助于促进中国企业 OFDI 规模扩张，与 OFDI 呈正相关。

H5-8：市场分配经济资源的程度越高，越有利于中国企业的 OFDI 规模扩张，与 OFDI 呈正相关。

5.1.2　企业 OFDI 过程中制度的规制维度优势发挥

现有研究认为新兴经济体 OFDI 的战略决策是由企业、行业和国家相关的因素共同决定的（Lu，2002）。Wang 等（2012b）研究认为，中国的母国行业结构及政府的大力支持，是推动中国企业 OFDI 的关键。Buckley 等（2007a）的研究显示政策自由化对中国的 OFDI 有很重要的影响，强调了 OFDI 中制度的重要作用。也有学者认为，新兴经济体国家的对外投资，一个重要的推动力量是来自于新兴经济体国家的制度改革及竞争政策 (Stoian, 2013)。而 Kang 和 Jiang (2012) 的研究表明，一国与另一国的制度差异，本国的经济自由化程度，以及本国的政治制度都会对企业海外投资的区位选择产生影响。关于企业层面的竞争优势、行业竞争和制度环境对企业 OFDI 驱动因素的综合作用，已经有一些研究 (Lu, 2002)。

1. 制度的规制维度与政府参与

制度的三个维度层次通过制度的三种机制发挥作用，对企业的 OFDI 行为产生三种压力反映，影响企业 OFDI 的意愿、战略和决策。制度的规制性层面核心内容包括强制性暴力、奖惩和权宜性策略反应，而一般来说，政府在这一制度层面发挥着重要的作用，包括法规制定和政策颁布等。North (1990) 认为"政府最终必然作为第三方卷入合约的监督和实施，并成为实施强制的根源，所以制度理论也不可避免地要涉及一个社会的政治结构的分析，以及政治结构提供有效实施框架的程度的分析"。这些规制维度的影响因素，很大程度上反映的是政府的利益诉求和宏观战略导向。DiMaggio 和 Powell (1983) 在关于影响个人和组织的行动的制度性机制的分类时，认为这些建立规则与追求自己利益的行动者所使用的基本控制机制就是强制机制。Weber (1968) 指出，所有统治者，都试图在民众中培育一种信念，使民众相信其统治是合法的。具有权力的一方试图将自己的意志施加于他人，这种规（强）制性通过支持和制约相容的规范框架来实现合法化。W. R. Scott (1995) 认为"当一个稳定的规则系统，得到监督和奖惩权力的支持时，这种权力相伴而来的是畏惧、高尚、廉正、坚定等情感，那么就是流行的、起支配作用的制度"。在制度的规制层面上，政府作为规则的制定者、仲裁者和强制实施者的角色非常重要，对中国企业的 OFDI 发挥着巨大的作用。政府干预和参与在一定程度上会影响企业国际化的意愿和能力。具体来说，会影响企业的战略目标和战略决策，资源的获取和成本，资源的使用方式和整合能力，提供有价值的信息、知识和中介服务以及跨国界扩张所带来的交易成本。不同层级的政府参与会在企业内部产生不同程度的强制、规范和模仿压力，从而影响企业资源的使用及企业海外投资的意愿和能力。

2. 制度的规制维度与所有权优势 (O)

跨国公司的对外投资行为可以遵循邓宁的国际生产折中范式，根据前面的讨论和模型的设定，国内的制度因素将会直接影响企业 OFDI 的所有权优势。

（1）制度所有权优势。邓宁将所有权优势[①]定义为，一国企业独有，而其他国家企业没有或无法获取的，涉及企业技术优势、规模优势、组织管理优势、金融和货币优势及市场销售优势等。在面对国际生产折中范式自相关的批评时，邓宁将所有权优势区分为两个。第一个是 Oa，称作资产所有权优势，这种优势来源于企业拥有的、独特的获利性资产所带来的优势，还包括声誉、技术诀窍、品牌商标等无形资产，另外，类似企业的管理和营销能力及产品的创新能力，也属于这一范畴，需要注意的是，这些优势在企业进行跨国经营之前就已出现。第二个是 Ot，跨国公司层级内部共同支配位于不同国家和地区的资产网络所产生的优势，是跨国公司从事 FDI 之后由内部化优势派生并强化的资产优势，涵盖两个方面内容：①现有企业具有的而新企业不具有的优势，这主要来自于企业的规模经济、范围经济、差异产品、获取各种资源的优势条件、母公司与其他企业建立合作关系的能力等；②跨国经营所形成的优势，如更大的弹性、对国际市场的了解、外购的方便、利用不同区位的资源和分散经营风险等。所有权优势既是邓宁 OLI 范式中内涵最丰富的一个因素，又是一个不断进行拓展和延伸内涵的因素，还是跨国公司进行国际投资的必要条件。随着 FDI 的不断发展及全球经济一体化的不断增强，新时期的国际投资发生了变化，新兴经济体国家的跨国公司开始快速地进行 OFDI。Dunning 和 Lundan（2008）将制度对所有权优势的影响考虑了进来，提出了除 Oa、Ot 之外，制度因素所带来的所有权优势 Oi[②]，称为制度所有权优势。在类似于中国这样的新兴经济体国家中，Oi 在对 Oa、Ot[③]及其他两个因素（内部化 I、区位 L）的影响方面发挥了巨大的作用。邓宁的 OLI 理论认为，企业想要在东道国取得成功，必须拥有足够的与母国市场、制度和生产技术特征密切相关的所有权优势，以抵消作为外国企业的比较劣势。

制度因素能够对企业的所有权优势产生影响，形成制度所有权优势 Oi。从邓宁对所有权优势的定义可以看出，Oi 来自于制度所产生的，能够对企业进行 OFDI 过程中独有的、其他企业难以获得和模仿的特定优势，这种优势会影响企业的 Oa 和 Ot，归根结底，是对企业资源的获取和使用产生影响，包括有形资产和无形资产，以及交易性所有权优势。因而国内的制度安排为企业"走出去"提供了获取资源和培育能力的重要途径，并形成了特殊的"制度性优势"。

（2）制度的规制维度会影响企业所有权优势的资源获得。如上所述，制度的规制维度与中国政府的参与及政策上的支持密不可分。一个企业特定的所有权优

---

① "所有权优势"，又称作"企业特定优势"。所有权优势是企业所具有的，却来自于企业所处的环境，受到相关因素的影响。

② Oi 仍然是邓宁关于制度的定义，本书的制度符号用字母 S 来表示，在阐述时，保留了邓宁的书写形式。

③ 略显遗憾的是，现有的理论研究还很难将三者完全区分开来，一般将制度所有权优势分散到其他两种所有权优势 Oa、Ot 中进行分析。

势的内容和结构包括那些来自国家层面的能关键影响特定资源和能力的创造、使用的因素（Dunning and Lundan，2008）。Peng 等（2002）研究了国家层面制度变化可能改变企业可行性行为的参数，以及制度变化可能影响最优产品的范围和地域。这主要是针对美国的企业，而来自中国和新加坡的企业因为监管政策的变化和期望与规则的改变，更加集中于外部寻找，以及参与 OFDI 方面（UNCTAD，2006）。

　　从政府参与的角度，规制维度可以从资本、技术、劳动力、税收、经济制度等资源方面给予进行国际化的企业大力的宏观政策上的支持。这对提升公共目标，纠正信息不对称、外部性和规模经济，以及其他环境所导致的市场失灵是关键的。通过鼓励公共产品生产、国际化和负外部性的减少、研发投资、经济行为，以及在不发达国家或边缘地区的开发影响企业的对外投资行为，这些激励措施能够产生积极的效果，这是市场单独运行所不能实现的。另外，为了引进先进技术、保持企业国际竞争优势和从投资中获益，政府更多地给予本国企业的"走出去"一些支持，这种支持建立在对外投资能在母国产生正的外部性的前提假设下。新兴市场国家政府颁布的关于 OFDI 的规则和法规，能够鼓励带动出口的 OFDI 项目（Buckley et al.，2008a），另外，为本国跨国公司的海外战略资产收购创造各种有利的条件（Luo et al.，2010）。中国资本市场不完善，这意味着在相当一段时期本土企业可以以低于市场的利率获取资本，形成了对外投资企业可以利用的半固定的非均衡状态的资本市场。在该意义上，市场的不完全可以转变成新兴经济体企业的所有权优势（Buckley et al.，2002）。

　　结合企业的所有权结构来看，制度的规制维度对企业产生的制度压力，对于不同类型的企业是不尽相同的。在"走出去"战略的支持下，中国 OFDI 发展过程中，国有企业一直占据着非常重要的位置。但是中国国有企业本身是缺乏核心技术和相关的管理技能的，因此这些国有企业的国际化扩张，很大程度上来自于中国政府的大力支持和促进。这些国有企业很多是国内优势产业中领军类型的企业，国家在海外经营的资金扶持上给予了很大的支持，充裕的资本减轻了流动性约束，这是企业生存与发展的重要条件，因为在海外投资的挑战中，融资困难排到企业认为的所有困难中的第二位。而对于一般的民营企业来说，是很难获得这样的所有权优势的。从某种程度上说，国有企业在进行 OFDI 时，从制度规制维度和政府政策支持方面所获取的资源相对于民营企业更加容易，国有企业在资产所有权优势方面要优于民营企业的资金等所有权优势产生所需资源的获取，另外，获取的途径也不相同。这可能是因为国有企业通常肩负着国家的使命和战略目标（Dunning and Lundan，2008）。制度规制维度产生的强制压力，使得国有企业要更多地关注国家的宏观战略目标，而将企业的利益最大化放置在次要位置，这是国家权力发挥作用的结果。很多学者认为在中国国有企业 OFDI 中，政府在金融方面给予了大力的支持，这是因为中国的政府控制并影响着中国的金融系统，很大程度上决定了国有企业能够以低于市场利率的水平获取资本，而资金成本的优势能帮助企业获得后来者优势，克服"后来者劣势"以开展 OFDI（Buckley，2008；Fornes and Butt-Philip，2009）。而相较之，非国有企业，尤其是民营企业在进行海外投资时很多时候却由于融资困难资金不足，在制度与政治风险较高的东道国投资时往往会持谨慎态度。

制度的规制维度相关因素对企业 OFDI 既有鼓励也有约束。对中国企业 OFDI 来说，中国政府从各个方面给予政策上的支持和扶持，鼓励企业"走出去"。Narula 和 Dunning（2000）认为，与自然资产、规模经济及市场结构相比，作为"创造性资产"的制度因素可以显著影响 OFDI 的竞争优势，毕竟与发达国家完善的制度环境不同，发展中国家薄弱的制度环境、政治风险和政府腐败、效率低下、政策的不公开不透明等一些母国不利的制度因素，会产生反向作用迫使部分企业寻求跨国界的新市场。Luo 和 Tung（2007）的研究显示，国内不完善的法律制度、不透明的司法体系、不发达的要素市场等因素严重削弱了企业的竞争力，从而驱使企业转向 OFDI。国内的制度缺失促使国内企业，尤其是一些民营企业逃离本国不完善的市场和制度环境，利用国外的制度优势和资源优势增强企业的国际竞争力。从这个意义上说，强制压力有时候会导致部分企业选择逃离母国制度。Witt 和 Lewin（2007）、Yamakawa 等（2008）都认为发展中国家的跨国公司"走出去"是为了逃避母国较为恶劣的制度环境，他们将这种现象称为"制度性逃离"。

制度对企业产生制度压力，企业为应对相关的制度压力，可能会部署政治资源，主动获取有利的经营条件或者规避不利的规章制度。传统的经济学理论一般假定企业被动地对制度环境做出反应，在给定的制度环境下，企业需要遵守规章制度、寻求合法性、获取资源、规避成本，否则将退出市场。Oliver（1997）提出了"制度资本"的概念，他认为也会有一些企业通过对政府施加影响来规避不利的规章制度，这种影响制度框架的能力被称为制度资本。制度资本产生的前提条件是市场战略重要性很高，而且企业的政治资源强大到足以对政府政策产生影响，企业能够并且愿意同政府谈判。而企业可以获取特殊的资源和保护，或者提高市场地位或降低成本等，更为重要的是，企业获得经营行为的合法性，扩大生存的机会和利润空间。

3. 制度的规制维度与 OFDI 企业内部化优势（I）

企业为了避免市场不完全带来的影响而把企业的优势保持在企业内部，通过内部化实行资源配置，使企业的垄断优势发挥最大作用。内部化优势是企业对所有权优势利用的一个反映，当企业认为利用企业所拥有的所有权资产等优势，通过国际经营能够节约交易成本和费用时，就会引发跨国投资活动。内部化优势是企业进行海外投资的目的及对外投资形式的反映，企业将国际市场内部化最主要的是为了避免资源配置的市场不完全对企业经营的不利影响，防止自身的权益遭到损失。例如，这些不利影响可能涉及价格歧视、所生产产品的质量保证和控制、实现有效的管理过程控制等。

制度对内部化优势的影响主要体现在两个方面：一是为了规避不确定性；二是为了节约交易费用。企业所处的制度环境会影响企业进行国际化扩张的意愿，具体如下。

第一，规制维度与 OFDI 企业不确定性的关系。企业面对的制度环境包括东道国目标市场、母国市场及两者间的差异。Lawrence 和 Lorsch（1969）的研究注意到"环境"的影响，制度有很多功能，最基本的是减少不确定性（Scott W R，1995），其通过规则和定义合法性边界来降低不确定性。

具体来说，首先，国内强大的金融保险支持可以最大限度地规避企业对外投资不确定性的风险，推动企业在全球范围内纵向整合价值链，进而获得内部化优势。Desai 等（2004）的研究发现，跨国公司的海外分支机构在外部融资相对不易时，更倾向于从母公司筹集资本。而中国企业的 OFDI 在一定程度上是国家"推"的力量更大一些。其次，国内关于投资自由化的双边与多边协定及其他政策的制定，将减少企业对外资本输出风险并降低交易成本，因而将有效促进企业内部化优势的形成。最后，国内通过制定对外投资税收激励政策来增强企业内部化优势。通过税收优惠政策将一些资源消耗大、开发成本较高的项目转移至国外，这样既可以节约国内资源，又可以使"走出去"企业充分使用廉价的国际性资源。

第二，规制维度与企业 OFDI 交易成本关系。在不同的制度环境下经济活动的交易成本是不一样的，特定的制度环境需要特定的组织结构与之相适应。政治主张、法律制度、文化习俗等因素不但直接影响市场、企业等不同组织的交易成本，而且还通过影响个人的行为方式而间接地影响组织模式的选择。个人的有限理性和机会主义行为影响不同组织模式下的交易成本，反过来也会受制度环境的制约；经济制度直接影响了市场、企业及其组织形式的交易成本，但经济制度的形式和内容也往往受到其他制度环境因素的影响和制约。

国家法律制度的完备性、执法监督力度、产权保护程度、政府干预经济的方式等都将直接决定市场运行机制和资源分配机制，进而影响生产交易过程中的交易成本和风险。"走出去"战略通过国家层面的制度支持，能够帮助企业克服甚至降低"外来者劣势"，并为其提供制度上的保障，从而有利于降低不确定性与交易费用。Boisot 和 Meyer（2008）研究发现，国内市场保护、市场分割及效益低下的运输渠道增加了企业在国内的生产经营成本，这会促进企业内部化国外市场、利用国外的资源和制度优势，以达到节约交易成本，实现企业利益最大化的意愿。国内制度质量较高、产权得到有效保障、市场体系也比较完善、法律制度健全、政府政策透明等，都会降低企业的组织成本。发展中国家的企业一般倾向于先选择与母国制度相似的国家进行投资，而母国与东道国之间的制度差异也会影响企业并购的组织成本。这也是中国大量的 OFDI 流量流向"避税天堂"的原因。

5.2　制度的规范维度与中国企业 OFDI

制度的规范维度，即民众对企业行为的价值判断。社会规范和价值观或新企业社会环境某一层次，包括社会认同、价值观、职业标准、惯例传统等，这些社会化过程强迫组织不得不遵循某些行为规范和准则，如对创业者、创业活动的认可与尊敬程度，顾客至上，必须按所属行业运营的压力。

5.2.1　制度规范维度的影响因素

1. 产业政策对研发和技术创新的支持

Biggart 和 Gullen 认为，各个国家或地区中的组织化逻辑特征各不相同，"组织化的逻辑，不仅限制其他方面活动的开展，而且还是独特能力的贮藏处，这些能力使公司或经济行动者在全球经济中，比其他公司或经济行动者更能成功地开展活动，获取目标"，而且这些国家或地区及其中的不同政府所实施的产业政策，以及是否积极干预经济事务等方面，都存在不同。成功的国家都是学会了如何管理好产业政策的政治经济问题的国家。产业政策要分析外部性，如资本市场不对称或风险市场不完善所导致的融资机制缺陷，会阻碍创新和学习的发生。中国企业在 OFDI 的进程中，在国家的推动下，会形成产业集聚效应。国家会优先支持本国成熟的具有比较优势的产业进行海外投资，也会鼓励企业到发达国家的高技术产业进行投资，以获取技术优势或战略性资产[①]。

产业政策对 OFDI 的影响更主要地体现在培育企业进行国际化竞争的研发和技术创新上，2013 年国内的 R&D 经费支出总额为 11 846.6 亿元，同比增长 15.03%，而 2012 年的增长率为 18.55%，2011 年的增长率为 23%。同时，2013 年、2012 年和 2011 年的 R&D 经费支出占国内生产总值（GDP）的比重分别为 2.08%、1.98% 和 1.84%。2013 年新产品开发的经费支出达到 9 246.7 亿元，引进国外技术经费支

---

① 邓宁在 1988 年的《国际生产理论》一文中，将国际直接投资划分为市场寻求型、资源寻求型、效率寻求型，后来随着国际经济环境和跨国公司 OFDI 行为的变化，在 1993 年的《跨国公司与全球经济》一书中，增加了战略资产寻求型。

出为 393.9 亿元，引进技术消化吸收经费支出为 150.6 亿元，技术改造经费支出为 4 072.1 亿元，购买国内技术经费支出为 214.4 亿元[①]。由此可以看出，国内对于产业技术的扶持力度很大。

发展中国家的区位选择和投资模式较传统的国际投资情况有所不同，表现在以下方面：OFDI 并不仅仅局限于其他发展中国家和具有比较优势的产业，而是倾向于制度质量与经济发展水平高的国家和具有比较优势的产业，从总体趋势上来看，并购大多数发生在发达国家，绿地投资大部分发生在发展中国家。为了积累所有权优势，建立国际市场竞争力，一些发展中国家和地区的企业试图通过在发达国家并购专有技术、品牌和分销渠道等全球价值链上附加值较高的生产环节。

由此提出假设：

H$_{5-9}$：产业政策对于研发和技术创新的支持有助于促进中国企业 OFDI 规模扩张，与 OFDI 呈正相关。

2. 市场中介组织的发展

市场中介组织，一般是指那些介于政府与企业之间、商品生产者与经营者之间、个人与单位之间，为市场主体提供信息咨询、培训、经纪、法律等各种服务，并且在各类市场主体，包括企业之间、政府与企业、个人与单位、国内与国外企业之间从事协调、评价、评估、检验、仲裁等活动的机构或组织。市场中介组织在国际市场竞争中，在本国国内产业保护和支持企业国际竞争力增强方面发挥着协调作用。

一方面，市场中介组织在企业的出口服务和对外投资方面担当着重要的角色，如维护本国企业经贸利益，利用 WTO 争端解决机制，帮助本国企业应对投诉。而且，会尽量通过协调来规范相关企业的行为，让这种被投诉的情况有所缓解和降低。对外开放以来，据不完全统计，中国的产品出口遭遇了越来越多的反倾销投诉，每年平均损失 100 多亿美元。而在外方提起诉讼时，行业协会[②]帮助企业履行企业和政府无法履行的职责，积极出面组织应诉，向 WTO 提供全面详细可靠的证据，尽可能地减少企业损失。

另一方面，行业协会等市场中介组织的发展，有助于促进并调动本国企业的聚集效应。一般来说，行业协会在企业开拓国际市场之初，按照自愿原则，协调企业组织生产、销售、价格、售后服务等方面的联合行动，以发挥集团军的优势。此外，行业协会在技术服务和法律会计咨询方面对企业都颇有裨益。

---

① 资料来源：《2014 中国统计年鉴》。

② 行业协会是介于政府和企业之间、商品的生产者和经营者之间，能够为企业提供相关的服务、咨询、沟通、监督、协调和公正等的中介组织或机构。

在不同的国家和不同的时间，行业协会、工会等建立和实施实践标准的能力可能各不相同。但是对于弥补市场不完全所带来的交易成本的增加，非政府组织的发展对于解决市场不完备条件下的资源配置低效问题起到了重要作用（Barzel，1997）。类似于会计协会和律师协会等的发展，行业协会也会为企业的信息咨询提供帮助，发挥辅助作用。Recanatini 和 Ryterman（2001）等认为这类组织可以为企业提供广泛的信息交流，营造稳定的制度环境，减少信息的负外部性，而成员也能获得更多的制度和资源方面的优势。

由此提出假设：

H$_{5-10}$：市场中介组织的发展有助于促进中国企业 OFDI 规模扩张，与 OFDI 呈正相关。

5.2.2　企业 OFDI 过程中制度的规范维度优势发挥

1. 制度的规范维度与所有权优势

关注规范过程的研究者们，强调网络连带的作用与承诺的重要性。很多制度对 OFDI 的影响因素既有规制性的反映，又有规范性和文化-认知性维度的作用。行业协会和专业协会体现了仲裁者或多或少是通过具有一点代表性的机构和协商程序对规范性标准进行制定的，另外，资格认证是一种"由非政府的专业人员进行的规范性过程"——一种以向该产业提供和推广较高标准为目标的规范性过程。政府对产业发展和研发、技术创新的扶持政策，研究机构为技术创新和技术扩散提供的研究基础设施，都从规范层面引导并促进企业 OFDI。从广义范围来说，行业协会、政府和研究机构等都是作为企业的外部网络而存在的。不谋而合的是，Dunning（1993）在修正折中范式的内涵时，对所有权优势这一要素的内容做了扩充，认为企业所有权优势要考虑企业之间的互动关系，即企业网络和企业联盟所带来的竞争优势及对交易成本的节约。这恰好与企业制度的规范维度相对应。

（1）企业外部制度网络与企业特殊资源优势的获取。Buckley 等（2007a）指出中国跨国企业 OFDI 驱动因素来自于母国环境中的不完善的资本市场、中国跨国企业特殊所有权优势、中国政策制度因素。而中国企业特殊的所有权优势来自于母国制度嵌入，这种制度嵌入能够通过制度网络联结形成企业外部网络，便于获取资源和投资机会，同时也有利于降低国际化的风险。国有企业在金融优势方面要强于民营企业，更容易得到政府许可和投资支持，国有的所有权结构即公司的一项特殊优势，使得企业更容易进行海外并购或绿地投资，参与全球化的竞争。这也导致中国国有企业和非国有企业的海外投资行为有所不同，表现为两者选择的进入模式不同（Morck et al.，2008）。资源相对匮乏的民营企业或其他跨国公司则更多地依赖于网络资源优势获取关系型资源优势（Yiu et al.，2007；Zhou et al.，2007）。不可否认的是，中国企业国际化的优势与企业的外部网络和母国制度是密不可分的（Wu and Sia，2002；Li and Rugman，2007；Boisot and Meyer，2008）。德鲁克认为企业是社会的细胞，必然要与其所嵌入的社会环境发生信息、资源与能力的交换。根据 Wernerfelt（1984）对资源的广义界定，任何可以给企业带来优势的东西都可以被称为企业的特有资源。网络资源是企业通过网络联结所带来的信息优势（Gulati，1999），为了保证竞争优势，企业需要持续不断地寻找新的机会提高和更新自己的能力。

（2）制度网络有助于企业所有权优势中的技术优势的获得。制度网络可以认为是与本土的机构，如政府机关、代理中介、金融机构、高校等部门的连接。企业在市场活动中，与供应商和客户之间的正式和非正式的关系属于商业网络的嵌入，这种商业活动上的网络联结有助于跨国公司更加便利地进行国际化扩张和海外投资。新兴市场母国的制度网络也能够给企业带来关键优势（Yiu et al.，2007）。制度网络能够给企业提供市场运营所需的资源。

技术优势一直被认为是所有权优势的重要的一个组成部分，而在国际投资理论中，发达国家的跨国公司的优势正是源于对核心和关键技术的把控。而对于发展中国家来说，并不具备能够与发达国家的跨国公司在国际市场上相抗衡和竞争的技术优势，但是这一劣势，却可以通过中国政府对科研的大力投入和产业集群、战略联盟、产学研结合等网络的搭建，实现技术的转移和溢出，以及对发达国家跨国公司的技术溢出的吸收。这对集聚本国企业自身的技术所有权优势有着重要的作用。

2. 制度的规范维度与内部化优势

企业外部制度网络有助于减少交易不确定性和交易成本。中国企业的技术优势，除了自身的原创性研发，随着中国企业嵌入全球价值链中高附加值活动增加，这种全球网络也有助于发展中国家的企业获取发达国家跨国公司的技术溢出效应及技术地方化效应中的隐性知识，从而进行技术创新，这在一定程度上节约了企业的技术交易成本。而企业的其他外部网络，如相关的行业协会等专业组织和贸易机构能够为企业提供智力支持，国际化进程中企业的合作伙伴的关系，对该企业的国际化战略和行为有重要的影响（Henisz and Delios，2001）。在母国网络的环境中，企业可以通过与其他企业的互动获取有关国际化的信息，企业在国际化扩张时，不确定性是非常重要的一个影响因素，获取的信息及来自同伴宝贵的国际化经验能够显著地降低企业海外投资中的不确定性，并且能有效识别海外机会。而基于母国制度网络的各个网络主体间的"关系"，如企业联盟间的互信和承诺，对交易成本的降低有着显著的促进作用。

社会资本也是影响 OFDI 的重要因素，一方面，信任和互惠增强了交易行为的可预测性，降低了交易成本。随着交易的多样化和复杂化，有限理性和信息的不对称性可能导致机会主义行为出现，但是建立在信任和互惠基础上的非正式制度增强了交易的可预测性，有利于降低信息不对称和机会主义行为带来的交易成本，保障交易的顺利进行。另一方面，企业产品设计、制造和营销过程涉及大量的默会知识，默会知识的创造和传播严重依赖于社会网络之间及其内部的联系，建立在信任和互惠的基础上的社会网络降低了社会沟通的壁垒，促进了专业化知识的运用，有助于技术创新的发生。

5.3　制度的文化-认知维度与中国企业 OFDI

文化-认知维度指民众对某一事物的理解与认识程度，广泛被社会持有的信仰和理解文化的共识，是一种自愿的心理活动，是外部世界在行动者内心的反映。文化-认知系统的建立主要依靠学习和模仿，表现为对某种概念、教义、意识、神话或符号的认同（斯科特，2010）。

5.3.1　制度的文化-认知维度影响因素

国家对"走出去"文化支持。W. R. Scott（1995）指出，组织行为不仅要考虑自身的利益，还要考虑他人的期望和内化的行为标准。跨国公司的研究者也强调外部环境的重要性（Ghoshal and Bartlett，1990）。类似于大多数新兴经济体国家，中国进行海外投资的企业主要是国有企业。2006 年，中国 82%的非金融性 OFDI 是由国有企业实施的。OFDI 排名中的前 30 个企业，除去 2 个，其余都是国家控股的，国家仍保持控制权并且从行政方面任命总经理人选（Morck et al.，2008）。这些企业的投资决定反映的是政治目标，而不仅仅是利润最大化的追求，尤其是在对较不发达国家的投资中，国家的目标占据更多的重要性（Buckley，2008）。因此，决策带有国家社会和文化的印记（Simon，1959）。

中国等新兴经济体国家的企业交易仍然深深地嵌在很强的网络中（Peng and Luo，2000）。结构性嵌入反映了企业的关系是如何与整个网络结构联系在一起的（Granovetter，1985；Uzzi，1997）；关系嵌入强调了企业动态关系的质量（Fjeldstad and Sasson，2010）；文化-认知维度的嵌入则反映了企业对所处的社会网络的共同价值观的认同。这种网络有助于共同价值观和文化的形成，在企业 OFDI 过程中，国家对"走出去"的支持文化，构成了社会实在的性质的共同理解（Scott，

2008)。

由此提出假设：

H$_{5\text{-}11}$：国家对"走出去"文化支持有助于促进中国企业的 OFDI 规模扩张，与 OFDI 呈正相关。

5.3.2　企业 OFDI 过程中制度的文化-认知维度优势发挥

1. 制度的文化-认知维度与所有权优势

Meyer 等（2009）以文化-认知制度要素为基础，认为制度是"赋予各种实体和活动以集体意义和价值，并把它们整合进更大图式中的文化规则"，组织不仅与生产力和交易相关，更要符合理性和合法性服务。制度的文化-认知维度强调文化-认知是外部世界刺激与个人机体反应的中介，"在这种认知范式中，作为被创造者的人的所作所为在很大程度上是此人对其环境的内在表象的一个函数"（Bader et al.，1984）。Wells（1983）在探讨关于新兴经济体国家的跨国公司是否拥有比发达国家跨国公司更强的所有权优势，并允许这些公司在国外比当地公司或其他国家跨国公司更有效地进行某些类型的经营活动时，指出资本或资源使用的经济性、母国嵌入所带来的优势[①]，以及通过与其他企业和部门的有益的关系网络获取由其他企业掌控的资源。Erdener 和 Shapiro（2005）将后一种优势称为关系资产，反映在网络技能和中国企业的海外社群方面，这些条件会持续很长时间，产生一种半持续的所有权优势状态。

企业所有权优势来源于任何能够给企业带来国际化经营竞争优势而东道国企业所不具备的优势的影响因素，对中国企业来说，同业伙伴的国际化的经验及国家支持企业"走出去"的文化有助于企业进行 OFDI，这是制度所有权优势在国家和企业文化层面的体现。这种整体推动企业"走出去"的文化-认知制度要素会在母国的制度环境中，对企业的国际化行为产生同构压力，因为难以想到其他的行为类型，企业会选择遵循惯例。Berger 和 Luckmann（1967）认为制度作为角色的个体的体验，经验的反复存在于现实中。DiMaggio 和 Powell（1983）指出："个体与组织很大程度上都要受到各种信念体系与文化框架的制约，接纳各种信念体系和文化框架。"这既是企业本身一种主观的信念，也是企业所能够客观感知的、存在于企业作为个体行动者之外的一个符号系统。正是这种符号在各个不同的制度主体和参与者企业之间相互传递信息，通过模仿机制形成了 OFDI 的共同的信念、行动逻辑。通过对成功 OFDI 企业的模仿行为，增加了企业获取国际化

---

① 例如，对新兴市场背景下经营的优先熟悉。

资源和进行国际化扩张的意愿。

2. 制度的文化-认知维度与内部化优势

国家的经济从中央计划经济向市场经济过渡时，跨国公司组织要适应多重制度领域中的制度，并且要应对多重制度压力（Oliver，1997），而且要遵守当地的规则和社会规范才能获取外部合法性。这种合法性获取的核心问题之一即不确定性的影响。制度的文化-认知维度，强调通过模仿机制产生作用的同构压力，而模仿和不确定性有着密切的联系。组织成员的行为要与预期一致，或者与市场先行者保持一致，从而采取相同的决策或战略，在组织结构上也具有相似性（Kostova and Zaheer，1999）。Hannan 和 Carroll（1992）认为决策存在不确定性时，要更加关注社会方面的影响。不确定性的存在，使得企业在决策时会考虑其他组织的决策作为指导和参考，众多企业的决策参与使得决策变成了共同的知识或经验法则，从而产生一致的决策。

此外，共同的文化环境下，企业间的社会资本也有助于文化-认知制度要素的进一步巩固。中国情境下的"关系"是一种非正式的母国网络关系，被称为管理者连带（managerial ties），按类别可划分为企业与政府的关系、企业与合作伙伴的关系（Peng and Luo，2000）。这种存在于中国社会网络中的关系能降低交易成本，确保企业优势，对企业绩效有着正向促进作用。

5.4 本章小结

本章从制度的三个维度，即规制维度、规范维度和文化-认知维度三个方面的制度影响进行阐述，对每一个方面的制度维度对 OFDI 的影响因素，以及该制度维度优势作用机理进行了剖析，解析了中国企业在 OFDI 过程中制度给企业所带来的优势。

本章基于第 4 章 OFDI-S 模型进行理论分析，在理论分析中提出了相关的假设，并对每一个维度的作用机理进行了阐述，为第 6 章的实证分析提供了基础和依据。

第6章 制度对中国企业 OFDI 影响的实证检验

6.1 研究设计

6.1.1 研究假设

按照第 5 章的理论分析，对于广大中国企业而言，母国制度环境的不断改进和完善，亦"制度质量"的改善，将为企业的 OFDI 创造更为有利的条件。现有理论研究普遍认为，有效保护生产者合法权益、提高知识产权保护程度，减轻企业税负、减少政府行政干预、提高行政审批效率、积极发挥商会和行业协会的作用等，都会对企业的 OFDI 起到积极的促进作用。

根据第 5 章的分析内容，本书制度三个维度对 OFDI 作用的相关假设图示如图 6-1 所示。

本书的研究假设，具体如下：

H_{5-1}：有效地减少政府干预有助于促进中国企业的 OFDI 规模扩张，与 OFDI 呈正相关。

H_{5-2}：对生产者合法权益的有效保护有助于促进中国企业的 OFDI 规模扩张，与 OFDI 呈正相关。

H_{5-3}：知识产权保护力度的提升与中国企业 OFDI 呈正相关。

H_{5-4}：国家融资与信贷支持有助于促进中国企业 OFDI 规模扩张，与 OFDI 呈正相关。

H_{5-5}：贸易开放度的提高有助于促进中国企业 OFDI 规模扩张，与 OFDI 呈正相关。

H_{5-6}：减少企业税外负担有助于促进中国企业 OFDI 规模扩张，与 OFDI 呈正相关。

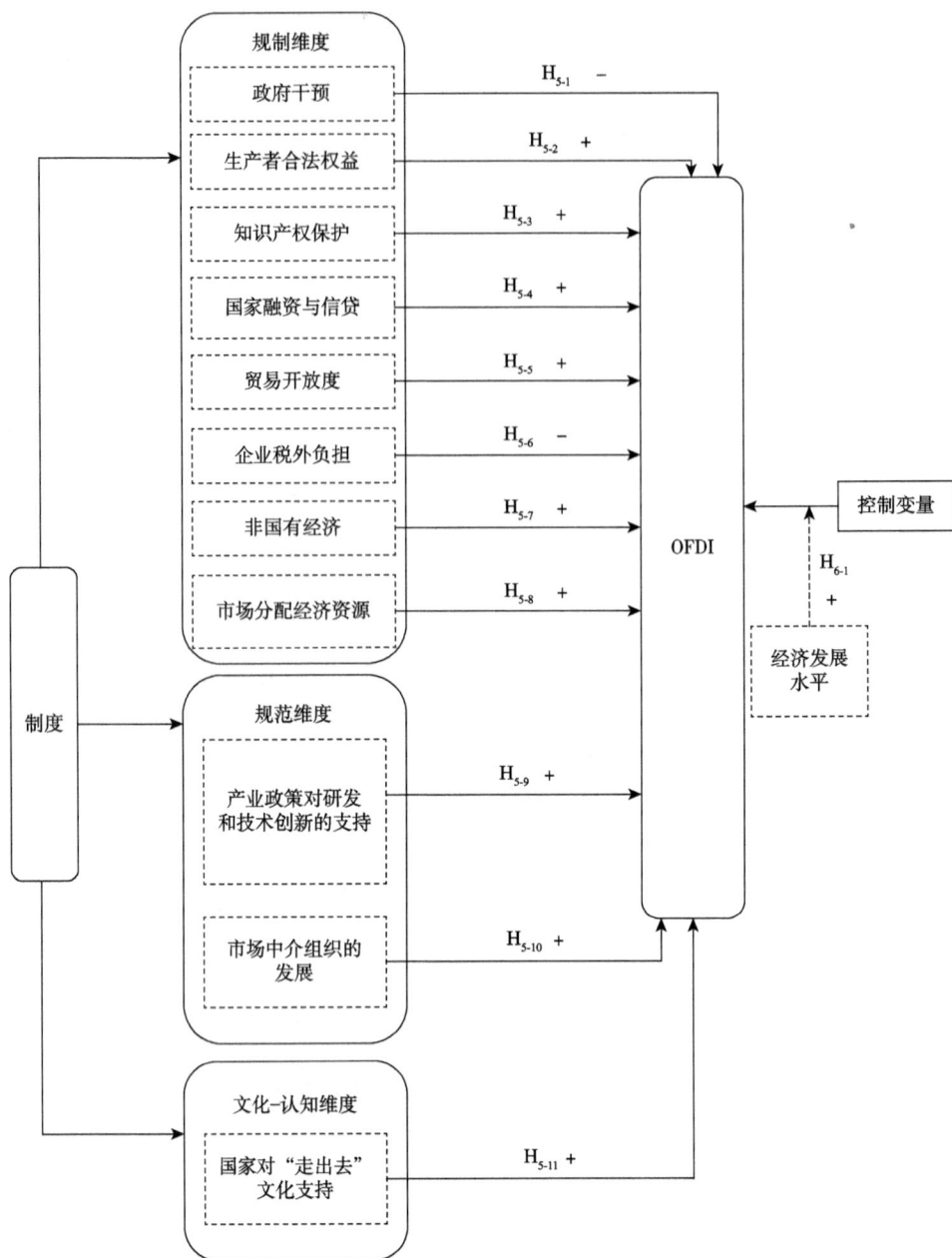

图 6-1 本书假设研究图示

H_{5-7}：非国有经济的发展有助于促进中国企业 OFDI 规模扩张，与 OFDI 呈正相关。

H_{5-8}：市场分配经济资源的程度越高，越有利于中国企业的 OFDI 规模扩张，与 OFDI 呈正相关。

H_{5-9}：产业政策对于研发和技术创新的支持有助于促进中国企业 OFDI 规模扩张，与 OFDI 呈正相关。

H_{5-10}：市场中介组织的发展有助于促进中国企业 OFDI 规模扩张，与 OFDI 呈正相关。

H_{5-11}：国家对"走出去"文化支持有助于促进中国企业的 OFDI 规模扩张，与 OFDI 呈正相关。

H_{6-1}：经济发展水平与中国企业的 OFDI 呈正相关。

6.1.2　变量说明

1. 被解释变量

本书被解释变量选择的是除港、澳、台以外的 31 个省、自治区和直辖市的 OFDI 流量，用每年的 OFDI 流量的自然对数（lnOFDI）来表示一个地区 OFDI 的规模。时间跨度为 2003~2010 年[①]。各省、自治区和直辖市的 OFDI 流量的相关面板数据，来源于商务部《2011 年度中国对外直接投资统计公报》和《2013 年度中国对外直接投资统计公报》。

2. 解释变量

本书设定的解释变量如下：

（1）生产者合法权益保护（PRP）。本书使用樊纲等（2010）采用企业抽样调查所提供的各地企业对当地司法和行政执法机关公正执法和执法效率的评价指标，用对生产者合法权益保护的指数来表示。

（2）知识产权保护（PIP）。本书使用樊纲等（2010）采用专利申请与专利受理的情况反映的知识产权保护指数来表示。

（3）金融市场化程度（CF）。金融市场化程度表示地区信贷融资制度和金融市场竞争的充分程度。金融市场化程度越高，说明金融体系越完善，金融机构越能够真正地按照市场化原则经营，企业融资门槛将有效降低，从而提高企业的融资能力，降低融资成本。本书使用樊纲等（2010）根据金融机构非国有贷款比重来测定的金融市场化指数来表示。

[①] 数据选取从 2003 年开始，原因在于 2003 年之前的 OFDI 发展较缓慢，随着中国"走出去"战略的实施和 WTO 的加入，2003 年之后才开始快速发展，另外，2003 年之前的 OFDI 流量很小，很多地区都未开展 OFDI 活动。

（4）贸易开放度（TRADE）。贸易开放度指某一国家或地区的经济对外开放程度，具体表现为市场的开放程度，通常它体现在相对稳定的外贸进出口方面。在经济全球化大背景下，某一国家或地区的对外贸易政策和制度将对其参与国际分工的广度、深度及 OFDI 有重要影响。贸易开放度这个指标可以反映出对外贸易制度，还可以反映出中国各地区对外贸易政策和市场开放程度的变化。本书采用国际上通行的度量方法，用对外贸易依存度，即用进出口总额之和占GDP 的比重来衡量，用公式表示为 $TRADE = (x+m)/GDP$ ，其中，x 表示出口额；m 表示进口额。

（5）减少企业税费负担（TAX）。企业的税费负担，是影响企业资本运行和再投资的重要因素，也反映了经济资源通过非市场途径分配的状况。本书使用樊纲等（2010）利用企业负担的税费和摊派等占销售收入比例来测定减少企业税费负担指数。

（6）非国有经济的发展（NSOE）。自改革开放以来，中国以市场为导向的非国有经济迅猛发展，这对国家的经济增长、市场化和 OFDI 做出了重要贡献。非国有经济的发展，在一定程度上能够反映出国家的经济活力。本书采用樊纲等（2011）通过非国有经济在工业销售收入中所占比重、非国有经济在全社会化固定资产总投资中所占比重、非国有经济就业人数占城镇总就业人数的比重三个维度分项指数测定的非国有经济的发展指数来表示。

（7）市场分配经济资源（MAR）。本书使用樊纲等（2010）采用各地政府财政支出（包括预算支出和预算外支出）在当地 GDP 中所占比重作为负向指标来反映的资源分配方面市场化进展程度来表示。

（8）减少政府的干预（GOV）。在市场经济条件下，廉洁、高效、透明的政府是市场正常运转的必要条件。政府机关设置规范合理，规章制度和行政审批手续简捷、易操作，行政权力在有监督制约的环境下运行，可以杜绝政府工作人员的职权滥用的寻租行为，从而能够减轻企业的额外负担，净化市场运行的环境。与此同时，方便快捷的行政审批过程不仅有效地减少了企业主要管理人员与政府工作人员打交道的时间和精力，也在一定程度上杜绝了政府工作人员利用职权谋取私利的行为。本书使用樊纲等（2010）提出的"行政审批手续方便简捷情况"来反映政府对企业的干预情况。

（9）产业政策对于研发和技术创新的支持（TEC）。本书采用樊纲等（2010）《市场化进程报告》中的科技成果市场化程度作为替代指标，反映产业政策对研发和技术创新的支持程度。科技成果市场化能够反映出一个国家或地区科技创新效率和科技成果的商业化程度，使用本地技术市场成交额与本地科技人员数的比例近似值来表示。

（10）市场中介组织的发育（CC）。这一指标反映了国家经济市场化的程度，以及其对企业 OFDI 的信息服务和支持作用。本书采用樊纲等（2010）使用律师、会计师等市场组织服务条件、行业协会对企业的帮助程度、技术服务条件和出口服务条件四个维度拟合的市场中介组织的发育指数来表示。

（11）国家对"走出去"文化支持（CS）。为便于实证分析，根据数据的可得性，本书选取中国对外友好城市关系作为替代指标，以各省、市政府建立友好城市的数量来表示，这一替代指标是对各个地区开展城市外交活动、建立友好联系、促进贸易往来程度的反映。或者通过相关的协议，或者正式的规则，又或者是一些条约的形式，给予企业同合作城市发展贸易的优先权及合法权。而且有利于资源的协调和结合，以及企业进行 OFDI。这也反映出中国对发展城市外交的支持，以及对鼓励中国企业"走出去"的非正式制度方面的影响。

3. 控制变量

本书选择经济发展水平作为控制变量，采用地区 GDP 的自然对数来表示，即 lnGDP。根据邓宁的 IDP 理论，经济发展水平与 OFDI 的流量存在显著的相关性。经济发展水平的不同阶段，对应着对外投资的不同程度。投资来源地的经济规模越大，企业越具有经济规模、生产技术和管理上的优势，OFDI 优势和可能性就越大。

6.1.3　样本与数据来源

借鉴已有研究的经验，并根据研究的需要和数据的可得性，本书在选择全国各个省份、自治区和直辖市的样本数据时，剔除了香港、澳门和台湾地区。根据研究需要，需要分地区进行实证研究，东部地区共有 11 个省和直辖市，分别是北京、天津、河北、辽宁、山东、江苏、浙江、上海、福建、广东和海南，中部地区包括山西、吉林、黑龙江、安徽、江西、河南、湖北和湖南共 8 个省，西部地区选择内蒙古、广西、重庆、陕西、甘肃、宁夏、四川、贵州、云南、青海、西藏和新疆共 12 个省市和自治区。本书选择以上各省、直辖市和自治区 2003~2010 年的面板数据。其中，OFDI 流量（lnOFDI）指标来源于《2011 年度中国对外直接投资公报》和《2013 年度中国对外直接投资年度公报》。生产者合法权益保护（PRP）、知识产权保护（PIP）、减少政府的干预（GOV）、市场分配经济资源（MAR）、减少企业税费负担（TAX）、金融市场化程度（CF）、市场中介组织的发育（CC）、非国有经济的发展（NSOE）和产业政策对于研发和技术创新的支持（TEC）指标 2003~2009 年数据来源于 2011 年樊纲等编著的《中国市场化指数：各地区市场化相对进程报告》。其中由于 2010 年的相关数据尚未公布，本书是采用数据平滑处理的方法得到的，贸易开放度（TRADE）和经济发展水平（lnGDP）是通过对 2004~2011 年《中国统计年鉴》上的相关指标数据进行整理和计算后得到的，友好城市关系指标来自于中国国际友好城市联合会的官方网站[①]。为了消除异方差的影响，本书将 OFDI 流量（lnOFDI）和经济发展水平（lnGDP）指标相关值取自然对数。

6.1.4　回归模型

考虑到地区差异和企业属性的不同，本书实证分析模型分三组设定，即全国样本的面板数据回归模型、分地区样本的面板数据回归模型和不同企业属性的面板数据样本回归模型。

1. 全国样本的面板数据回归模型

$$lnOFDI_t = \beta_0 + \beta_1CF_t + \beta_2TAX_t + \beta_3PIP_t + \beta_4TRADE_t + \beta_5TEC_t + \beta_6PRP_t + \beta_7GOV_t + \beta_8NSOE_t + \beta_9MAR_t + \beta_{10}CC_t + \beta_{11}CS_t + \beta_{12}\ln GDP_t + \varepsilon_t$$
（6-1）

其中，t 表示年度，取值范围为从 2003~2010 年共计 8 个年度；β_0 到 β_{11} 表示相关系数；ε_t 为随机误差。

2. 分地区样本的面板数据回归模型

$$lnOFDI_{i,t} = \beta_0 + \beta_1CF_{i,t} + \beta_2TAX_{i,t} + \beta_3PIP_{i,t} + \beta_4TRADE_{i,t} + \beta_5TEC_{i,t} + \beta_6PRP_{i,t} + \beta_7GOV_{i,t} + \beta_8NSOE_{i,t} + \beta_9MAR_{i,t} + \beta_{10}CC_{i,t} + \beta_{11}CS_{i,t} + \beta_{12}\ln GDP_{i,t} + \varepsilon_{i,t}$$
（6-2）

其中，t 表示年度；i 表示地区，i 取值范围为 1~3，分别代表东部地区、中部地区和西部地区。

3. 不同企业属性的面板数据样本回归模型

$$lnOFDI_{j,t} = \beta_0 + \beta_1CF_{j,t} + \beta_2TAX_{j,t} + \beta_3PIP_{j,t} + \beta_4TRADE_{j,t} + \beta_5TEC_{j,t} + \beta_6PRP_{j,t} + \beta_7GOV_{j,t} + \beta_8NSOE_{j,t} + \beta_9MAR_{j,t} + \beta_{10}CC_{j,t} + \beta_{11}CS_{j,t} + \beta_{12}\ln GDP_{j,t} + \varepsilon_{j,t}$$
（6-3）

其中，t 表示年度；j 表示不同属性的企业，j 的取值为 1 和 2，分别代表国有企业和非国有企业。

---

① 中国国际友好城市联合会网站 http://www.cifca.org.cn/Web/YouChengTongJi.aspx.

6.2 基于最小二乘法的实证结果分析

6.2.1 描述性统计分析

表 6-1 为各变量描述性统计结果，显示了各变量的均值、最小值、最大值和标准差。

表 6-1 各变量描述性统计结果

变量	均值	最大值	最小值	标准差
lnOFDI	16.38	21.71	0	4.78
PRP	4.05	10	−1.91	2.02
CF	8.08	12.84	0.73	2.40
CC	4.61	10	−8.75	3.54
PIP	7.03	53.51	−0.41	10.93
NSOE	7.52	13.73	−1.93	2.93
TAX	13.62	16.46	4.77	2.14
TEC	2.09	15.93	0	3.07
MAR	6.14	10.46	−23.31	4.91
GOV	4.34	10.13	−12.95	3.87
TRADE	0.34	1.72	0.04	0.44
CS	2.58	4	0	0.60
lnGDP	25.01	27.24	21.55	1.11

根据表 6-1 可知，从各个省、自治区和直辖市总体的生产者合法权益保护（PRP）、金融市场化程度（CF）、市场中介组织的发育（CC）、知识产权保护（PIP）、非国有经济的发展（NSOE）、减少企业税费负担（TAX）、产业政策对于研发和技术创新的支持（TEC）、市场分配经济资源（MAR）、减少政府的干预（GOV）、贸易开放度（TRADE）和国家对"走出去"战略文化支持（CS）11 个制度环境变量的标准差分别为 2.02、2.40、3.54、10.93、2.93、2.14、3.07、4.91、3.87、0.44 和 0.60，其中，最小值、最大值的差别较大，这说明各地区的制度环境各因素存在着较为明显的差异。

6.2.2　多重共线性检验

本书对面板数据进行多重共线性检验，分别参照 Pearson 相关性、VIF（variance inflation factors，方差膨胀因子）判断和条件索引的结果。根据使用 SPSS 19.0 统计软件得到各解释变量两两之间的 Pearson 相关系数矩阵，并未发现绝对值高于 0.8 或 0.90 的数据，根据计量经济学的相关知识可知，即使解释变量两两之间的相关系数都低，也不能排除存在多重共线性的可能性。这主要是因为，在两个解释变量的情况下，相关系数可用于共线程度的度量，但当解释变量多于两个时，则不适合。

此时，我们还要考察条件指数（condition index）检验和 VIF 检验。条件指数或条件数（condition number）是 $X'X$ 矩阵的最大和最小特征根之比的平方根，条件指数高，表明存在多重共线性。通常认为大于 10 即存在多重共线性，大于 30 表明存在严重多重共线性。按照这种判断，变量 NSOE、TAX、TEC、MAR、GOV、TRADE、CS 和 lnGDP 存在着多重共线性。VIF 检验是一种比较正规的检验方法。该方法通过检查指定的解释变量能够被回归方程中其他全部解释变量所解释的程度来检测多重共线性。VIF 大于 5 即表明变量具有多重共线性，超过 10 则说明共线性非常严重。由表 6-2 和表 6-3 可见 NSOE、MAR、GOV、CS 和 lnGDP 具有多重共线性。

表 6-2　各变量间的 Pearson 相关系数矩阵

	PRP	CF	CC	PIP	NSOE	TAX	TEC	MAR	GOV	TRADE	CS	lnGDP
PRP	1.000											
CF	0.556 0.000	1.000										
CC	0.492 0.000	0.487 0.000	1.000									
PIP	0.643 0.000	0.670 0.000	0.648 0.000	1.000								
NSOE	0.282 0.000	0.672 0.000	0.272 0.000	0.466 0.000	1.000							
TAX	−0.017 0.000	0.345 0.000	0.516 0.000	0.318 0.000	0.246 0.000	1.000						
TEC	0.522 0.000	−0.035 0.000	0.271 0.000	0.144 0.000	−0.230 0.000	−0.285 0.000	1.000					
MAR	0.089 0.000	0.148 0.000	−0.241 0.000	−0.114 0.000	0.362 0.000	−0.181 0.000	−0.227 0.000	1.000				
GOV	0.739 0.000	0.597 0.000	0.562 0.000	0.704 0.000	0.467 0.000	0.119 0.000	0.200 0.000	0.183 0.000	1.000			
TRADE	0.612 0.000	0.185 0.000	0.579 0.000	0.565 0.000	0.131 0.000	0.180 0.000	0.496 0.000	−0.193 0.000	0.662 0.000	1.000		

续表

	PRP	CF	CC	PIP	NSOE	TAX	TEC	MAR	GOV	TRADE	CS	lnGDP
CS	0.352 0.000	0.401 0.000	0.532 0.000	0.175 0.000	0.231 0.000	0.195 0.000	0.528 0.000	0.247 0.000	0.572 0.000	0.153 0.000	1.000	
lnGDP	0.435 0.000	0.783 0.000	0.368 0.000	0.520 0.000	0.743 0.000	0.271 0.000	−0.142 0.000	0.504 0.000	0.535 0.000	0.190 0.000	0.512 0.000	1.000

注：相关系数均在 1% 水平下显著（双尾检验）

表 6-3　各变量的 VIF 和条件索引结果

	PRP	CF	CC	PIP	NSOE	TAX	TEC	MAR	GOV	TRADE	CS	lnGDP
VIF	4.449	3.900	3.303	3.606	5.355	2.436	3.252	5.704	5.463	4.831	5.277	6.326
条件索引	4.158	5.178	9.210	9.812	12.778	16.276	27.962	36.359	44.793	52.466	41.85	258.469

　　此外，还有一个作为补充的方法，即根据回归结果判别是否存在多重共线性。如果发现系数估计值的符号不对、某些重要的解释变量 t 值低而 R^2 不低、当某一不太重要的解释变量被删除后回归结果显著变化，则表明可能存在多重共线性。其中上述第二种现象是多重共线性存在的典型迹象。

　　综合以上四种方法，我们发现 PRP、CC、NOSE、MAR、GOV、CS 和 lnGDP 存在着多重共线性，所以在回归分析中把这 7 个变量分别代入回归方程。前面构建的回归分析方程变为

$$\ln\text{OFDI}_t = \beta_0 + \beta_1\text{CF}_t + \beta_2\text{TAX}_t + \beta_3\text{PIP}_t + \beta_4\text{TRADE}_t + \beta_5\text{TEC}_t + \beta_6 X_t + \varepsilon_t$$
$$(6\text{-}4)$$

$$\ln\text{OFDI}_{i,t} = \beta_0 + \beta_1\text{CF}_{i,t} + \beta_2\text{TAX}_{i,t} + \beta_3\text{PIP}_{i,t} + \beta_4\text{TRADE}_{i,t} + \beta_5\text{TEC}_{i,t} + \beta_6 X_{i,t} + \varepsilon_{i,t}$$
$$(6\text{-}5)$$

$$\ln\text{OFDI}_{j,t} = \beta_0 + \beta_1\text{CF}_{j,t} + \beta_2\text{TAX}_{j,t} + \beta_3\text{PIP}_{j,t} + \beta_4\text{TRADE}_{j,t} + \beta_5\text{TEC}_{j,t} + \beta_6 X_{j,t} + \varepsilon_{j,t}$$
$$(6\text{-}6)$$

其中，这三个模型中的 X 代表上面 7 个具有共线性的变量，这样，每个模型实际有 7 种变形。

6.2.3　实证研究结果分析

　　面板数据可以从时间和截面两个维度来挖掘模型中存在的潜在信息，并具有很强的信息优势，因此已经被广泛地运用到经济管理研究中的多个领域。本书的样本数 N 为 31；时间 t 为 8 年；很明显 t 小于 N 所以这是一个典型的短面板。

1. 基于全国样本的 OLS 实证分析结果

在全国样本的 OLS（ordinary least squares，即最小二乘法）估计结果中，根据 Hausman 检验结果，模型 1、模型 2、模型 3、模型 7 选择随机效应模型，模型 4、模型 5 和模型 6 选择固定效应模型。

根据表 6-4 中的回归分析结果，各个模型中 CF，TAX，TRADE 对 OFDI 有显著正向影响。这说明中国企业在"走出去"的过程中，资金是企业经营的一个重要因素，也是影响 OFDI 的关键要素，各个模型中 CF 的系数都相对较高，分别为 0.724 6，0.654 7，0.690 8，0.553 1，0.561 2，0.649 2，0.590 1，由此可见，融资和信贷支持方面所带来的资本优势是影响企业 OFDI 流量的重要因素，可以说，是影响企业海外投资最主要的因素之一。国内正在进行金融市场的改革尝试，逐渐地开放直接资本市场，这对于一些企业融资难问题的解决起到了不可忽略的作用，而资本充足也是企业海外投资成功的重要保障。而税收负担问题也会影响企业的投资行为，企业的利润可以用来再投资，但是如果对企业征收较重的税赋，甚至是国内外的双重征税，将会使企业的运转资金减少，减少对外投资的动力。而贸易开放度对 OFDI 的影响毋庸置疑，国家宏观政策导向的开放度提升，对企业 OFDI 的带动作用非常明显，这一指标除了在个别模型中系数相对前两个影响因素较低，大都达到 0.5 左右的水平，与 OFDI 的相关性可见一斑。

表 6-4　基于全国样本的 OLS 估计结果

变量	模型 1	模型 2	模型 3	模型 4	模型 5	模型 6	模型 7
C	4.331 0***	3.767 6***	3.003 8**	6.833 7***	11.098 5***	6.931 8***	7.218 2***
	（1.370 1）	（1.384 0）	（1.353 0）	（1.641 7）	（2.507 7）	（1.648 9）	（1.743 8）
CF	0.724 6**	0.654 7***	0.690 8*	0.553 1***	0.561 2***	0.649 2*	0.590 1**
	（0.112 7）	（0.121 9）	（0.112 6）	（0.152 6）	（0.126 3）	（0.125 7）	（0.134 9）
TAX	0.436 4***	0.462 3*	0.506 7*	0.380 7**	0.391 0*	0.420 3***	0.412 0**
	（0.102 5）	（0.103 5）	（0.104 6）	（0.110 9）	（0.104 7）	（0.105 1）	（0.104 9）
PIP	0.009 9	0.008 1	0.002 1	−0.028 3	−0.029 1	−0.025 2	−0.026 1
	（0.028 7）	（0.028 6）	（0.028 2）	（0.034 5）	（0.034 2）	（0.034 5）	（0.034 4）
TRADE	0.555 8**	0.321 1***	0.143 5**	0.376 5**	0.121 7**	0.511 7**	0.475 7**
	（1.077 6）	（1.062 9）	（0.990 3）	（1.226 7）	（1.209 8）	（1.236 9）	（1.227 6）
TEC	−0.007 6	−0.035 3	0.033 4	−0.120 6	−0.155 1	−0.109 0	−0.141 1
	（0.083 9）	（0.085 7）	（0.082 4）	（0.097 9）	（0.098 6）	（0.102 9）	（0.098 1）
PRP		0.229 1**					
		（0.168 6）					

续表

变量	模型 1	模型 2	模型 3	模型 4	模型 5	模型 6	模型 7
GOV			0.173 6**				
			（0.075 8）				
NSOE				0.227 4*			
				（0.198 7）			
MAR					0.428 5**		
					（0.199 3）		
CC						0.037 5*	
						（0.108 1）	
CS							0.305 5**
							（0.174 7）
lnGDP	1.791 4***						
	（3.180 1）						
估计方法	随机	随机	随机	固定	固定	固定	随机
Adj-R^2	0.540 1	0.531 7	0.515 9	0.312 1	0.421 4	0.541 1	0.451 3
Wald 值	137.11***	221.80***	176.24***				235.71***
F				30.89***	56.33***	36.04***	
观测样本	248	248	248	248	248	248	248
Hausman 检验	0.113 7	0.315 5	0.070 2	0.000 0	0.013 2	0.001 5	0.176 8

*，**，***分别表示的是估计系数在 1%、5%和 10%水平上显著

注：括号内为估计系数的稳健性标准误差

　　模型 2 中 PRP 在 95%置信水平上对 OFDI 有显著的正向影响，说明对生产者合法权益的保护对于保障企业 OFDI 时的权益不受损害，有着积极的作用，给予了企业开展海外投资的动力和保障。通常认为，对生产者合法权益的保护是产权的一种有效安排，这种通过法律实现的契约结构的制度安排，能够给予企业合法性的经营环境。模型 3 中 GOV 在 95%置信水平上对 OFDI 有显著的正向影响，说明在企业 OFDI 过程中，政府更多地扮演辅助和支持的角色，更有利于企业海外经营的良性竞争，也更有利于企业获取国内相关资源形成独特的所有权优势。模型 4 中 NSOE 随机效应下在 90%的置信水平上对 OFDI 有显著的正向影响，说明非国有经济的发展，对民营企业的海外经营行为有着极大的推动作用，促进中国企业 OFDI 主体的多元化、多领域、多地区发展。模型 5 中在随机效应下在 95%置信水平上 MAR 对 OFDI 有显著的正向影响，同样，市场对资源的配置权更大，

有利于更多的企业获取海外经营所需的资源和能力，形成国际竞争优势。模型 6 中在固定效应下在 90% 置信水平上 CC 对 OFDI 有显著的正向影响，反映了市场中介组织的发展，可以更为便利地为企业提供信息和咨询等服务支撑，而且还可以起到协调企业关系、企业与东道国的一些诉讼等问题。模型 7 中在随机效应下在 95% 置信水平上 CS 对 OFDI 有显著的正向影响，说明国家对"走出去"的文化层面的支持，确实能够形塑企业的认知和价值观，形成同构性的文化嵌入，影响企业的 OFDI 行为。实证结果显示，CS 的影响系数为 0.3 左右。但是，在 7 个模型中，PIP 和 TEC 的 t 值均较低，说明对因变量的影响不显著。这可能是对知识产权保护的增强，可能会影响企业的国内经营环境和企业的技术创新，甚至企业可能选择在国内保护程度提升的地区进行经营，而不是选择国际化经营。因此，研究假设中只有 H_{5-3} 和 H_{5-9} 没有通过检验，而其他假设均得到验证（表 6-5）。这说明母国制度环境中对生产者合法权益的保护、政府干预的减少、市场分配经济资源程度、贸易开放度、企业税外负担的减少、金融市场化程度、市场中介组织的发育、非国有经济的发展和国家对"走出去"的文化支持对企业的 OFDI 流量具有积极的、显著的正向影响。母国的经济发展水平对企业 OFDI 流量具有显著的正向影响，而且影响程度较高。

表 6-5　基于全国样本回归分析的假设验证情况[①]

模型	H_{5-1}	H_{5-2}	H_{5-3}	H_{5-4}	H_{5-5}	H_{5-6}	H_{5-7}	H_{5-8}	H_{5-9}	H_{5-10}	H_{5-11}	H_{6-1}
1			×	√	√	√			×			√
2		√	×	√	√	√			×			
3	√											
4			×	√	√	√	√		×			
5			×	√	√	√		√	×			
6			×	√	√	√			×	√		
7					√	√			×		√	

2. 基于分地区样本的 OLS 实证分析结果

1）东部地区

在东部地区样本的 OLS 估计结果中（表 6-6），各个模型中 CF、TAX 对 OFDI 都有显著的正向影响，影响作用同表 6-5 全国样本的分析，此处不再赘述。需要说明的是，东部地区的经济发展水平相对较高，而且贸易开放时间较早，非国有

[①] 本章中 S 代表国有企业，NS 代表非国有企业。

经济发展较快，是改革的排头兵，因此民营企业等非国有经济主体的 OFDI 活动频繁，所以对融资和税负问题相对更加敏感，尤其是税收负担问题，系数都在 0.70~0.94，可见税费问题对 OFDI 流量的影响之大。在模型 1、模型 2、模型 5 和模型 7 中 TRADE 对 OFDI 有显著的正向影响，除了模型 7 之外，其余模型中 TEC 对 OFDI 都有显著的正向影响，这不同于全国样本的回归分析结果，可能是由于东部地区市场化程度较高，制度环境相对完善，对科技成果市场化这一替代指标的作用更加敏感。

表 6-6　基于东部地区样本的 OLS 估计结果

变量	模型 1	模型 2	模型 3	模型 4	模型 5	模型 6	模型 7
C	2.925 92**	8.003 7**	9.401 1***	2.380 2*	2.796 4***	2.825 92**	2.907 1***
	(2.193 9)	(3.940 4)	(3.023 8)	(2.215 2)	(2.173 1)	(2.319 9)	(3.093 2)
CF	0.382 8**	0.380 8*	0.570 9***	0.297 6	0.429 4***	0.442 2**	0.492 8**
	(0.181 6)	(0.222 3)	(0.201 1)	(0.211 3)	(0.188 5)	(0.199 1)	(0.196 7)
TAX	0.853 7**	0.937 0***	0.706 4*	0.837 4**	0.880 4**	0.819 9***	0.917 8*
	(0.150 4)	(0.155 8)	(0.149 3)	(0.138 1)	(0.143 3)	(0.154 5)	(0.146 1)
PIP	0.014 7	0.012 0	0.012 8	0.013 1	0.016 6	0.012 6	0.021 3
	(0.027 1)	(0.030 2)	(0.026 9)	(0.025 0)	(0.018 6)	(0.026 4)	(0.026 5)
TRADE	0.381 6**	0.353 2**	0.829 1	0.658 4	0.398 5***	0.429 0	0.894 6*
	(0.141 5)	(0.140 2)	(0.148 0)	(0.152 1)	(0.142 3)	(0.125 5)	(0.154 5)
TEC	0.264 0**	0.315 2***	0.048 1**	0.278 8***	0.179 5**	0.257 2**	0.271 3
	(0.080 3)	(0.107 6)	(0.106 5)	(0.077 3)	(0.073 4)	(0.081 6)	(0.083 3)
PRP		0.261 2**					
		(0.125 9)					
GOV			0.792 5*				
			(0.164 8)				
NSOE				0.521 8***			
				(0.177 3)			
MAR					0.477 9**		
					(0.228 0)		
CC						0.217 6*	
						(0.145 0)	

续表

变量	模型 1	模型 2	模型 3	模型 4	模型 5	模型 6	模型 7
CS							$0.310\ 1^{**}$
							（0.152 2）
lnGDP	$2.891\ 7^{**}$						
	（2.087 4）						
估计方法	随机	固定	固定	随机	随机	随机	随机
Adj-R^2	0.535 1	0.510 2	0.557 5	0.521 5	0.513 1	0.431 4	0.513 1
Wald 值	243.58^{***}			277.20^{***}	209.43^{***}	169.24^{***}	182.46^{***}
F		31.06^{***}	37.08^{***}				
观测样本	88	88	88	88	88	88	88
Hausman 检验	0.071	0.043 3	0.004 8	0.076	0.081	0.062 1	0.119 4

***，**，*分别表示估计系数在 1%、5%和 10%水平上显著

注：括号内为估计系数的稳健性标准误差

　　模型 1 中 lnGDP 在 95%的置信水平上对 OFDI 有显著的正向影响，也再次证明了经济发展水平与 OFDI 高度相关的关系。模型 2 中固定效应下 PRP 在 95%置信水平上对 OFDI 有显著的正向影响，模型 3 中 GOV 在 90%置信水平上对 OFDI 有显著的正向影响，虽然东部地区的市场化程度较高，但是政府干预的影响系数在 0.7 以上，反映了政府干预的减少对 OFDI 的增加有显著的影响。模型 4 中 NSOE 在随机效应下在 99%的置信水平上对 OFDI 有显著的正向影响，模型 5 中在随机效应下在 95%置信水平上 MAR 对 OFDI 有显著的正向影响，这两个指标反映了市场化程度对 OFDI 的作用，高度市场化区域，非国有经济发展迅速，市场在配置资源方面自主性更大，有利于企业进行 OFDI，而且这两项的系数都在 0.5 左右，与 OFDI 呈中度相关。模型 6 中在随机效应下在 90%置信水平上 CC 对 OFDI 有显著的正向影响，模型 7 中在随机效应下在 95%置信水平上 CS 对 OFDI 有显著的正向影响。东部地区的样本中只有 PIP 对 OFDI 的影响不显著，但是与全国样本回归分析不同的是，虽然不显著，但是系数都为正，而在表 6-4 中模型 4~模型 7 的 PIP 系数为负，对知识产权的保护反而反向影响企业的 OFDI，而其他假设均得到验证。这也说明，在东部技术较为发达的地区，科技成果的市场化水平对 OFDI 具有显著的正向影响。

　　另外，还需要注意的是，在东部样本回归模型中，TAX、TRADE 和 GOV 的系数均较高，说明对东部地区企业而言，减少税收外负担、贸易开放度水平和减少政府干预对 OFDI 有重要作用，比较而言，东部地区在这些方面的制度环境要比中西部更为完善。

综上所述，基于东部地区回归分析的假设检验情况，如表 6-7 所示。

表 6-7　基于东部地区回归分析的假设检验情况

模型	H5-1	H5-2	H5-3	H5-4	H5-5	H5-6	H5-7	H5-8	H5-9	H5-10	H5-11	H6-1
1			×	√	√	√			√			√
2		√	×	√		√			√			
3	√		×	√	×	√			√			
4			×	√	×	√	√		√			
5			×	√	√	√		√				
6			×	√	×	√			√	√		
7			×	√	√	√				×	√	

2）中部地区

在中部地区样本的 OLS 估计结果中，各个随机效应模型中 CF、TRADE 和 TEC 对 OFDI 有显著的正向影响，反映出金融市场化程度的提升，对企业 OFDI 的融资和信贷支持起到了助推的作用，中部地区虽然较东部地区的开放程度低，但是仍然可以看出，一个地区的开放贸易程度，对本地区企业海外投资的影响是非常显著的，中部地区的企业中国有企业的占比相对较高，政府对产业的支持也较大，因此，科技成果市场化的替代指标比较显著，这和全国样本出来的结果有所不同，说明一些制度因素对各地区的影响不尽相同，这可能与中国地区经济发展不平衡、企业分布等因素都有关。由表 6-8 可见，TAX 在模型 1 和模型 5 中显著，但是影响系数相对较小，在其余的 5 个随机效应模型中对 OFDI 的影响均不显著，究其原因，这可能与中部地区的国有企业居多有关，对外投资中面临的税负问题相对民营企业多的地区较不敏感。PIP 仅在模型 3 中在 90%置信水平下对 OFDI 有显著的正向影响，影响系数约为 0.22，而在其他模型中均不显著，这间接说明知识产权保护意识的增强，有可能导致企业选择国内的市场进行经营，这与我们的假设有所出入，也反映了制度作用效果的复杂性[①]。模型 1 中在随机效应下在 95%置信水平上 lnGDP 对 OFDI 有显著的正向影响，这也符合邓宁的国际投资路径理论的预期。模型 2 中随机效应下的 PRP 在 90%置信水平上对 OFDI 有显著的正向影响，影响系数为 0.26 左右，对企业生产者合法权益的保护，是企业进行 OFDI 的重要影响因素，对产权的清晰界定和保护，有利于提高企业的积极性，也说明国内的法律制度环境得到了改善。模型 3 中 GOV 在 95%置信水平上

---

① 关于制度影响效果的进一步讨论将在第 7 章中进行，制度对中国企业 OFDI 的影响可能是一个复杂的过程。

对 OFDI 有显著的正向影响，说明减少政府的干预，有助于中部企业更好地进行 OFDI，但是影响系数在 0.17 左右，影响的程度相比其他指标不是很大，这可能与这些地区的国有企业相对控制程度较大有关。模型 4 中 NSOE 在随机效应下在 95%的置信水平上对 OFDI 有显著的正向影响，说明非国有经济的大力发展，有利于扩大中部地区的 OFDI 投资的主体规模和地区经济发展，影响系数为 0.24 左右。模型 5 中在随机效应下在 95%置信水平上 MAR 对 OFDI 有显著的正向影响，说明非国有经济发展带动的市场分配资源的能动性的提高，有利于企业获取海外投资所需要的资源。模型 6 中在随机效应下在 95%置信水平上 CC 对 OFDI 有显著的正向影响，市场中介组织的发育对于中部地区的企业的咨询和信息服务等有显著的影响，影响系数为 0.26 左右。模型 7 中在随机效应下在 95%置信水平上 CS 对 OFDI 有显著的正向影响，国家对"走出去"文化的支持，对于中部地区同样有着显著的影响，影响系数为 0.29 左右。由此可见，中部地区的样本中 PIP 对 OFDI 的影响不显著，H_{5-3} 没有通过，H_{5-6} 关于 TAX 的影响只是体现在其中的模型 1 和模型 5 中，其他都不显著，而且影响系数较低，H_{5-6} 只是部分得到了假设，其他假设均得到验证（表 6-9）。中部地区样本数据 OLS 的估计结果中，TRADE 和 MAR 的系数都比较大，这也反映出，对于中部地区企业而言，贸易开放度和市场分配资源对 OFDI 具有非常重要的作用。

表 6-8 基于中部地区样本的 OLS 估计结果

变量	模型 1	模型 2	模型 3	模型 4	模型 5	模型 6	模型 7
C	9.321 2***	7.859 9***	8.77 4***	8.342 9***	9.233 5***	8.922 2***	8.718 9***
	（1.673 5）	（1.616 6）	（1.548 1）	（1.629 1）	（1.771 6）	（1.470 3）	（1.508 8）
CF	0.341 1**	0.343 8***	0.334 5**	0.261 7*	0.349 4**	0.308 6**	0.367 1***
	（0.130 7）	（0.137 3）	（0.128 8）	（0.158 1）	（0.147 2）	（0.122 8）	（0.122 8）
TAX	0.101 7*	0.053 0	0.025 8	0.036 2	0.106 1*	0.017 5	0.063 4
	（0.125 1）	（0.124 3）	（0.123 6）	（0.123 1）	（0.124 7）	（0.124 5）	（0.121 1）
PIP	0.170 2	0.171 4	0.222 1*	0.176 1	0.138 9	0.178 2	0.211 8
	（0.149 9）	（0.157 1）	（0.150 7）	（0.152 9）	（0.154 7）	（0.143 5）	（0.146 7）
TRADE	0.694 3**	0.664**	0.564 9**	0.692 0**	0.803 1***	0.706 4**	0.619 9**
	（0.410 2）	（0.405 8）	（0.383 0）	（0.405 5）	（0.406 5）	（0.399 0）	（0.393 5）
TEC	0.404 7*	0.497 4***	0.345 5*	0.365 2**	0.443 7*	0.415 9***	0.416 4**
	（0.179 1）	（0.200 9）	（0.180 0）	（0.178 4）	（0.174 6）	（0.185 3）	（0.172 8）
PRP		0.257 8*					
		（0.158 1）					

续表

变量	模型 1	模型 2	模型 3	模型 4	模型 5	模型 6	模型 7
GOV			0.173 9**				
			（0.122 0）				
NSOE				0.243 1**			
				（0.183 6）			
MAR					0.619 2**		
					（0.389 2）		
CC						0.262 1**	
						（0.129 7）	
CS							0.291 6**
							（0.150 1）
lnGDP	2.990 1**						
	（2.271 4）						
估计方法	随机	随机	随机	随机	随机	随机	随机
Adj-R^2	0.614 8	0.613 9	0.618 0	0.620 9	0.617 3	0.619 9	0.599 9
Wald 值	182.14***	189.75***	207.06***	157.13***	194.14***	238.77***	168.32***
观测样本	64	64	64	64	64	64	64
Hausman 检验	0.681 3	0.952 7	0.798 3	0.864 8	0.873 4	0.577 6	0.601 9

***，**，*分别表示估计系数在 1%、5%和 10%水平上显著

注：括号内为估计系数的稳健性标准误差

表 6-9　基于中部地区回归分析的假设检验情况

模型	H$_{5-1}$	H$_{5-2}$	H$_{5-3}$	H$_{5-4}$	H$_{5-5}$	H$_{5-6}$	H$_{5-7}$	H$_{5-8}$	H$_{5-9}$	H$_{5-10}$	H$_{5-11}$	H$_{6-1}$
1			×	√	√	√			√			√
2		√	×	√	√	×			√			
3	√			√	√	√	×		√			
4			×	√	√	×	√		√			
5			×	√	√	√		√	√			
6			×	√	√	×			√	√		
7			×	√	√	×			×		√	

3）西部地区

由表 6-10 可见，在西部地区样本的 OLS 估计结果中，各个随机效应模型中 CF、TAX 和 TRADE 对 OFDI 有显著的正向影响，TEC 在模型 3 中对 OFDI 的影响不显著，在其他 6 个模型中在 90%置信水平下对 OFDI 有显著的正向影响，说明对于西部地区来说，企业的营业能力相比东部和中部地区较弱，对税费负担更为敏感，所以减轻企业税收负担，政府提供财税支持政策，有助于企业进行 OFDI，影响系数在 0.4 左右。PIP 在各个模型中对 OFDI 的影响均不显著。模型 1 中随机效应下在 99%置信水平上 lnGDP 对 OFDI 有显著的正向影响。模型 2 中随机效应下 PRP 在 95%置信水平上对 OFDI 有显著的正向影响。模型 3 中 GOV 在 90%置信水平上对 OFDI 有显著的正向影响，说明对于西部地区的企业进行 OFDI，减少政府过度的行政干预能够促进企业海外投资的意愿。模型 4 中 NSOE 在随机效应下在 95%的置信水平上对 OFDI 有显著的正向影响，影响系数为 0.68 左右，对 OFDI 的影响程度较高，高中度相关。模型 5 中在随机效应下在 95%置信水平上 MAR 对 OFDI 有显著的正向影响，影响系数为 0.322 4，低中度相关，反映了对于西部地区来说，促进非国有经济的发展，将资源配置权放归市场，有利于大力推动企业，尤其是有利于民营企业“走出去”。模型 6 中在固定效应下在 95%置信水平上 CC 对 OFDI 有显著的正向影响，影响系数为 0.573 5。模型 7 中在随机效应下在 99%置信水平上 CS 对 OFDI 有显著影响，影响系数为 0.300 1。由表 6-11 可见，西部地区的样本中 PIP 对 OFDI 的影响不显著，H_{5-3} 没有通过，其他假设均得到或大部分得到验证。在西部地区样本数据 OLS 的估计结果中，CF、TRADE、NOSE 和 CC 的系数都比较大，这也反映出，对于西部地区企业而言，金融市场化程度、贸易开放度、非国有经济发展和市场中介组织发育对 OFDI 具有非常重要的作用。

表 6-10　基于西部地区样本的 OLS 估计结果

变量	模型 1	模型 2	模型 3	模型 4	模型 5	模型 6	模型 7
C	3.911 6***	3.811 4***	3.469 9***	3.129 0***	3.757 0***	3.936 1***	3.953 7**
	（2.570 3）	（2.720 8）	（2.585 79）	（2.702 6）	（2.307 6）	（2.598 0）	（2.612 4）
CF	0.912 4**	0.839 6***	0.903 9*	0.936 0***	0.916 4*	0.900 8***	0.918 3**
	（0.217 6）	（0.236 2）	（0.226 2）	（0.284 9）	（0.229 9）	（0.253 1）	（0.230 7）
TAX	0.265 7*	0.274 4*	0.434 0**	0.257 0*	0.293 5*	0.281 4*	0.243 7*
	（0.190 7）	（0.180 5）	（0.188 6）	（0.204 0）	（0.181 3）	（0.184 1）	（0.179 8）
PIP	0.349 5	0.318 8	0.241 1	0.358 0	0.340 9	0.362 3	0.341 6
	（0.261 3）	（0.262 5）	（0.253 8）	（0.277 9）	（0.259 9）	（0.294 9）	（0.265 1）

续表

变量	模型 1	模型 2	模型 3	模型 4	模型 5	模型 6	模型 7
TRADE	0.901 8**	0.916 3*	0.954 0**	0.885 5**	0.851 7**	0.982 1**	0.901 3*
	(0.113 9)	(0.117 4)	(0.101 8)	(0.091 1)	(0.108 9)	(0.117 3)	(0.093 9)
TEC	0.331 0*	0.330 4*	0.271 7	0.328 2*	0.327 6*	0.408 9*	0.321 6*
	(0.197 6)	(0.190 1)	(0.186 8)	(0.192 9)	(0.190 1)	(0.211 7)	(0.190 7)
PRP		0.378 3**					
		(0.243 1)					
GOV			0.355 2*				
			(0.121 6)				
NSOE				0.680 6**			
				(0.419 3)			
MAR					0.322 4**		
					(0.125 7)		
CC						0.573 5**	
						(0.199 0)	
CS							0.300 1***
							(0.149 7)
lnGDP	2.685 6***						
	(2.289 3)						
估计方法	随机	随机	随机	随机	随机	固定	随机
Adj-R^2	0.491 0	0.396 1	0.430 7	0.382 6	0.421 7	0.431 4	0.480 8
Wald 值	213.74***	163.72***	238.59***	147.19***	206.48***		188.13***
F						36.77***	
观测样本	96	96	96	96	96	96	96
Hausman 检验	0.146 3	0.150 6	0.133 7	0.317 9	0.364 7	0.000 8	0.149 7

***，**，*分别表示估计系数在 1%、5%和 10%水平上显著

注：括号内为估计系数的稳健性标准误差

表 6-11　基于西部地区回归分析的假设检验情况

模型	H5-1	H5-2	H5-3	H5-4	H5-5	H5-6	H5-7	H5-8	H5-9	H5-10	H5-11	H6-1
1			×	√	√	√			√			√
2		√	×	√	√	√			√			

续表

模型	H₅₋₁	H₅₋₂	H₅₋₃	H₅₋₄	H₅₋₅	H₅₋₆	H₅₋₇	H₅₋₈	H₅₋₉	H₅₋₁₀	H₅₋₁₁	H₆₋₁
3	√		√	√	√	√			×			
4		×	√	√	√	√	√		√			
5		×	√	√	√	√		√	√			
6		×	√	√	√	√			√	√		
7		×		√	√	√				√	√	

3. 基于不同企业属性样本的 OLS 实证分析结果

本书分别用 2003~2010 年国有企业和非国有企业的 OFDI 数据与解释变量、控制变量做回归分析，回归结果如表 6-12~表 6-14 所示[①]。由 CF、TAX、PIP、TRADE 和 TEC 在各个模型中的对比情况可以看出，无论是国有经济还是非国有经济，这几个变量大体上都对企业的 OFDI 具有显著的正向影响，这说明对于企业来说，其在进行 OFDI 时面临的融资难、税负重问题，会影响企业的对外投资行为，同时，贸易开放度是企业所处的经营区域的环境，对企业的经营行为产生影响，而国家对科技的支持，有利于企业提升创新能力，提高国际经营的核心竞争力和技术技能。另外，TEC 对非国有企业 OFDI 的影响明显大于对国有企业的影响。在模型 1 中，lnGDP 对国有企业和非国有企业的 OFDI 都具有显著的正向影响，但对国有企业 OFDI 的影响更大一些，系数为 2.068 6，这可能与中国的经济背景有关，原来都是计划经济主导下的企业投资，GDP 的发展水平很大程度上来自国有企业，而最初进行海外投资的也大多为国有企业，因此，对国有企业而言，母国经济发展水平对其 OFDI 影响要略大于对非国有企业的影响。在模型 2 中，GOV 对国有企业和非国有企业的 OFDI 都具有显著的正向影响，同时，GOV 对国有企业和非国有企业 OFDI 的影响大致相同（系数分别为 0.053 1 和 0.056 0），这说明减少政府的干预、简化审批流程和手续，对企业 OFDI 都有积极的促进作用。在模型 3 中，PRP 对国有企业和非国有企业的 OFDI 都具有显著的正向影响，但对非国有企业 OFDI 的影响略大一些，相关系数为 0.037 9。即对非国有经济而言，母国对生产者合法权益的保护对它的 OFDI 影响要略大于对国有企业的影响，这一方面是由于非国有经济发展促进了非国有企业的发展，另一方面国家对民营企业等"走出去"的支持，更加速了非国有企业的海外投资，而对这类企业的产权保护是该类企业维护自身权益得到保护的法制环境的需求。

---

① 为便于对比分析，基于不同企业属性的回归分析结果的表格绘制，采用每一模型下国有企业和非国有企业的并列对比排列，与前两类回归表格排放有所不同，特注明。

表 6-12 基于不同企业属性的 OLS 估计结果（一）

变量	模型 1		模型 2		模型 3	
	国有	非国有	国有	非国有	国有	非国有
C	16.033 9***	18.207 4***	13.958 4***	12.430 7***	14.553 6***	12.432 7***
	（0.130 1）	（0.850 7）	（0.124 7）	（0.135 1）	（0.079 5）	（0.138 1）
CF	0.122 0***	0.023 3*	0.214 6**	0.195 7*	0.109 2**	0.170 6***
	（0.002 8）	（0.014 8）	（0.008 4）	（0.011 3）	（0.006 5）	（0.011 2）
TAX	0.097 2*	0.073 1**	0.060 9**	0.158 2**	0.093 9*	0.168 6*
	（0.002 4）	（0.006 8）	（0.007 7）	（0.011 1）	（0.006 4）	（0.011 0）
PIP	0.011 0*	0.009 3*	0.016 6*	0.018 2**	0.011 2**	0.017 6***
	（0.000 7）	（0.002 3）	（0.002 4）	（0.002 9）	（0.001 7）	（0.003 0）
TRADE	0.378 0***	0.261 8**	0.310 2**	0.488 7**	0.363 9***	0.606 6**
	（0.016 7）	（0.140 9）	（0.157 7）	（0.077 1）	（0.004 6）	（0.077 5）
TEC	0.033 9	0.060 1**	0.024 7**	0.048 2***	0.028 5**	0.042 1**
	（0.001 8）	（0.006 2）	（0.007 1）	（0.008 0）	（0.004 7）	（0.008 2）
lnGDP	2.068 6**	1.545 0**				
	（0.057 1）	（0.062 7）				
GOV			0.053 1**	0.056 0*		
			（0.006 3）	（0.006 2）		
PRP					0.026 1**	0.037 9**
					（0.008 0）	（0.013 9）
估计方法	随机	固定	固定	随机	固定	随机
Adj-R^2	0.658 5	0.970 2	0.897 0	0.689 8	0.540 1	0.655 0
Wald 值	204.32***			227.04***		169.22***
F		54.53	60.77***		34.69***	
观测样本	248	248	248	248	248	248
Hausman 检验	0.112 1	0.000 0	0.000 0	0.130 7	0.000 0	0.079 1

***，**，*分别表示估计系数在 1%、5% 和 10% 水平上显著

注：括号内为估计系数的稳健性标准误差

表 6-13 基于不同企业属性的 OLS 估计结果（二）

变量	模型 4		模型 5		模型 6	
	国有	非国有	国有	非国有	国有	非国有
C	13.936 2***	11.350 1***	14.469 0***	12.303 3***	14.576 4***	12.468 6***
	（0.104 1）	（0.192 6）	（0.077 7）	（0.135 7）	（0.076 0）	（0.132 5）

续表

变量	模型 4		模型 5		模型 6	
	国有	非国有	国有	非国有	国有	非国有
CF	0.171 2***	0.289 0**	0.130 8**	0.206 8**	0.093 9**	0.148 1*
	(0.009 7)	(0.179 0)	(0.006 4)	(0.011 1)	(0.006 2)	(0.010 8)
TAX	0.041 9**	0.097 7***	0.096 4*	0.172 4**	0.088 0*	0.159 7**
	(0.007 0)	(0.013 0)	(0.006 3)	(0.011 0)	(0.006 2)	(0.010 9)
PIP	0.015 7*	0.026 8**	0.008 1	0.012 7**	0.009 5**	0.015 0**
	(0.002 2)	(0.004 0)	(0.001 7)	(0.002 9)	(0.001 6)	(0.002 8)
TRADE	0.361 5**	0.420 4*	0.324 6***	0.536 9**	0.442 6***	0.722 4*
	(0.141 2)	(0.261 3)	(0.043 3)	(0.075 7)	(0.042 5)	(0.074 1)
TEC	0.026 8**	0.031 2**	0.027 9**	0.040 4*	0.031 9**	0.047 0
	(0.006 2)	(0.261 3)	(0.004 6)	(0.008 0)	(0.004 4)	(0.007 7)
NSOE	0.091 0**	0.104 7**				
	(0.012 6)	(0.023 3)				
MAR			0.036 2**	0.005 9***		
			(0.002 4)	(0.004 2)		
CC					0.026 5***	0.039 5***
					(0.005 9)	(0.010 2)
估计方法	固定	固定	随机	随机	随机	随机
Adj-R^2	0.917 1	0.894 7	0.743 8	0.743 9	0.657 3	0.658 0
Wald 值			197.23***	218.06***	223.54***	207.18***
F	76.94***	59.31***				
观测样本	248	248	248	248	248	248
Hausman 检验	0.000 0	0.000 0	0.318 3	0.081 1	0.170 5	0.131 9

***，**，*分别表示估计系数在 1%、5% 和 10% 水平上显著

注：括号内为估计系数的稳健性标准误差

表 6-14 基于不同企业属性的 OLS 估计结果（三）

变量	模型 7	
	国有	非国有
C	14.621 7***	12.951 2***
	(0.108 3)	(0.147 2)
CF	0.132 5**	0.201 9**
	(0.008 9)	(0.017 1)

续表

变量	模型 7	
	国有	非国有
TAX	0.048 3**	0.071 9***
	（0.007 5）	（0.012 7）
PIP	0.011 3*	0.016 8**
	（0.002 4）	（0.003 5）
TRADE	0.335 3**	0.414 4*
	（0.046 3）	（0.073 5）
TEC	0.027 7	0.030 4**
	（0.004 9）	（0.007 2）
CS	0.210 7*	0.230 9**
	（0.013 2）	（0.021 1）
估计方法	固定	固定
Adj-R^2	0.802 3	0.801 1
F	74.34***	67.21***
观测样本	248	248
Hausman 检验	0.000 0	0.000 0

***，**，*分别表示估计系数在 1%、5% 和 10% 水平上显著

注：括号内为估计系数的稳健性标准误差

在模型 4 中，NSOE 对国有企业和非国有企业的 OFDI 都具有显著的正向影响，但对非国有企业 OFDI 的影响更大一些，系数为 0.104 7。在模型 5 中，MAR 对国有企业和非国有企业的 OFDI 都具有显著的正向影响，但对国有企业 OFDI 的影响更大一些，系数为 0.036 2。即对国有企业而言，母国市场分配资源程度对其 OFDI 影响大于对非国有企业的影响，国有企业的市场化程度越高，其 OFDI 流量也会越高。在模型 6 中，CC 对国有企业和非国有企业的 OFDI 具有显著的正向影响，但对非国有企业 OFDI 的影响更大一些，系数为 0.039 5。即对非国有企业而言，母国市场中介组织的发育对其 OFDI 影响大于对国有企业的影响，商会、行业协会对非国有企业 OFDI 的作用更大，这类企业在进行海外投资时，不似某些国有企业有国家的大力引导和信息提供，因为其可能承担了国家的战略目标，所以非国有企业可能更需要这些市场中介组织等非政府组织的支持和服务，这些支持和服务来自相关经验和信息的咨询、信息和服务平台搭建、协调作用等方面。模型 7 中，CS 对国有企业和非国有企业的 OFDI 都具有显著的正向影响，两个方程中 CS 的系数相近，说明国家对"走出去"的文化支持对国有企业和非国有企

OFDI 的正向影响相似。因此，如表 6-15 所示，这种按照企业属性来做的 OLS 回归分析结果，不仅验证了本书提出的 12 个研究假设，而且还说明 TEC、PRP、NSOE、MAR、CC 对国有企业和非国有企业 OFDI 影响的大小存在着一定差异。

表 6-15 基于不同类别企业回归分析的假设检验情况

模型	H5-1	H5-2	H5-3 国有	H5-3 非国有	H5-4	H5-5	H5-6	H5-7	H5-8	H5-9 国有	H5-9 非国有	H5-10	H5-11	H6-1
1			√	√	√	√	√			×	√			√
2		√	√	√	√	√	√			√	√			
3	√		√	√	√	√	√			√	√			
4			√	√	√	√	√	√						
5			×	√	√				√	√	√			
6			√	√						√	×	√		
7			√	√						×	√		√	

6.3 基于广义矩阵法的实证结果分析

OLS 估计成为一致估计量的前提是解释变量与扰动项不相关，即 $E(x_i,\varepsilon_i)=0$，否则，无论样本容量有多大 OLS 估计都不会收敛到参数的真值。但当解释变量与扰动项同期相关，或存在滞后期解释变量及扰动项的自相关时，则存在内生性问题，即 $E(x_i,\varepsilon_i)\neq0$，与扰动项相关的解释变量即为内生变量。内生性的解决办法是采用工具变量法进行估计，工具变量的选择没有统一的模式，如在时间序列和面板数据中通常选取滞后变量作为内生变量。工具变量选取的原则遵循两点：第一，工具变量与内生解释变量相关，即 $\mathrm{COV}(w_i,p_i)\neq0$；第二，工具变量与扰动项不相关，即 $\mathrm{COV}(w_i,p_i)=0$。

相关文献中，关于制度的影响因素都关注相关变量的内生性的问题，制度在影响经济行为时，可能会存在内生性问题，逆向的因果关系可能会产生影响。因此，在 6.2 节中进行 OLS 回归后，本书拟采用工具变量法进行稳健性检验。

从回归结果看，有些变量的影响并不如理论预期那样显著，为了剔除内生性影响，拟采用广义矩估计（generalized method of moments，GMM）或两阶段最小二乘法（two-stage least squares method，2SLS）估计来再次进行检验。2SLS 为同方差情况下，最优的 GMM，可以说 2SLS 为 GMM 的一个特例。工具变量的个数大于内生解释变量的个数，先用 Hansen J Test 进行检验，确定工具变量是否有效、模型是否过度识别。然后，使用 Breusch-Pagan test 确定是否存在异方差，如果存在异方差，则使用 GMM，GMM 可以不考虑随机扰动项的分布信息，而且允许随机扰动项存在异方差和自相关等违背经典假设情况的存在，具有独特的优势。因此在存在异方差和自相关时，GMM 比 2SLS 更有效，如果不存在异方差，则可以采取 2SLS 来进行估计。但是由于制度相关影响因素可能存在时间的滞后性，因此在模型中引入因变量的滞后一期并进行稳健性检验。此时应该采用 GMM 广义矩阵估计。

本书的模型设定如下：

$$\ln\text{OFDI}_t = \beta_0 + \beta_1\ln\text{OFDI}_{i,t-1} + \beta_2\text{CF}_{i,t} + \beta_3\text{TAX}_{i,t} + \beta_4\text{PIP}_{i,t}$$
$$+ \beta_5\text{TRADE}_{i,t} + \beta_6\text{TEC}_{i,t} + \beta_7 X_{i,t} + \varepsilon_{i,t}$$

$$(6\text{-}7)$$

其中，i 表示地区；t 表示年份。

6.3.1　全国样本 GMM 估计

全国样本的 GMM 估计，如表 6-16 所示。

表 6-16　全国样本的 GMM 估计

变量	模型 1	模型 2	模型 3	模型 4	模型 5	模型 6	模型 7
C	4.630 1***	2.987 5***	4.102 6**	8.421 0***	9.047 5***	5.602 3***	4.013 7***
	(1.453 2)	(1.107 1)	(1.210 5)	(1.456 2)	(2.210 5)	(2.630 1)	(1.254 8)
lnOFDI$_{i,t-1}$	0.452 2**	0.287 0*	0.301 3	0.173 5*	0.401 7**	0.205 5*	0.190 3**
	(0.036 8)	(0.043 2)	(0.050 1)	(0.575 4)	(0.035 3)	(0.487 4)	(0.056 5)
CF	0.795 4***	0.604 1**	0.730 6**	0.850 7***	0.671 2**	0.590 2*	0.672 6***
	(0.135 8)	(0.132 0)	(0.101 8)	(0.168 5)	(0.173 6)	(0.110 9)	(0.117 5)
TAX	0.392 7***	0.493 5**	0.590 3**	0.470 3**	0.512 8*	0.609 3***	0.502 0**
	(0.110 9)	(0.112 7)	(0.141 7)	(0.131 7)	(0.116 7)	(0.132 7)	(0.158 7)
PIP	0.012 5	0.013 6*	0.009 8	0.062 8	0.051 3*	0.073 9	0.063 2
	(0.029 7)	(0.043 2)	(0.045 1)	(0.050 6)	(0.062 5)	(0.021 8)	(0.057 2)
TRADE	0.621 8**	0.532 1***	0.102 9**	0.590 1**	0.310 7**	0.501 5**	0.701 8**
	(1.310 5)	(1.051 6)	(1.280 7)	(1.102 3)	(1.170 3)	(1.090 1)	(1.327 4)
TEC	0.018 3	0.045 3	0.072 6	0.210 6	0.090 3	0.421 3	0.305 0
	(0.076 4)	(0.094 7)	(0.131 2)	(0.085 1)	(0.103 2)	(0.138 6)	(0.109 1)
PRP		0.350 1***					
		(0.197 2)					

变量	模型 1	模型 2	模型 3	模型 4	模型 5	模型 6	模型 7
GOV			0.262 7**				
			（0.101 2）				
NSOE				0.208 4**			
				（0.257 3）			
MAR					0.513 7***		
					（0.203 1）		
CC						0.102 7**	
						（0.129 3）	
CS							0.290 5***
							（0.181 6）
lnGDP	2.204 1***						
	（3.976 3）						
obs	248	248	248	248	248	248	248
Hansen 检验 P 值	0.152 4	0.314 2	0.190 8	0.286 0	0.075 1	0.301 7	0.187 6
AR（1）	0.000 2	0.000 1	0.000 4	0.002 0	0.001 3	0.005 1	0.000 4
AR（2）	0.649 9	0.520 4	0.270 3	0.315 3	0.471 2	0.530 5	0.613 3

***，**，*分别表示估计系数在 1%、5%和 10%水平上显著

注：括号内为估计系数的稳健标准误差，Hansen 检验的原假设为选取的工具变量不存在过度识别，即如果工具变量是有效的，应该接受原假设，因此 P 值越大越好。AR（1）和 AR（2）指标代表存在一阶自相关，而不存在二阶自相关，此时说明 GMM 是有效的

从表 6-16 中可以看出，GMM 方法和 OLS 方法估计出来的结果在系数符号、大小和显著性方面没有发生太大的变化，除了极个别的指标在 GMM 下的个别模型显著外，本质上一致。豪斯曼检验在此处是用来检验 OLS 估计量和工具变量之间是否存在显著差异，判断是否存在内生性问题。原假设为 H₀：所有解释变量均为外生变量，如果原假设成立，则表明 OLS 方法与工具变量法是一致的，如果拒绝原假设，则表明存在内生解释变量，需要使用工具变量法。豪斯曼检验值为0.721 6，回归结果显示 GMM 方法与 OLS 回归的检验效果基本一致，验证了 OLS回归的稳健性。从各模型中可以看出，金融市场化程度（CF）、企业税费负担的减少（TAX）及贸易开放度（TRADE）都会对企业的 OFDI 产生显著影响，而且这种影响是正向的。这说明企业 OFDI 的融资问题和降低资金成本是影响企业OFDI 的重要因素，而国内资本市场的逐步开放，有利于企业解决资金问题，为企业海外投资形成资本方面的所有权优势提供便利；企业普遍面临着企业税负过

重，税外费用摊派较多等制度不完善因素的影响，影响了企业 OFDI 的收益和资金利用的再投资。随着中国在世界舞台上发挥越来越重要的作用，贸易开放度提升对促进区域的对外贸易和市场的开放性方面，发挥了重要作用，对 OFDI 的正向影响毋庸置疑。而对生产者合法权益保护（PRP）的提升，每提高一个单位 OFDI 流量可增加 35.01%，反映出法律环境完善程度有利于企业增强 OFDI 的信心，保障其合法权益。随着"走出去"战略的进一步深化和推进、政府职能不断地发生转变、政府治理水平的提高，干预程度的降低（GOV）将有利于企业进行 OFDI。非国有经济的发展（NSOE）对于国家经济环境的改善，在发挥非国有经济对经济发展和对外投资的重要作用方面有着积极的影响，从实证结果来看，在 95% 的置信水平上显著，非国有经济的发展能够带动民营企业的发展，促进整体 OFDI 水平的提高。市场对资源的配置（MAR）有助于企业更易于获取海外投资的相关资源，有助于 OFDI 的进行。随着行业协会等市场中介组织的发展，在对企业海外投资的信息和技术服务等方面，起到了支撑的作用。国家对"走出去"文化的支持（CS）能反映出国家和地区对贸易往来和合作的支持态度，利于创造开放经济和贸易的文化氛围，从文化–认知层面支撑 OFDI。但是，对知识产权保护（PIP）和产业政策对于研发和技术创新支持方面（TEC）的结果并不显著。姜建刚和王柳娟（2014）的研究认为对产权保护的加强与 OFDI 呈负相关的关系，认为企业由于所处的国内经营环境中产权保护的法律意识增强，反而会促使企业选择国内的市场进行经营，而不选择海外市场。但是也有人得出了相反的结论。究其原因，产权保护对企业影响比较复杂，这与企业战略目标的不同有关。产业政策方面的结果反映也不显著，这与中国的产业结构发展不平衡、某些行业产能过剩、产业聚集严重、亟须优化产业结构进行产业升级有关。

6.3.2　分地区样本 GMM 估计

进行分地区的 OLS 的稳健性检验，进行分地区的 GMM 估计。

表 6-17~表 6-19 分地区进行了 GMM 分析，除了个别显著水平变化，其他结果显示与 OLS 效果几乎相同，可以认为回归模型具有稳健性。从分地区的估计结果来看，CF 对所有地区在所有模型中对 OFDI 的影响都是显著的，这反映出该指标在企业进行 OFDI 过程中发挥着重要的影响。其次是 TRADE，这一指标在中部和西部地区的所有检验模型中都显著，在东部地区中只有模型 3、模型 4、模型 6 中不显著，究其原因，可能由于东部沿海地区的历史原因，进行贸易的时间较早，本身的贸易开放度就较高。

表 6-17　基于东部地区 GMM 估计

变量	模型 1	模型 2	模型 3	模型 4	模型 5	模型 6	模型 7
C	3.029 1**	6.703 9**	8.301 2***	3.072 4*	2.087 4***	3. 258 2**	3.907 4***
	（2.231 7）	（4.012 4）	（2.908 3）	（2.068 3）	（2.063 7）	（2.017 7）	（3.292 3）
$\ln OFDI_{i,\,t-1}$	0.543 3***	0.401 7*	0.301 8*	0.433 5*	0.241 3**	0.355 2	0.250 3**
	（0.040 3）	（0.022 3）	（0.062 2）	（0.347 4）	（0.117 7）	（0.097 7）	（0.106 1）
CF	0.451 6**	0.390 8*	0.707 0***	0.308 7	0.529 4***	0.521 1**	0.520 4**
	（0.167 1）	（0.371 2）	（0.261 4）	（0.183 6）	（0.205 3）	（0.181 4）	（0.187 1）
TAX	0.933 4**	0.902 7***	0.623 5***	0.789 4**	0.809 7**	0.891 7***	0.808 7**
	（0.103 6）	（0.167 7）	（0.119 5）	（0.120 8）	（0.134 4）	（0.135 4）	（0.132 6）
PIP	0.030 1	0.024 1	0.020 6	0.031 0	0.047 2	0.046 2	0.037 4
	（0.037 1）	（0.041 9）	（0.047 2）	（0.019 7）	（0.026 3）	（0.034 6 1）	（0.035 2）
TRADE	0.381 6**	0.409 1**	0.901 9	0.734 6	0.460 7***	0.990 4	0.940 6*
	（0.125 1）	（0.243 7）	（0.201 1）	（0.215 3）	（0.203 1）	（0.113 3）	（0.175 6）
TEC	0.306 4**	0.356 4***	0.051 9**	0.290 8***	0.160 5**	0.302 7**	0.403 1
	（0.103 8）	（0.126 7）	（0.125 7）	（0.080 3）	（0.084 3）	（0.096 2）	（0.090 3）
PRP		0.342 7**					
		（0.119 5）					
GOV			0.775 3***				
			（0.178 4）				
NSOE				0.610 8**			
				（0.163 7）			
MAR					0.609 7***		
					（0.208 1）		
CC						0.306 3*	
						（0.120 7）	
CS							0.401 3**
							（0.131 2）
$\ln GDP$	3.197***						
	（2.274 8）						
obs	88	88	88	88	88	88	88

续表

变量	模型 1	模型 2	模型 3	模型 4	模型 5	模型 6	模型 7
Hansen P 值	0.087 1	0.141 1	0.098 2	0.176 3	0.162 5	0.350 2	0.180 9
AR（1）	0.001 2	0.000 6	0.001 0	0.000 9	0.002 4	0.000 8	0.001 3
AR（2）	0.520 3	0.356 3	0.403 7	0.514 4	0. 701 2	0.390 5	0.715 5

***，**，*分别表示估计系数在 1%、5%和 10%水平上显著

注：括号内为估计系数的稳健标准误差

表 6-18　基于中部地区 GMM 估计

变量	模型 1	模型 2	模型 3	模型 4	模型 5	模型 6	模型 7
C	9.321 2***	7.859 9***	8.774***	8.342 9***	9.233 5***	8.922 2***	8.718 9***
	（1.673 5）	（1.616 6）	（1.548 1）	（1.629 1）	（1.771 6）	（1.470 3）	（1.508 8）
$\ln OFDI_{i,\ t-1}$	0.223 6**	0.427 0**	0.574 2	0.305 7*	0.481 7***	0.291 1*	0.309 5*
	（0.051 7）	（0.081 3）	（0.137 5）	（0.247 1）	（0.025 5）	（0.171 3）	（0.095 5）
CF	0.341 1**	0.343 8***	0.334 5**	0.261 7*	0.349 4**	0.308 6**	0.367 1***
	（0.130 7）	（0.137 3）	（0.128 8）	（0.158 1）	（0.147 2）	（0.122 8）	（0.122 8）
TAX	0.101 7	0.053 0	0.025 8	0.036 2	0.106 1	0.017 5	0.063 4
	（0.125 1）	（0.124 3）	（0.123 6）	（0.123 1）	（0.124 7）	（0.124 5）	（0.121 1）
PIP	0.170 2	0.171 4	0.222 1*	0.176 1	0.138 9	0.178 2	0.211 8
	（0.149 9）	（0.157 1）	（0.150 7）	（0.152 9）	（0.154 7）	（0.143 5）	（0.146 7）
TRADE	0.694 3**	0.664**	0.564 9**	0.692 0**	0.803 1***	0.706 4**	0.619 9**
	（0.410 2）	（0.405 8）	（0.383 0）	（0.405 5）	（0.406 5）	（0.399 0）	（0.393 5）
TEC	0.404 7***	0.497 4***	0.345 5*	0.365 2**	0.443 7**	0.415 9***	0.416 4**
	（0.179 1）	（0.200 9）	（0.180 0）	（0.178 4）	（0.174 6）	（0.185 3）	（0.172 8）
PRP		0.257 8*					
		（0.158 1）					
GOV			0.173 9**				
			（0.122 0）				
NSOE				0.243 1**			
				（0.183 6）			
MAR					0.619 2**		
					（0.389 2）		

续表

变量	模型 1	模型 2	模型 3	模型 4	模型 5	模型 6	模型 7
CC						0.262 1**	
						(0.129 7)	
CS							0.291 6**
							(0.150 1)
lnGDP	2.990 1***						
	(2.271 4)						
Wald 值	546.42***	569.25***	621.18***	471.39***	582.43***	716.31***	504.87***
Obs	64	64	64	64	64	64	64
AR（1）	0.001 0	0.001 4	0.000 9	0.001 8	0.003 4	0.000 4	0.000 6
AR（2）	0.470 5	0.513 3	0.694 7	0.440 3	0.682 4	0.470 6	0.701 1
Hansen 检验	0.681 3	0.351 7	0.270 7	0.310 5	0.293 3	0.277 6	0.303 1

***，**，*分别表示估计系数在 1%、5%和 10%水平上显著

注：括号内为估计系数的稳健标准误差

表 6-19　基于西部地区 GMM 估计

变量	模型 1	模型 2	模型 3	模型 4	模型 5	模型 6	模型 7
C	0.820 3**	0.906 9*	0.892 1***	0.990 6***	0.974 4**	0.790 3***	0.810 3***
	(0.246 7)	(0.210 4)	(0.223 9)	(0.309 2)	(0.279 7)	(0.231 9)	(0.220 1)
$\ln OFDI_{i,\ t-1}$	0.380 6**	0.570 9**	0.602 4	0.398 5*	0.421 4**	0.392 2	0.257 5*
	(0.181 4)	(0.210 3)	(0.175 5)	(0.073 4)	(0.201 1)	(0.181 6)	(0.135 7)
CF	0.820 3***	0.906 9***	0.892 1***	0.990 6***	0.974 4***	0.790 3***	0.810 3***
	(0.246 7)	(0.210 4)	(0.223 9)	(0.309 2)	(0.279 7)	(0.231 9)	(0.220 1)
TAX	0.307 5*	0.403 4*	0.500 6**	0.307 0*	0.303 4*	0.254 2*	0.207 3*
	(0.213 9)	(0.230 5)	(0.240 7)	(0.259 3)	(0.139 4)	(0.148 1)	(0.128 9)
PIP	0.490 5	0.503 3	0.301 2	0.585 0	0.609 4	0.623 0	0.416 4
	(0.291 4)	(0.205 9)	(0.298 3)	(0.307 9)	(0.273 3)	(0.274 7)	(0.210 5)
TRADE	0.717 0**	0.861 3*	0.890 4**	0.892 2**	0.897 1**	0.918 7**	0.880 5*
	(0.149 2)	(0.104 7)	(0.148 4)	(0.103 3)	(0.149 8)	(0.163 4)	(0.103 5)
TEC	0.410 4*	0.504 4*	0.402 7	0.482 2*	0.572 6*	0.549 8*	0.416 7*
	(0.270 6)	(0.181 9)	(0.160 8)	(0.210 4)	(0.183 1)	(0.207 0)	(0.270 5)

续表

变量	模型 1	模型 2	模型 3	模型 4	模型 5	模型 6	模型 7
PRP		0.538 7**					
		(0.190 3)					
GOV			0.552 0**				
			(0.131 7)				
NSOE				0.706 9**			
				(0.731 9)			
MAR					0.304 4**		
					(0.119 7)		
CC						0.632 5**	
						(0.210 7)	
CS							0.401 3***
							(0.127 8)
lnGDP	3.856 6***						
	(2.039 8)						
Wald 值	641.24***	498.76***	735.77***	441.85***	679.44***	503.22**	564.39***
obs	96	96	96	96	96	96	96
Hansen 检验	0.163 4	0.172 3	0.250 2	0.317 9	0.264 7	0.174 8	0.181 1
AR (1)	0.001 6	0.001 4	0.000 8	0.003 0	0.001 3	0.004 2	0.000 9
AR (2)	0.597 7	0.204 6	0.702 3	0.531 7	0.724 4	0.384 5	0.810 3

***, **, *分别表示估计系数在 1%、5%和 10%水平上显著

注：括号内为估计系数的稳健性标准误差

　　而 PIP 在东部、中部、西部的估计效果均不是特别显著（除去东部地区模型 3），但是从显著性系数大小的比较来看，按照影响程度排序，依次是西部地区、中部地区和东部地区。这一结果反映了西部地区更需要完善知识产权保护的法律体系，其他地区的占比相对西部地区要小，这可能同东部地区和中部地区法律制度环境相对完善有关。

　　对于东部地区来说，TAX、TRADE、GOV 这三个指标的系数较高，说明东部地区企业进行 OFDI 时对这几项指标较为敏感。因此，对于东部地区进行 OFDI 的企业，可以适当减少企业税费负担、进一步提高开放程度、减少政府干预、提高政府治理效率。

对于中部地区来说，TRADE 和 MAR 的系数较大，说明提高中部地区贸易开放度、提高市场分配资源发挥市场"无形的手"的作用对 OFDI 有重要影响。

对于西部地区来说，CF、TRADE、NSOE、CC 的系数较大，这反映出西部地区企业经营的制度环境相比其他地区较差，需要大力发展金融市场、开放地区贸易、发展非国有经济、促进中介组织发育，这与西部地区经济发展水平较落后，民营企业等非国有企业发展缓慢有关。各地区按各变量系数大小比较结果，如表 6-20 所示。

表 6-20　各地区按各变量系数大小比较（按由大到小顺序排列 1>2>3）

变量 ＼ 排序	1	2	3
CF	西部	东部	中部
TAX	东部	西部	中部
PIP	西部	中部	东部（系数均不显著）
TRADE	西部	中部	东部
TEC	中部	西部	东部
PRP	西部	东部	中部
GOV	东部	西部	中部
NSOE	西部	东部	中部
MAR	中部	东部	西部
CC	西部	中部	东部
CS	东部	西部	中部（系数差别不大）
lnGDP	中部	东部	西部（系数差别不大）

不同地区的制度影响因素对 OFDI 的作用显现出差异性，这与企业所处的经营环境中相关方面的制度情况密不可分。王小鲁等在《2013 年企业经营环境调查报告》中指出对于企业经营的环境方面的调查，东部地区要好于东北、中部和西部地区，而东北部地区和中部地区又好于西部。从他们的调查中可以看出环境的变化，2006 年与 2012 年四个地区评分见表 6-21。

表 6-21　2006 年与 2012 年分地区企业经营环境评分

年份	全国	东部	东北	中部	西部
2006	2.88	3.01	2.90	2.83	2.78
2012	3.05	3.13	3.09	2.99	2.97

注：该评分以 3 分作为中性分，低于 3 分代表调研的企业对该项打分较低，高于 3 分说明调研企业对该项评价为正向

从表 6-21 可以看出，全国企业的经营环境评分上升了 0.17 分，东部地区的评分要明显高于中部和西部地区，但是从上升幅度来看，东部、东北、中部、西部地区依次为 0.12、0.19、0.16、0.19，东北地区和西部地区的经营环境改善幅度较大。

政府行政管理方面的分项指标"公开、公正、公平"在考察的 4 个年份（2006 年、2008 年、2010 年、2012 年）中，东部地区均高于其他地区，分项指标"减少不必要干预"除 2008 年外，东部地区也高于其他地区。在调查的年份中，分项指标"政府廉洁"和"政府效率"方面的评分东部地区也均高于其他地区而西部地区几乎最低。在企业经营的法制环境方面，分项指标"经营者合法权益的保障"方面，东北地区在 2006 年、2008 年和 2012 年评分最高，而西部地区最低，也保持了高于其他地区的评分[①]。

王小鲁等（2013）的调研报告反映了中国各区域的制度环境发展不平衡及企业经营环境的不同，会对企业产生不同的影响，而这些不同，反映在企业的 OFDI 方面，也显示出了差异性，不同区域企业面临的制度环境不同，这会影响企业的 OFDI。

6.3.3　分企业类型 GMM 估计

对企业进行分类型的稳健性检验，GMM 估计结果如表 6-22~表 6-24 所示。

表 6-22　基于国有企业和非国有企业 OFDI 的 GMM 估计结果对比（一）

变量	模型 1		模型 2		模型 3	
	国有	非国有	国有	非国有	国有	非国有
C	12.337 1***	13.121 5*	12.595 5***	13.351 7**	12.691 4***	14.040 3***
	（0.191 3）	（0.617 6）	（0.103 8）	（0.414 2）	（0.137 7）	（0.476 9）
$\ln OFDI_{i,\,t-1}$	0.405 5**	0.370 8*	0.291 3	0.274 1*	0.505 3*	0.617 7*
	（0.120 7）	（0.073 3）	（0.110 5）	（0.091 4）	（0.056 7）	（0.093 3）
CF	0.230 7***	0.075 7*	0.306 7***	0.251 3**	0.192 4**	0.220 4***
	（0.003 9）	（0.016 2）	（0.009 5）	（0.014 1）	（0.007 5）	（0.012 0）
TAX	0.120 7**	0.091 4**	0.090 9**	0.172 4**	0.130 2*	0.206 5**
	（0.004 4）	（0.008 6）	（0.008 1）	（0.022 2）	（0.008 4）	（0.019 0）

---

① 资料来源于王小鲁等《2013 年企业经营环境调查报告》的数据分析。

续表

变量	模型1		模型2		模型3	
	国有	非国有	国有	非国有	国有	非国有
PIP	0.023 3*	0.013 7**	0.020 6*	0.028 4**	0.019 3**	0.022 6***
	（0.009 1）	（0.004 6）	（0.005 4）	（0.003 1）	（0.004 7）	（0.005 0）
TRADE	0.402 2***	0.301 1**	0.393 4**	0.527 3**	0.403 8**	0.724 7**
	（0.020 7）	（0.129 5）	（0.175 5）	（0.081 3）	（0.066 4）	（0.084 4）
TEC	0.051 3*	0.071 9**	0.057 3**	0.081 7**	0.035 2**	0.061 4***
	（0.002 6）	（0.007 4）	（0.007 8）	（0.009 3）	（0.007 5）	（0.010 3）
lnGDP	3.486 4***	2.403 3**				
	（0.061 3）	（0.072 4）				
GOV			0.071 1**	0.079 4**		
			（0.008 1）	（0.008 4）		
PRP					0.041 3**	0.059 1***
					（0.010 7）	（0.017 6）
Wald 值	612.96***	432.17**	519.74**	681.16***	543.22**	507.67***
obs	248	248	248	248	248	248
Hansen 检验	0.171 3	0.210 7	0.061 3	0.190 1	0.309 4	0.098 3
AR（1）	0.000 7	0.000 2	0.000 3	0.001 9	0.001 5	0.005 0
AR（2）	0.240 1	0.420 4	0.593 1	0.780 6	0.571 4	0.430 1

***，**，*分别表示估计系数在 1%、5% 和 10% 水平上显著

注：括号内为估计系数的稳健性标准误差

表6-23　基于国有企业和非国有企业 OFDI 的 GMM 估计结果对比（二）

变量	模型4		模型5		模型6	
	国有	非国有	国有	非国有	国有	非国有
C	12.391 2***	13.071 5***	13.011 2***	13.791 6***	12.794 4***	14.019 9***
	（0.103 3）	（0.495 8）	（0.099 7）	（0.380 1）	（0.119 6）	（0.507 3）
$\ln OFDI_{i,\,t-1}$	0.407 3	0.460 2*	0.361 5*	0.280 9*	0.190 1*	0.206 7*
	（0.317 2）	（0.213 5）	（0.707 1）	（0.524 9）	（0.181 4）	（0.176 6）
CF	0.230 9***	0.340 7*	0.190 4**	0.267 7**	0.139 2**	0.208 1**
	（0.010 3）	（0.190 6）	（0.007 4）	（0.031 1）	（0.007 2）	（0.030 2）

续表

变量	模型 4		模型 5		模型 6	
	国有	非国有	国有	非国有	国有	非国有
TAX	0.069 4*	0.123 3**	0.106 4**	0.234 7***	0.090 6**	0.307 1***
	（0.010 3）	（0.050 7）	（0.009 4）	（0.023 1）	（0.007 9）	（0.029 4）
PIP	0.020 7 4***	0.034 8*	0.011 3***	0.019 4*	0.011 7**	0.019 6*
	（0.004 4）	（0.006 0）	（0.002 6）	（0.003 2）	（0.003 7）	（0.004 6）
TRADE	0.505 1**	0.604 2*	0.396 4**	0.617 9**	0.506 3**	0.794 4*
	（0.180 2）	（0.293 5）	（0.047 7）	（0.085 4）	（0.050 1）	（0.077 4）
TEC	0.037 9**	0.052 3**	0.039 1***	0.060 7*	0.040 1**	0.057 9*
	（0.008 5）	（0.280 3）	（0.006 8）	（0.010 2）	（0.005 5）	（0.008 1）
NSOE	0.107 3**	0.149 5***				
	（0.019 4）	（0.034 2）				
MAR			0.052 7*	0.019 7***		
			（0.004 6）	（0.008 4）		
CC					0.040 5**	0.055 7**
					（0.007 1）	（0.019 3）
Wald 值			593.67***	654.19***	670.62***	621.54***
obs	248	248	248	248	248	248
Hansen 检验	0.121 7	0.156 4	0.303 2	0.118 6	0.205 1	0.140 9
AR（1）	0.003 2	0.001 1	0.000 6	0.004 0	0.000 7	0.000 4
AR（2）	0.517 1	0.620 3	0.471 4	0.213 0	0.509 1	0.643 3

***、**、*分别表示估计系数在 1%、5% 和 10% 水平上显著

注：括号内为估计系数的稳健性标准误差

表 6-24　基于国有企业和非国有企业 OFDI 的 GMM 估计结果对比（三）

变量	模型 7	
	国有	非国有
C	13.091 9***	14.001 7***
	（0.104 1）	（0.513 6）
$\ln OFDI_{i,\ t-1}$	0.303 6**	0.352 5***
	（0.092 6）	（0.093 0）

续表

变量	模型 7	
	国有	非国有
CF	0.195 2***	0.291 7***
	(0.009 4)	(0.020 6)
TAX	0.050 1*	0.084 9**
	(0.008 7)	(0.015 2)
PIP	0.012 4**	0.013 7**
	(0.001 9)	(0.003 1)
TRADE	0.403 1***	0.503 3*
	(0.057 6)	(0.089 3)
TEC	0.030 7*	0.034 9***
	(0.005 4)	(0.009 7)
CS	0.297 4**	0.331 7***
	(0.030 4)	(0.034 1)
Wald	530.44	497.68
Hansen 检验	0.090 3	0.164 0
AR(1)	0.001 0	0.004 1
AR(2)	0.741 1	0.560 4
obs	248	248

***，**，*分别表示估计系数在 1%、5%和 10%水平上显著
注：括号内为估计系数的稳健性标准误差

国有企业与非国有企业的实证检验结果与之前的 OLS 回归结果的系数的符号和大小差异也不是很大，可以认为回归结果具有稳健性。

从回归结果来看，CF、TAX、PIP、TRADE、TEC 这几个方面的指标对所有的企业的 OFDI 几乎都有显著的影响，无论是国有还是非国有企业。国有企业和非国有企业 OFDI 的影响变量存在差异，如表 6-25 所示。

表 6-25　国有企业和非国有企业 OFDI 存在差异的影响变量

变量	影响进行 OFDI 的企业所有权性质类型
TEC	非国有企业
PRP	非国有企业
NSOE	非国有企业

续表

变量	影响进行 OFDI 的企业所有权性质类型
CC	非国有企业
MAR	国有企业
lnGDP	国有企业

GOV 和 CS 对于两种所有权性质的企业的影响大体相同,说明国家对"走出去"支持的文化是面向所有企业的,国家大力支持企业的"走出去"行为,尽量减少政府不必要的干预,提供服务性支持。

同样,我们认为不同类型企业的 OFDI 的不同来自于制度因素的不同影响。而即使是在同样的经营环境中,制度因素对不同类型企业的作用也不相同,这方面的差异在王小鲁等《中国分省企业经营环境指数 2013 年报告》中也有所体现[1]。从他们调查结果的指数评分来看,国有企业的经营环境总指数为 3.13 分,非国有企业为 3.08 分,高出 0.05 分,在 5%的显著性水平下显著,t 值为 2.25。这一数据说明,国有企业经营环境在总体上要比非国有企业好一些。

根据他们的调研结果,国有企业和非国有企业经营环境显著性差异的方面如表 6-26 所示。

表 6-26　国有企业与非国有企业经营环境显著性差异的方面

	国有企业	非国有企业	差异	t 统计值	P 值
政府行政管理	3.20	3.25	−0.05	−1.44	0.15
公开、公正、公平	3.09	3.00	0.09	2.53	0.01
减少不必要的干预	3.34	3.57	−0.23	−5.48	0.00
企业的税费负担	2.88	2.75	0.13	3.29	0.00
企业的税收负担	2.17	2.07	0.10	2.47	0.01
收费、集资、摊派	3.59	3.43	0.16	2.90	0.00
金融服务	3.15	3.10	0.05	0.74	0.33
正规金融服务	3.26	3.04	0.22	5.52	0.00

---

[1] 在其调研报告中,2012 年调查的 4 020 家样本企业在企业类型方面的分布如下:国有独资和国有控股企业 418 家(10.4%),集体所有制企业 48 家(1.2%),私营企业 958 家(23.8%),股份合作制企业 186 家(4.6%),非国有控股的股份有限公司 589 家(14.7%),非国有控股的有限责任公司 1 535 家(38.2%),其他内资企业 12 家(0.3%),外资和港澳台资企业 257(6.4%),未分类 17 家(0.4%),合计 100%。本书国有企业包括国有独资企业和国有控股企业,非国有企业指除国有企业之外的所有企业,包括私营企业、非国有控股的股份有限公司、有限责任公司、集体所有制企业、股份合作制企业、其他内资企业,以及外商和港澳台商投资企业。评分标准仍是以 3 分作为中性分,高于 3 分代表正面评价,低于 3 分代表负面评价。

续表

	国有企业	非国有企业	差异	t 统计值	P 值
民间融资	3.03	3.17	−0.14	−2.45	0.01
中介组织	3.12	3.04	0.08	2.11	0.04

资料来源：王小鲁，余静文，樊纲. 2013. 中国分省企业经营环境指数 2013 年报告[M]. 北京：中信出版社，2013

从表 6-26 可以看出，国有企业和非国有企业经营环境方面的显著差异表现在：①政府行政管理中的两个分项指标，即公开、公正、公平和减少不必要的干预；②企业的税费负担；③金融服务的两个分项指标，即正规金融服务和民间融资；④中介组织。

政府行政管理方面非国有企业的评分要高于国有企业，但是二者都高于 3.00 的评分中间值，都是正面的，说明中国政府在行政管理方面有所改善。分项指标公开、公正、公平方面，国有企业的打分要高于非国有企业，t 值为 2.53，较显著。说明政府在制定政策或实际执行的时候，国有企业较非国有企业更有优势。另一个分项指标减少不必要的干预方面，国有企业的打分要低于非国有企业，差异较显著，这说明政府在对国有企业的干预上要强于对非国有企业的干预，也可以说明中国企业 OFDI 过程中，国有企业更关注国家战略目标这一说法。本书的实证结果也反映了这一现象，在模型 2 中，国有企业在 GOV 这一指标的系数为 0.071 1，非国有企业为 0.079 4，说明减少政府的干预对非国有企业的影响更重要。

企业的税费负担方面，两者对该项的评价都是负面的，说明税费负担确实是企业面临的一大问题，无论是国有企业还是非国有企业，而且国有企业对此反应更为明显。在分项指标企业的税收负担方面，两者评价也都是负面的，国有企业的评分略高于非国有企业，有显著差异，说明国家在征收税款方面存在企业税负过重的问题；在分项指标收费、集资和摊派方面，国有企业的评分为 3.59，高于非国有企业的 3.43，而且在 1% 的显著性水平下显著，说明国有企业在这方面可能享受了相关政策的倾斜，但是二者对此分项指标的评价都是正面的，说明政府在减少不必要的收费、集资和摊派方面发挥了积极的作用。

在金融服务总指标方面，国有企业的评分也高于非国有企业，但是二者的差异并不显著。但是在分项指标正规金融服务和民间融资方面，二者评价都高于中性值，且都有显著性的差异，但是前者表现为国有企业高于非国有企业，反映了国有企业在从银行贷款"难易程度"上和支付贷款利息之外的"额外费用"上要优于非国有企业，更容易得到贷款，付出较少的额外费用。另一个分项指标民间融资方面，评分都在 3 分之上，是正向评价，说明国家在推进民间融资方面做出努力，非国有企业的评分 3.17 分高于国有企业评价 3.03 分，这说明民间融资渠道是非国有企业的重要资金来源，国有企业则更多倾向于利用正规金融服务。这两个分项指标正负的补偿作用，抵消了金融服务总体上在国有企业和非国有企业之间的差异的显著性。

中介组织方面，国有企业和非国有企业对行业协会作用的评价都偏向负面，说明我国的中介组织发展并不尽如人意。但是国有企业的评分 2.92 分要高于非国有企业的 2.80 分，说明行业协会大多由政府组织，在提供服务方面比较照顾国有企业，非国有企业享受的服务较少，而且在"会计师、律师等市场服务条件"方面，国有企业的评价也略高于非国有企业，但是不显著。本书的模型 6 也反映了这一现象，CC 在国有企业 OFDI 的影响中系数为 0.040 5，在非国有企业中为 0.057 7，说明非国有企业更需要中介组织的协助和服务支持（王小鲁等，2013）。

另外，在企业经营的法制环境方面，在知识产权保护和合同执行方面，国有企业的评价要高于非国有企业的评价，但是二者之间的差异不显著（王小鲁等，2013）。

但是，无论国有企业还是非国有企业，都处在相同的竞争性市场当中，面临着相同的经营环境。但是国有企业在政策待遇或其他便利的条件方面要优于非国有企业，这导致两种类型的企业感受到的经营环境有所不同，这和国家的制度影响有关。因此，通过对不同类型企业 OFDI 的实证检验，证实了在中国企业 OFDI 过程中，不同企业类型因为承载不同的目标，制度对其产生的作用就不同，从而导致 OFDI 不同。

6.4　本章小结

本章为实证分析，利用面板数据多元回归的方法对影响企业 OFDI 的制度因素进行验证。从全国样本、分地区、国有和非国有企业 OFDI 三个方面进行数据分析。实证结果表明，制度因素对 OFDI 影响很显著，各地区的制度因素的影响有所差异，对于不同的所有权类型，制度因素的作用也不完全相同。制度在中国企业 OFDI 过程中的作用甚至有些复杂。

第7章　制度对中国企业 OFDI 影响再讨论

母国制度在影响企业 OFDI 时发挥的作用机理是复杂的，要综合考虑地区制度发展的不平衡，不同所有权类型企业的不同 OFDI 行为效果，因此，有必要针对中国企业 OFDI 的制度作用进行更深入的探讨。

母国制度是 OFDI 企业"走出去"赖以生存和成长的各种制度因素构成的一个集合体，制度的规制性维度、规范性维度和文化-认知环境都具有形塑个人和集体行为的作用，并对企业的融资成本、融资模式、供应关系、生产运营、技术研发、市场营销和人力资源管理等方面的行为产生着重要的直接或间接的影响，并最终传导到对企业 OFDI 战略与行为。由于不同层面的制度对不同类型的企业 OFDI 行为和策略选择的影响存在明显差异，因此母国制度因素的影响是一种综合影响。这也就能够更好地解释为什么像 PIP、TEC 这样的变量在全国样本回归模型中会出现负值，而且对企业 OFDI 影响不显著。同时，也能够更好地说明其他变量在回归方程中系数较高的真正原因。

我们的研究目的就是要最终超越简单的直线因果关系，把制度对 OFDI 的作用机理揭示得更为深刻。制度对企业 OFDI 的影响和作用具有较强的复杂性，既包含整体制度作用的复杂性，又包含单一制度因素作用的复杂性。制度因素既能够积极引导企业进行 OFDI，又能够通过制度压力把企业从国内市场"挤出"，从而迫使企业积极寻求海外投资的路径，还能够通过母国制度的改善把企业从国外吸引回国内经营，从而"弱化"企业的 OFDI。因此，对这种复杂性的深入探讨，将进一步提高理论研究的客观性和科学性，并达到一般实证分析难以企及的理论深度。然而，以往研究中并未对制度影响的复杂性加以讨论，这减弱了理论的解释力。鉴于此，本章在实证分析结果的基础上，更进一步地探讨母国制度对企业 OFDI 行为产生的几种效应，并系统地诠释制度的强制维度、规范维度和文化-认知维度对企业 OFDI 的具体作用，以求不断地丰富和完善企业 OFDI 理论体系。

7.1　制度对企业 OFDI 的引导效应

从中国企业的 OFDI 历程看，一个明显的特征就是政府的推动和支持（裴长洪和樊瑛，2010）。与发达国家企业的 OFDI 行为有所不同，中国企业（特别是国有企业）的 OFDI 行为往往是有意识地去服从和实现国家利益，体现着国家意志。基于此，我们将母国制度环境中政府和非政府组织的导向作用和推动作用统称为引导效应。好的制度能够对 OFDI 产生积极的作用，在减少企业所面临的不确定性、提高投资回报率方面，能为跨国公司创造有利条件（Globerman and Shapiro，1999）。由此观之，制度中的某些方面对企业的 OFDI 行为有着积极的正向促进作用，给企业 OFDI 行为以强劲的推进力。

7.1.1　制度的规制维度对企业 OFDI 的引导效应

中国企业的 OFDI 在很大程度上是政府驱动型的，除了国内需求不充分、自然资源不足等传统因素外，还包括接近和获取国外技术、专利及维护政治关系等具有"中国特色"的因素（Wang，2002）。政府对于 OFDI 的作用除了实施大量的促进政策，如"走出去"战略，还制定出台了一系列与之相配套的法律、金融、财政和贸易政策等，这些共同构成了企业 OFDI 行为的强制性制度因素。

在中国，企业的规制性制度因素可以说几乎完全是由政府主导的。作为经济活动的规则制定者、协调者和仲裁者，政府通过制定法律、法规、政策等来规范经济运行、构建竞争环境和塑造企业所遵循的行为准则（Henisz，2002）。而同作为制度主体的政府与企业，它们之间的关系是复杂的，而且是动态变化但又相互依赖的，政府是政策的制定者和执行者，企业则是政策的接受者和遵从者。

中国政府大力地推动和实行"走出去"战略以来，中国企业的海外投资活动离不开政府强有力的制度支持。除了从国家层面为本国企业海外投资提供资源和资金方面的保障外，还通过与东道国政府积极签订各种条约和协议，保护本国企业海外投资的权益，帮助企业降低海外投资的风险。企业在海外投资和经营时，对东道国的市场、相关的制度环境和法律规范等缺乏必要的了解，容易产生水土不服，投资带有盲目性，这也增加了投资的风险和不确定性，而政府通过"走出去"战略为本土企业的 OFDI 提供重要的相关信息，并创造了一个相对稳定的投资环境，而且还通过出台多项扶持政策和法律法规，有效地缓冲企业 OFDI 的不确定性，降低企业的融资成本与交易费用，提高企业 OFDI 的积极性和主动性。同时，在对 OFDI 企业的行政审批程序方面，政府提高运行效率，极大地简化了审批方面的手续和流程，有效地降低了企业的时间成本。因此，母国制度强制维度的引导效应有利扩大了企业 OFDI 的规模。因此，在各个回归模型中，我们可以看到，像 TRADE 和 CF 这样的变量对企业 OFDI 均具有显著影响，而且回归系数也较高。

"走出去"战略已上升为国家重要的经济战略，国家通过制定带有一定的强制性色彩的经济政策，积极引导作为经济主体的企业利用 OFDI 开发、获取并有效整合全球优势资源、庞大的海外市场和先进的高精尖技术。其中，体现最为明显的是以中石油为代表的中国能源企业。在国家能源安全战略引导下，能源企业（石油企业）积极地实施了"走出去"战略，并得到国家强有力的扶持，通过购买海外油田，与海外油企进行联合开发，不断拓展海外业务，实现国家和企业发展战略目标。可以说，这些企业的 OFDI 行为背后具有浓厚的制度引导效应。

7.1.2　制度的规范维度对企业 OFDI 的引导效应

与规制维度下各种制度和政策的引导不同，规范性维度对企业 OFDI 的引导效应主要体现在商会组织的引导和国家对技术创新的鼓励与支持上。

1. 政府技术扶持的大力推动

企业间竞争的本质是核心能力的竞争，而技术优势是企业核心能力的根本来源。进入 21 世纪，中国企业越来越重视技术创新能力的提升，从中国制造到中国创造也已成为国家层面的技术创新战略。对于 OFDI 企业而言，技术优势是成功"走出去"的重要保障，是企业强化核心竞争力进而提升国际竞争优势、开发海外市场的制胜法宝。

在多个领域中，我国政府对企业技术创新和技术实力的提升具有重要的推动作用。各级政府可以通过直接或间接的技术引导和科技扶持，以及有利于产业发展的支持政策为企业技术创新提供良好的环境，提高 OFDI 企业的研发热情，有助于形成企业核心竞争优势和技术优势，提升企业的技术创新的能力，不仅实现"引进来"，还能依靠自身的技术优势"走出去"，不断增强企业 OFDI 的市场竞争实力与市场开发能力，以及抵御风险的能力。以太阳能光伏发电系统制造企业为例，国家和地方政府给予光伏企业以巨大的技术扶持，帮助企业搭建良好的产、学、研合作创新平台，这大大提升了我国光伏企业的技术创新能力，降低企业运营成本，从而使中国光伏企业在国际市场上具有较强的竞争优势。

虽然在全国样本回归模型中 TEC 对企业 OFDI 的影响并不显著，但是在分地区和分企业类型的回归模型中 TEC 对企业 OFDI 的影响很显著，即使在个别模型中其系数很小。这在一定程度上验证了 TEC 的这种导向作用。

2．商会组织对企业 OFDI 的导向与推动

商会是具有同一、相似或相近市场地位的特殊部门的经济行为人组织起来的、界定和促进本部门公共利益的集体性组织[①]。作为一种非政府组织，商会的宗旨是促进企业的发展、维护企业合法权益和经济利益。可以说，作为地方治理中的一支非常重要的力量，商会的发展，既是适应市场经济发展的需要，又是政府职能转变的需要，并且反映出政府、社会和市场三者间的结构性变迁，涉及政府权力、社会自治与市场边界之间多重关系的调整。同时，商会又是适应企业发展需要的重要产物。随着企业的成长与发展壮大，企业会产生更多层次和更高层次的需要，商会的出现恰恰满足了企业的这些需要，如维护行业正常秩序、向企业提供相关信息、协助企业维权等。

从全球化视角来看，商会能够向会员企业提供更多的全球市场信息，积极地配合政府引导会员企业"走出去"，并在信息平台和法律事务等多方面推动企业的 OFDI 行为，如境外中资企业商会的发展[②]。

与国内市场相比，国际市场的信息不对称性和不确定性更高。Barzel（1997）认为市场的不确定性无疑会导致企业交易费用的大幅增加，而有成本的交易则有赖于制度等非价格的配置方法[③]。作为一种制度的特殊安排，商会通过向成员企业提供相关信息，不仅能够降低企业 OFDI 过程中的信息不对称性，而且还有助于帮助企业缓冲市场的不确定性，从而有效地帮助企业节省交易费用。另外，李振和沈言言（2014）还指出，商会组织成员与非成员相比，由于能够利用信息网络的横向和纵向的分工而存在的固定依赖关系，可以获得更多的资源和制度优势。商会可以将负的外部性效应内部化来提高效率，并且作为集体能够为成员争取良好的强制性制度安排和服务及某些方面的投资优先权。由此可见，商会组织对企业的 OFDI 具有重要的引导作用。

7.1.3　制度的文化-认知维度对企业 OFDI 的引导效应

企业不仅在技术创新上有模仿与跟随战略，在进行 OFDI 时同样也具有模仿

---

① 高闯等. 高技术企业集群治理结构及其演进机理[M]. 北京：经济管理出版社，2008：93-95.

② 境外中资企业商会（协会）是指经原对外贸易经济合作部（现今为商务部）批准或在原对外贸易经济合作部备案的境外中资企业或机构发起并在当地依法注册成立的驻外中资企业自律性组织.

③ 巴泽尔 Y. 产权的经济分析[M]. 费方域，段毅才译. 上海：上海三联书店，上海人民出版社，1997：105-107.

和跟随行为。从文化-认知制度环境来看，当企业置身于一个积极地制定和执行"走出去"战略的行业中时，由于"从众效应"，企业会紧随行业中的"领头羊"采取 OFDI 行动。在各个回归模型中，代表国家对"走出去"文化支持的 CS 对企业 OFDI 的积极影响均比较显著，这也验证了文化-认知维度制度对企业 OFDI 具有重要的引导效应。当前，中国奶企纷纷到国外（新西兰、澳大利亚）收购或新建牧场，一方面是因为国家政策引导，另一方面是因为制度的文化-认知要素（如企业和奶粉行业国际化文化的驱动和消费者对"洋奶粉"的认知）的强力推动。

凡事预则立，不预则废。企业之所以选择进行 OFDI，还与其自身国际化经验与相关知识的积累有着密切的关系。如果企业的 OFDI 经验和相关知识的累积十分丰富，就能有效地帮助企业规避 OFDI 过程中较高的潜在风险，避免 OFDI 陷阱，缓冲不确定性的影响，节约交易费用，提升 OFDI 绩效水平。

此外，企业与政府的关系水平也会引导企业进行 OFDI。企业与政府的关系水平越高，越能在政府政策引导下积极主动地响应"走出去"战略，开展 OFDI 活动。可以说，企业与政府的关系水平对 OFDI 的推动作用与政府政策的引导作用是密不可分的。

7.2　制度对企业 OFDI 的挤出效应

在以往文献中，很多学者十分关心制度距离对 OFDI 的推动作用，即认为东道国与母国关键制度因素的差异是推动企业 OFDI 行为的重要原因。按照这种研究逻辑，企业之所以选择 OFDI，是因为母国制度环境中的某些关键因素对其在母国的经营是不利的，相比之下，东道国制度环境更有利于企业的经营和发展，企业的 OFDI 行为可视为对母国不利的制度环境进行有效规避的一种理性选择。这里将母国制度环境给企业带来的不利影响并迫使企业选择国外市场进行经营的现象称为挤出效应。

7.2.1　制度的规制维度对企业 OFDI 的挤出效应

我们应该认识到，母国制度实际是一把"双刃剑"。企业的 OFDI 极有可能是对于母国政治和经济制度的一种规避反应，是企业一种被迫性的"走出去"战略。

本书认为，交易费用不仅能够决定资源配置方式，即是由市场配置还是由企业配置，或者是由中间性组织配置，而且还决定了企业资源在哪一区域中进行配置。如果在某一区域内，由于强制性制度因素企业交易费用过高，企业将会选择制度因素导致的交易费用相对较低的国家或区域进行资源配置。Kogut（1991）指出，当政府决策者已经意识到企业对于监管变化所做出的应对时，如果未能充分抓住这样的反应则可能不仅会使既定政策无效，而且还会产生适得其反的效果。如果母国制度环境得不到有效的改进，甚至给企业的经营造成了非常不利的影响，将会迫使企业"走出去"，即企业的 OFDI 将明显增加。Kayam（2009）认为，政府的腐败程度、官僚行为会从政治角度影响企业的 OFDI 行为，有时甚至会带来负向的影响。Witt 和 Lewin（2007）通过实证研究证明了 22 个发达国家的 OFDI 增长与本国制度环境存在消极关系。无论是政府干预过多还是母国过度的政治影响，都可能使企业产生强烈的想要"逃离"母国的意愿，最终引发企业的 OFDI 行为，亦即把企业"挤出去"。

除了交易费用的影响，高税负和对知识产权保护不利这样的强制性制度也是把企业"挤出去"的重要因素。

（1）母国的高税负造成企业逃离母国。对于那些以追求利润最大化为终极目标的企业而言，特别是为数众多的民营企业，高税负无疑会造成企业利润的大幅减少。在这样的制度环境下，企业的业绩目标因为过高的税负而难以完成，但是，通过进行 OFDI 企业可以在海外获取更高的利润，那么 OFDI 将成为企业的必然选择。

（2）母国对知识产权的保护不利导致企业 OFDI 流量增多。在科技高度发达的今天，知识产权保护已成为投资者选择投资目的地要考量的重要因素之一。对于以追求利润最大化为终极目标的企业投资者而言，更加倾向于选择在那些知识产权保护程度相对较高的国家或地区进行 OFDI。另外，在我国，由于企业的技术创新及技术成果的取得通常需要进行巨额的资金投入，并耗费大量的人力、物力和时间成本，如果知识产权保护不利，企业的技术成果将很容易被模仿，企业的竞争优势很难通过技术优势来实现并维系，企业的创新意愿将会在很大程度上被削弱。知识的积累与创新是企业的竞争优势、利润乃至国家经济增长的重要源泉。产权本身具有排他性，而知识产权又由于其特殊的地位和关键技术，成为企业竞争优势的重要来源，因此知识产权保护成为一国保护本国企业合法权益的重要的制度安排和途径。正是由于知识的这种重要性，以及知识自身具有的非竞争性和非排他性，知识产权保护制度成为一种十分重要的制度安排。在其他条件不变的情况下，如果母国的知识产权保护不利，将会大幅增加企业 OFDI 的流量，在基于全国样本数据的回归模型中，变量 PIP 出现了负值，虽然显著性没有通过检验，但也能在一定程度上反映出较低的知识产权保护度是企业 OFDI 的重要原因，这在逻辑上是完全合理的。

（3）过高的成本压力迫使企业"外迁"。除了税负外，与企业利润关系最密切的就是成本因素。成本压力在很大程度上是来自国家强制性经济政策，其中，一部分是融资成本，与国家金融政策和金融法规密切相关；一部分是用工成本，与劳动法规密切相关；还有一部分是原材料成本，与行业政策、法规等密切相关。自美国爆发次贷危机以来，中国企业的成本压力持续上升，大批企业迫于高成本压力转战东南亚等总体成本相对较低的国家，并由此掀起一波中小企业 OFDI 浪潮。

此外，还有一种比较特殊的情形。随着我国经济的腾飞和发展，经济增长不仅追求"量"，而且更加重视"质"。我国已经开始对一些高污染、高能耗、低收益和潜在危害大的行业及企业说"NO"，并强制对这些企业进行关停或搬迁，进而迫使企业通过 OFDI 到较为落后的国家设厂经营。

7.2.2　制度的规范维度对企业 OFDI 的挤出效应

在制度规范维度的影响因素中，过高的成本压力是迫使企业"外迁"的元凶。除了税负外，与企业利润关系最密切的就是成本因素。目前，中国企业成本压力过高的原因主要有以下三个：①融资成本。对于我国广大中小企业而言，融资渠道不畅、融资成本过高是一个非常普遍的现象。企业通过正常融资渠道（银行贷款、企业债券、股票市场等）很难融到足够资金，因此不得不通过民间借贷和地下钱庄等进行高成本的融资。如果企业的利润水平足以支撑较高的融资成本，那么企业将选择在母国继续经营。如果由于各种原因企业利润水平不足以弥补过高的融资成本，企业要么选择关停，要么选择到融资环境更好、成本更低的国家和区域进行生产经营。②用工成本。劳动者合法权益的保护无疑是国家进步的表现，但是这也会造成企业用工成本的大幅上升。自美国次贷危机爆发以来，东南沿海大批中小企业出现了倒闭潮，这与用工成本上涨密切相关。而一些未倒闭的企业则选择到劳动力成本普遍偏低的越南、斯里兰卡和印度等国投资建厂。③原材料成本。融资成本、用工成本、能源价格、海外采购及运输成本等大幅攀升，直接或间接地导致原材料成本上升，其价格更是一路飙涨。随着行业竞争越来越激烈，企业低成本竞争优势难以维系，迫使企业积极寻求降低成本的可行路径。其中，OFDI 是一个非常不错的选择。如前文所述，中国奶企纷纷到海外购买牧场，也与原材料成本有直接关系。

综合来看，中国企业成本压力的持续上升，导致大批企业迫于高成本压力转战东南亚等总体成本相对较低的国家，并由此掀起一波新的 OFDI 浪潮。

7.2.3　制度的文化–认知维度对企业 OFDI 的挤出效应

与规制性和规范性制度的影响不同，文化–认知制度因素对企业 OFDI 的挤出效应主要表现在风俗习惯和认知的冲突上。当企业的经营理念与外部文化和认知（文化理念、习俗、惯例和价值观等）环境存在严重的冲突时，企业将很难获得所在社区、政府、公众和消费者等重要的利益相关者的认可，进而导致企业无法运营或项目停摆的尴尬局面。这就迫使企业只能通过 OFDI 到文化–认知制度环境能够包容或与之较为一致的国家进行经营。然而，由于这方面数据的获取是非常困难的，本书仅从理论分析层面上加以探讨。

7.3　制度对企业 OFDI 的弱化效应

与挤出效应恰恰相反，如果母国制度环境的持续改善更有利于企业在国内经营，那么企业选择在国内扩大经营规模的可能性将大大提高，选择 OFDI 的意愿就会有所降低，相应地会减少 OFDI 行为。我们将这种影响称之为母国制度对企业 OFDI 的弱化效应。

7.3.1　制度的规制维度对企业 OFDI 的弱化效应

如前所述，如果政府的官僚作风过于浓厚，与企业经营密切相关的行政管理程序过于烦琐，都会大幅增加企业的外生交易费用，造成企业经营效率下降，把企业"挤出去"。按照这一分析逻辑，当强制性制度环境得到适当的改善并能够有效地降低企业外生交易费用时，企业的国内经营环境由"不利"转变成"有利"，企业 OFDI 的意愿将有所下降，从而减少或弱化企业 OFDI 的行为。

Kayam（2009）通过实证研究发现，政府的稳定性与投资回报率的提高，官僚体系效率的提升和治理质量的改善，会造成企业 OFDI 减少。根据这一研究结论，当国内知识产权保护不断被完善，对生产者合法权益的保护不断提升，企业税负压力下降，同时，金融市场化日趋成熟，企业在国内的融资压力有所降低时，企业国内经营热情将大大提高，从而弱化 OFDI 意愿和行为。

尽管本书的实证分析结果在上述变量（除了国内知识产权保护）上均呈现出显著的正向相关，但并不能否定 Kayam（2009）的研究结论。无论是从理论上，还是从实践上来看，母国制度的强制维度对企业的 OFDI 存在着一定的弱化效应。

7.3.2 制度的规范维度对企业 OFDI 的弱化效应

与制度规制维度的弱化效应相似，母国制度规范维度相关制度环境的改善也会大大提高企业"留下来"经营的意愿，相应地弱化企业 OFDI 的意愿，这主要体现在国内产业政策的支持、行业协会的扶助。

（1）国内产业政策支持对企业 OFDI 的弱化效应。

国内产业扶持政策一方面有利于产业的发展，助力企业不断做大做强，提升国际竞争力，进而积极实施"走出去"战略，即对企业 OFDI 具有推动作用；另一方面由于国内产业扶持政策为企业的国内经营与发展提供了便利，对于大多数企业而言，会集中精力抓住有利的政策机遇，在国内充分发展和壮大，从而弱化了 OFDI 意愿。在实证分析中，基于全国样本数据的回规模型中，TEC 出现负值尽管不显著，但也能够反映出这种对企业 OFDI 的弱化效应。

（2）行业协会扶助对企业 OFDI 的弱化效应。

作为一种中间体组织，无论是商会还是行业协会（特别是地方性的行业协会），都有助于帮助协调企业与政府间关系，加强成员企业间和行业信息的交流，推动形成并维护良好的行业环境和公平、公正的市场竞争秩序，帮助企业节约交易费用，提高产业或产业集群的治理效率。因此，对企业的发展具有良好的促进作用。如果商会或行业协会旨在不断提升区域内企业的竞争实力、协调与促进区域内企业的健康发展，那么在商会或行业协会的扶助下，企业可以更好地在区域内发展，并成为区域经济重要的支撑力量。在这种情况下，企业可能更多的是产品上的"走出去"，即凭借特有的区域竞争优势积极参与国际竞争、大力开发海外产品市场，而非进行 OFDI。

7.3.3 制度的文化-认知维度对企业 OFDI 的弱化效应

制度的文化-认知维度对企业 OFDI 的弱化效应主要体现在企业国际化经验的缺乏和母国制度环境对企业的高度认可与容纳。就国际化经验而言，当企业积累丰富的国际化经验时，必然会对其 OFDI 行为有利，能够帮助企业有效降低或化解 OFDI 风险，提高 OFDI 的成功率。但是，如果企业缺乏必要的国际化经验，其 OFDI 成功的把握会很小，对于有限理性的企业主而言，驾轻就熟地在母国把企业做大做强或许是更好的选择，因而他们在很大程度上将会降低 OFDI 的热情。

另外，母国文化-认知制度环境对企业的高度认可与容纳也会导致企业选择在母国发展，而减少 OFDI 行为，甚至可能将一部分 OFDI 业务"拉回"母国。在本章 7.2 节讨论了文化-认知制度环境对企业 OFDI 的挤出相应，那么与之相反，当企业在母国能够得到关键利益相关者在文化、习俗、价值观等方面的高度认可，为企业创造一个非常好的国内经营环境时，企业 OFDI 的必要性和紧迫性将会大大降低（当然，这是就那些非必须通过 OFDI 才能获取海外资源和海外市场进而提升企业国际竞争优势的企业而言的），由此弱化企业的 OFDI。需要注意的是，企业家并非是完全理性到只懂得疯狂逐利的"经济人"，而是作为"社会人"和"自我实现人"进行经济行为的。中国大多数企业家都有着很深的本乡情愫和强烈的爱国情怀，即便是企业进行了 OFDI，但当母国制度环境发生非常利好的改变时，他们也会有强大的动力回到母国扩大经营，即前面所说的将一部分 OFDI 业务从东道国拉回母国。

7.4　制度对企业 OFDI 的中和效应

实际上，母国制度对企业 OFDI 的影响是一种综合影响，而且这种综合影响的复杂程度远远超过我们熟知的简单的线性影响。相同或相似的母国制度，对于不同类型的企业和异质性较强的企业的影响是不同的，除了影响的强弱有差别外，在特殊情况下，某些制度还可能会对不同企业的 OFDI 意愿与行为产生截然相反的作用。如果将母国制度对 OFDI 产生的有利影响视为正向的，不利影响视为负向的，那么三个层次制度产生的混合效应即为一种中和效应。正是由于这种中和效应的存在，实证分析中某些制度因素或某一层次制度对企业 OFDI 影响并不显著。而这种中和效应本身的理论价值远远超过了实证分析得到的某些结论。

本节先重点讨论这种制度多重影响共同作用产生的中和效应，然后综合说明引导效应、挤出效应、弱化效应和中和效应对企业 OFDI 的综合作用。此外，还将讨论一些特殊情况下母国制度对企业 OFDI 的影响。

7.4.1　制度的规制维度对企业 OFDI 的中和效应

在制度的规制维度产生的制度环境中，浓厚的官僚作风势必将导致企业外生交易费用增加，一般而言，这种制度环境会对企业的 OFDI 产生挤出效应。但是，理论界也普遍承认，中国企业（主要是国有企业和一些"政治关联"较强的民营企业）善于与政府建立良好的关系，即使在国内经营，也能有效地节约长期外生交易费用。从这个角度讲，母国制度环境对这样的企业挤出效应并不是很明显。

另外，在强制性制度中，贸易开放度和"走出去"战略对企业的 OFDI 具有正向导向和推动效应，知识产权保护、对生产者合法权益的保护、金融市场化程度和财政税收政策对部分企业的 OFDI 具有挤出效应，同时，这些制度环境的改善对企业 OFDI 具有弱化效应。因此，综合考量强制性制度环境及其动态演化，将会对企业 OFDI 产生中和效应，即弱化效应会在一定程度上抵消导向效应和挤出效应。

7.4.2 制度的规范维度对企业 OFDI 的中和效应

已有对母国规范性制度维度的研究大多是从正向影响出发的，其通过实证分析验证规范性制度环境对 OFDI 的作用。然而，现实中的情况比这些理论探讨要复杂得多，如前面对规范性制度环境的导向效应、挤出效应和弱化效应的分析。因此，在后续研究中，规范维度对企业 OFDI 的影响也应该从正、负两方面来考察。

1）产业支持政策对企业 OFDI 的中和效应

一方面，产业支持政策有利于企业发展和做大做强，特别是在技术创新上取得突破，进而增强企业的国际竞争力。按照这个逻辑，产业支持政策有利于推动企业进行 OFDI。另一方面，产业支持政策为企业创造了良好的国内发展环境，有助于企业打开国际市场，同时，无须非要在海外获取资源，因此，弱化了企业的 OFDI。在这两种效应中和作用下，企业的 OFDI 行为会有所变化。

2）非政府组织（商会组织、行业协会）对企业 OFDI 的中和效应

商会和行业协会对提高企业的信息完备性、对称性和缓冲不确定性具有积极作用，可以帮助企业了解更多 OFDI 信息，对 OFDI 具有导向和推动作用。而且企业在 OFDI 经营过程中一旦发生纠纷，商会或行业协会就能有效地帮助企业应对海外的法律诉讼，增强企业在国际仲裁中的胜算。同时，商会和行业协会能够很好地协调企业与政府等关键利益相关者之间的关系，有助于帮助企业节约交易费用，为企业在国内健康发展创造良好的环境。显然，这种情况会减弱企业的 OFDI。以上商会或行业协会对企业 OFDI 的正、负两种效应放在一起，就产生了中和效应。

3）人才保障对企业 OFDI 的中和效应

人才是企业中最宝贵的资源，无论是企业的战略规划，还是企业的技术创新，或是企业的正常运营，都离不开人才的支撑。对于 OFDI 企业而言，最重要的是要有"外向型"人才保障，这些人才必须充分了解东道国情况，同时，又要有丰富的企业经营管理经验。但是，如果企业人才更多的是"内向型"，即他们对母国制度环境更加熟悉，并且具备丰富的国内经营管理经验，企业则更倾向于在母国经营，相应地减少企业的 OFDI 行为。所以，这种人才保障也可能会对企业的 OFDI 产生制约或阻碍作用。

综上所述，这些制度规范维度的影响因素的作用也是非常复杂的，不能简单以是否促进企业的 OFDI 来进行判断。

7.4.3　制度的文化-认知维度对企业 OFDI 的中和效应

文化-认知维度对企业 OFDI 也具有中和效应。企业的国际化经验对企业的 OFDI 具有导向和推动作用，地域文化和企业文化对企业 OFDI 也具有导向作用（如福建和广东的大量企业到东南亚地区投资建厂，形成了一种历史文化传统），同时，文化-认知制度环境对企业的 OFDI 还具有一定的挤出效应。这些都属于文化-认知制度环境对企业 OFDI 的正向影响。反过来，文化-认知环境对企业的高度认可，一些乡俗、乡情、惯例等文化-认知制度也会让企业选择留在国内发展，或把企业从海外"拉回"，从而弱化企业的 OFDI，这属于文化-认知制度环境对企业 OFDI 的负向影响。如果把这两种影响放在一起，文化-认知制度环境的整体影响可能被削弱，即正、负两种影响产生了中和效应。

综上所述，如果把母国制度环境的导向效应、挤出效应、弱化效应和中和效应放在一起，则能够更好、更贴近现实地来说明母国制度环境对企业 OFDI 的作用机理和作用效果，并在理论上与实证研究结果进行呼应。如图 7-1 所示，母国制度压力的提高能够对企业的 OFDI 产生导向效应和挤出效应，使企业 OFDI 流量曲线由曲线 L_0 向曲线 L_1 方向上升，这是制度"推"的作用。同时，母国制度压力的降低又会对 OFDI 产生弱化效应，使企业 OFDI 流量曲线由曲线 L_0 向曲线 L_2 方向下降，这是制度"拉"的作用。这种上升与下降相互作用抵消，就产生了中和效应，即企业实际的 OFDI 流量达不到 L_1 那么高的水平但也不会降至 L_2 那么低的水平。

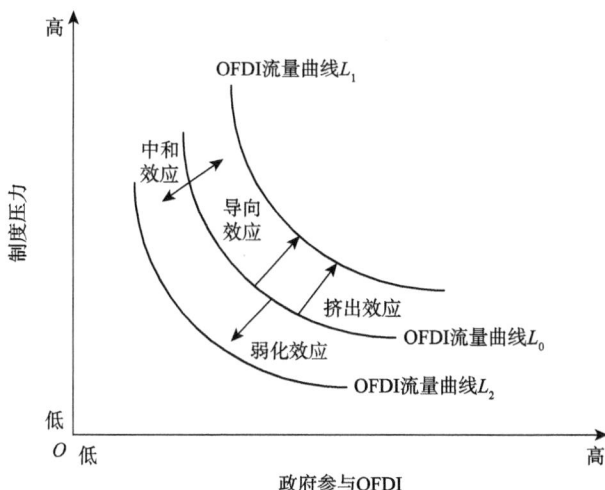

图 7-1　母国制度对企业 OFDI 流量的多重影响

7.5　本章小结

　　本章在前文理论分析和实证检验的基础上，根据制度影响 OFDI 的三个维度作用，分别探讨了制度对 OFDI 作用的四种效果，即引导、挤出、弱化、中和。这与第 4 章的理论模型正好相吻合，引导和挤出效应反映了母国制度"推"的作用，无论是在国家政策和政府的引导下进行的 OFDI，还是为了逃离母国较差的制度环境而选择海外经营的被迫"挤出"，都促成了企业的 OFDI；而随着母国相关制度因素的改变，制度环境改善，一些企业可能选择回到国内市场进行经营，制度对企业 OFDI 产生的"弱化"效果就是母国制度"拉"的作用。而在有些情况下，制度的作用还要结合企业自身 OFDI 的意愿等方面因素，制度的影响也更加复杂，可能是一种综合复杂的中和效果。

第 8 章 结　　语

8.1　主要结论与发现

8.1.1　母国制度可以从三个维度对企业 OFDI 产生影响

通过理论分析和实证论证了母国制度三个维度的影响因素对企业的国际化行为产生影响。Lawrence 和 Lorsch（1969）的研究注意到"环境"的影响，制度有很多功能，最基本的是减少交易不确定性。而且对于中国这样的制度不如发达国家完善的新兴经济体和发展中国家来说，制度对企业建立 OFDI 的所有权优势和内部化优势方面，提供可获得的资源和支持、减少不确定性，以及节约交易成本方面有着特殊的优势。按照资源禀赋理论的观点，进行 OFDI 的中国企业的竞争优势，一方面，得益于企业所拥有的要素禀赋；另一方面，和母国的制度产生的优势密不可分。除了东道国本身的市场环境和资源禀赋等区位优势作为"拉"的因素会影响中国企业的海外投资，母国制度因素作为"推"的因素，会从资源获取和投资意愿等方面影响企业的 OFDI。中国政府鼓励企业"走出去"，但是也有一些国内不利的制度因素，迫使一些企业寻求新的国际市场。母国制度"推"的作用，既有正向引导，也有负向挤出。但是需要注意的是，母国制度的作用有时是复杂的，也能产生"拉回"的效果，而且是一种综合的作用，会产生引导、挤出、弱化及中和的效果。

8.1.2　中国各地区的制度环境发展不平衡

根据中国各地区目前 OFDI 的现状，经过实证分析，从数理统计方面验证了东部沿海地区在市场化完善程度和法律保护程度等制度影响因素方面，要优于中、西部地区。这和中国经济发展的区域不平衡性及国家政策导向有着密切的关系。东部发达沿海地区的企业进行 OFDI 的较多，而中、西部地区的企业在国际化方面，进展相对缓慢。这样的现状与制度环境发展的不平衡是分不开的。中国经济和制度改革的渐进性决定了不同区域的制度变化（Meyer，2000）。地方和区域政府肩负着区域经济发展的责任，控制着大部分的政府预算（Naughton，1995）。地方政府可以实施能够影响产品市场、要素市场和市场调节的制度与法律体系。企业的行为和战略选择很大程度上受区域制度环境的影响。世界银行集团（World Bank Group）2008 年的报告显示，浙江省 30 天可以建立一个企业，而在青海则需要 47 天。而且对于发展较好的区域，企业更容易获得贷款。在上海企业需要 8 天取得贷款，而在青海则需要 20 天。这些制度方面的差别会影响企业对机会的反应速度，进而影响企业 OFDI 行为。

8.1.3　母国制度对不同所有权性质的企业 OFDI 作用有差别

中国的"走出去"战略带有鲜明的制度烙印，1979 年以来，中国政府在不断地探索和规划战略，并取得了很大的成就。在这一过程中，国有企业一直发挥着巨大的作用。中国的 OFDI 主要特点之一是大部分从事 OFDI 的企业都是国有企业。2008~2009 年，中国国有企业 OFDI 占中国 OFDI 存量的 69.40%。2010 年以来，民营企业等非国有企业的 OFDI 逐渐增多。因为国有企业 OFDI 的目标与非国有企业的 OFDI 目标有所不同，更多代表着国家宏观战略目标，因此在资源获取和政策支持上要优于非国有企业。中国大型海外投资项目的动机首先是获取自然资源，其次是获取市场，最后是获取技术。而制造业方面，则是先获取技术，延伸企业的价值链。相比于大型国有企业，民营企业的 OFDI 则呈现出另外的景象，企业所处的市场竞争环境尤为激烈，对成本也非常敏感，融资也更加困难，资金实力有限。中小民营企业的国际化更多的是为获取市场，其次是降低成本。

8.1.4　中国企业 OFDI 过程中政府扮演着重要的角色

从理论分析和实证结果可以看出，影响中国企业 OFDI 的因素大部分都是规制层面，而且即使是在规范和文化-认知层面的制度因素，政府也扮演了非常重要的角色。

首先，资源配置。一方面，市场经济制度的完善及非国有经济的发展，有助于优化资源配置，这是政府减少干预的结果；另一方面，在提供企业所需的 OFDI 所有权优势方面，政府在资源和政策方面给予了大力的支持，无论是中央政府还是地方政府。其次，企业与政府的关系水平反映了政府在资源配置方面的优先权利。这是因为中国特定的制度环境，以及政府对企业"走出去"的大力扶持，优先扶持国内比较成熟的优势产业及大型的国有企业等参与国际化竞争，培育具有国际竞争力的大型企业，因此，必然会在政策上有所倾斜，而其他一些有实力进行海外投资的企业，通过组织维度的制度嵌入或个人维度的政治嵌入来获取政策上的优惠和便利条件①。而实证分析也验证了制度对于不同所有权类型企业的影响存在差异。

8.2 提升中国企业 OFDI 质量的合理化建议

通过前文的理论分析和实证检验，根据本书的研究成果和结论，从完善制度，支持 OFDI 的角度提出以下政策建议，为中国企业的 OFDI 更好地进行提供相关的借鉴。

8.2.1 基于制度规制维度的相关政策建议

（1）政府应强化并完善"走出去"战略的配套政策。

在经济"新常态"背景下，出口模式也发生着变化。20 世纪 80 年代以来，中国的出口主要依靠低成本优势。国内丰富、廉价的劳动力和低于世界水平的土地、原材料价格造就了中国的低成本优势，让中国制造走向世界，但是也给中国带来了污染。自 2007 年以来，随着劳动力价格的不断提高、人民币的升值中国的低成本优势在逐渐消失，因此中国要主动参与国际产业分工重构、扩大对外投资、加大自主创新，从生产要素参与国际产业分工，培育新的比较优势，使出口继续对经济发展支撑作用。而在新形势下，"走出去"战略的重点放在竞争优势的培育和国际合作方面。鼓励有实力的企业、银行、人民币、资本"走出去"，营销网络和渠道"走出去"，等等，虽然中国企业 OFDI 这些年蓬勃发展，但是在配套政策方面，仍然有待继续完善。

首先，简化审批程序，改善财政审批和管理体制，为企业海外投资提供便利的行政制度环境，便于企业利用母国环境中的庞大外汇储备优势、人力资源优势、技术支持优势。

其次，继续推出政府专项资金，以及产业资金支持。目前，中国政府已经陆续

---

① 组织维度的制度嵌入指和政治机构的连接，包括政府部门和国有企业；个人维度的政治嵌入指企业中的个人，如经理人通过个人的社会资本或网络连带获取政治资本，通过个人维度和组织维度的政治嵌入，企业可以获得合法性、资源和信息。

推出了四项专项扶持资金。2000 年 10 月，对于中小企业海外投资办企业，出台了《关于印发〈中小企业国际市场开拓资金管理办法实施细则〉的通知》，国家给予前期费用等资金补助；2005 年出台《对外经济技术合作专项资金管理办法》的范围不仅支持企业境外投资，还支持对外承包工程、劳务合作等方面；矿产、资源、风险、勘查专项资金；纺织业"走出去"专项资金。而国家开发银行也同国内外其他的机构共同设立了中非发展基金、中国-东盟中小企业投资基金、中国-比利时直接投资基金、中瑞合作基金。

再次，在税收政策上，继续推行减轻企业税收负担的指导方针。尽量制定与国际法规相配套的措施，避免造成母国和东道国双重征税，提升中国企业海外投资的竞争力。

最后，加强国际政策的协调体系建设，利用国际外交，减少贸易摩擦。中国企业在海外投资时，常常遇到贸易壁垒、地方保护限制等问题，而且很多国家对中国的国有企业海外投资的动机保持警惕，防范背后隐藏着政治风险。因此，扩大多边协定和双边协定的覆盖范围，签订类似于 BIT（Bilateral Investment Treaty，即双边投资协定）协议的合作协定，对中国企业的海外投资合法利益予以保护。

（2）完善国家投资体系建设。

国家政策及法律的完善程度，对于企业的经营有积极的作用，但是由于中国的 OFDI 从 2003 年才开始蓬勃发展，各级政府部门在政策支持和引导，以及管理上还处于向前探索阶段，有待形成体制。企业在国际化投资经营的初级和过程阶段，都离不开政府对外投资战略体系的导向和支持。另外，在国际投资政策体系方面的协调机制也不完善，多边协定和双边协定的签订及国家的政治外交都会影响中国企业的 OFDI。但是随着中国经济发展的推进，很多已经签订的协议的保护条款需要进行重新协调，来更好地解决可能出现的争端。

国家投资体系不完善和我国经济体制、环境和产业政策都有关联。过去粗放式的经济增长方式积累下很多矛盾，导致资源的配置效率和利用效率较低，各地区经济、法律和环境发展不平衡，从而影响企业 OFDI 的效果。而且在 OFDI 的统一管理上，缺乏系统的管理机构职能的履行，审批手续虽然有所简化，但是限制和周期仍然相对较多。出台相关的法律，完善国内的法律制度，能够对本国生产者合法权益进行保护及解决国外投资遇到的争端。

（3）发挥好政府与市场的作用。

斯蒂格利茨认为，在一个市场相对完善的社会中，政府的作用应该仅限于提供公共产品，但是当一个社会存在较大的不平等时，社会各方的利益基础就变得多种多样，分配方面的斗争的爆发将不可避免。市场作为一种特殊的制度形式，事实上是一种工具，被用来帮助发展、建立一个好的社会秩序，但是市场也可能阻碍这一过程，政府将超脱这些利益并实施必要监管、缓解不平等，以及在催化创新中应该发挥作用，但实际上并不理想。他提倡政府在宏观调控中的作用，认为获得持续增长和长期效率的最佳方法是找到政府和市场之间的平衡，让经济回到一个更加公平、更加稳定的增长进程中，使人人都受益。只要在信息不完全或市场机制不完整的情况下，国家的干预就必然存在，以有效改善资源分配的效率。

政府治理水平的提升能够为国内的环境促进企业成长并为企业对外投资创造条件（Globerman and Shapiro，1999）。而且治理水平的提升、政府干预的减少能够简化烦琐的审批程序，有助于企业迅速得到相关的信息、开展行动，大大简化流程、节省成本。另外，在关键的行业和领域，政府在资源和信息方面的支持更有益于企业的 OFDI。

市场作为资源配置的另一个重要主体，在产品市场和要素市场方面发挥着重要的作用。良好的制度环境可以建立有效的产品市场、要素市场和市场调节的制度与法律系统，企业在这样的环境中运营可以获得以市场为基础的规则，可以开发国际化扩张的相关能力。运行有序的产品市场包括市场决定的价格体系和较低的区域保护，其具有合法性（Carroll et al.，1996）。这样的市场环境鼓励新进入者，容易产生竞争，竞争压力迫使企业降低价格改善产品品质，同时提高了相应的门槛，国内市场的激烈竞争使得企业寻求海外市场的机会来继续保持增长或填补空白。同时，功能完善的产品市场也可以帮助企业了解市场规则和提高效率，实现规模经济。而要素市场的完善可以帮助企业 OFDI 更好地从金融部门融资，在中国制度环境不完善的地区，要素市场通常是由非市场力量所控制的，因此企业由于缺乏有效的合同实施能力而受控于地方保护。

因此，在中国企业 OFDI 的进程中，政府要发挥好引导和支持的作用，提升政府治理水平，鼓励市场有效配置资源。

（4）加大对民营企业融资信贷的支持力度，引导企业创新融资方式。

不同所有权企业进行海外投资时面临的制度影响因素的影响程度有所差别，可以更具不同类别企业的关键制度影响因素，着重进行指导和政策倾斜。而对所有企业来说，资金是企业对外投资的关键影响因素。表 8-1 显示了中国企业在海外投资过程中的挑战与困难，其中，在融资困难方面得分较高，为 2.61。

表 8-1　中国企业海外投资过程中的挑战与困难[①]

挑战与困难	得分
公司融资困难	2.61
公司缺乏对新市场法规和风险的了解	2.60

---

① 2009 年，中国国际贸易促进委员会针对中国企业海外投资过程中所面临的挑战与困难进行调查，出具了相关的分析报告，得分越大，代表遇到的挑战与困难越大。

续表

挑战与困难	得分
当地消费者对中国品牌还不了解	2.59
公司缺乏国际经营战略和管理策略等知识	2.49
公司缺乏对国际市场的了解	2.36

资料来源：中国国际贸易促进委员会. 中国企业对外投资现状及意向调查报告. 2009 年 4 月，http://www.ccpit.org

OFDI 需要大量的资金，政府出台了很多专项资金来支持产业走出国门，如针对国外矿产资源的风险勘探给予补贴等，但除少数大型国有企业融资容易外，大多数中小民营企业在 OFDI 中面临着政策扶持力度不够和信誉等级低导致的融资困难、缺乏融资渠道、资金长期不足的问题。在 OFDI 上也难以形成集约性效果，导致企业由于缺乏资金失去具有发展前景、性价比高的项目投资机会，阻碍了企业的国际化发展。而且民营企业在国际化经营中，不同于国有企业，民营企业面临着成本增加、税费负担重和人才缺乏等因素，影响海外投资经营。国内法律法规和监管手段不支持部分金融资产的流动，也缺乏灵活多样的金融产品与服务。

国有企业一直占据中国 OFDI 的主体地位，国内很多具有国际竞争力的优势产业是由国有企业来支撑的，另外，国家宏观战略发展的需要也使得很多能源类的国有企业更容易获得国家的优先扶持。我国 OFDI 管理体制中，缺乏支持民营企业 OFDI 的相关政策。很多有实力、有资格、有意愿进行海外投资的民营企业，在缺少国家提供投资渠道的情况下，自身寻求对外投资的发展路径，这对培植具有国际竞争力的优势产业和防止资本外流会造成很大的损失。

为解决企业海外投资融资难的问题，国家要加大信贷支持的力度，除了从母国为民营企业提供资金支持外，还应鼓励创新金融融资方式，利用国际金融市场进行融资，如金融租赁可以从某些方面解决中小企业融资难的问题，也为经济转型升级提供强大的资本支持缓助，有助于缓解高端制造业和资本密集型产业的资本压力。另外，有不少企业通过国际金融机构、国际商业银行借款、国际债券、国际股票等国际融资渠道成功获得融资，这也说明，充分利用国际金融市场是我国企业今后发展 OFDI 的重要选择。政府要进一步完善金融市场体系，促进金融业的市场化，与此同时，可以鼓励企业多进行外源融资，利用好民间融资和国际融资。大胆进行融资模式的改进和创新，降低企业的海外投资风险，如国家在"一带一路"及上海自由贸易区的建设中，就突出了金融的重要地位。

（5）增加贸易开放度，培育对外投资的新亮点。

自由贸易区和"一带一路"倡议的提出和建设，反映了我国对外开放程度的提升，正如前文研究显示，中国的 OFDI 大部分流到了"避税天堂"的国家或地区，由此可见，自由贸易区的金融支持和税收降低无疑为中国进行海外经营的企业提供了一个新的思路。同时，作为国家战略和地缘政治框架下的对外投资的发展战略有着重要的意义。

因此，继续推进自由贸易区的建设，构建"一带一路"战略下对外投资新格局，有助于中国与其他国家与地区建立区域合作、友好共赢的发展之路。借助这一东风，制定相应的 OFDI 战略，推动中国企业海外投资和国际化经营，促进产业的区域转移和整合，学习国外的先进技术，顺势而为。

（6）根据不同地区的发展程度和对外投资程度，改进相关的制度，完善制度环境。

例如，东部地区要尽量减少政府的干预，减轻企业的税收负担，提供融资方面的支持，大力推动众多非国有企业的海外投资，并提供相应的保障和服务，建立风险防范机制；西部地区应加快非国有经济和市场中介组织的发展，为企业 OFDI 提供有利的服务支撑；中部地区则要注重市场对资源的配置的能动性，加大贸易开放程度。

以上几个方面，是从改善企业 OFDI 的母国制度环境中的制度规制维度方面提出的政策建议。

8.2.2 基于制度规范维度的相关政策建议

（1）提升对外投资服务，充分发挥对外投资管理机构和市场中介组织的服务作用。

《中国企业对外投资现状及意向调查报告》相关内容显示，OFDI 服务体系的建立和完善为企业海外投资过程中经贸活动的开展，搭建了良好的交流平台，同时能够提供相关的信息服务，建立信息系统，为中国企业 OFDI 提供相关经验知识和东道国投资环境等信息，而且还可以提供项目的对接服务。另外，在解决争端、维护企业利益、提供技术援助等方面也能发挥重要作用。

此外，市场中介组织的发育对企业海外投资起到了很好的服务和支持作用。一些行业协会和组织商会可以发挥政府与企业无法发挥的作用，为企业解决国际争端仲裁、准备资料、搜集信息、反馈信息等提供相关支持。但是，国内的市场经济发展还不完善，相关中介组织的发育相对发达国家较弱，而中国的企业在进行 OFDI 时需要获取国外信息，进而对东道国环境、法律法规及资源方面的状况进行了解。中国在这方面的信息指导和服务尚不完善，削弱了中国企业和产品在国外的影响力与竞争力，制约了企业的对外投资。政府和社会信息咨询服务体系建设尚不能做到全面、系统、准确、及时地向国内企业提供 OFDI 相关信息，使企业避免 OFDI 失误、提高投资的经济效益。

因此，政府应充分简政放权，商业机构和准政府机构更多地提供企业在海外投资过程中的服务支持，如投资洽谈会、信息服务、项目对接服务等服务功能。另外，提倡各类行业协会，以及提供咨询和会计服务的市场中介组织，积极发挥作用，为企业提供高质量服务，帮助企业有序开展海外经营，避免恶性竞争。同时，实行中介组织、科研中心、专业机构及企业间的产、学、研结合，能够为中国企业 OFDI 提供定向的技术支持和服务。

（2）国家要在相关的产业政策和研发扶持上给予支持。

邓宁认为中国企业的所有权优势包括技术优势：自身原创性研发、技术溢出效应和技术地方化效应。国内的制度环境会影响企业的技术优势，政府对 OFDI 企业技术创新上的政策倾斜将有效地影响企业的技术优势，如关于技术创新的激励制度、研发投入的政策支持、知识产权保护等。制度的完善促使技术创新带来收益，也将明显刺激企业 OFDI 的创新活动，增强企业的国际竞争力，有利于企业"走出去"。技术给企业带来竞争优势，企业整体技术创新能力的提升有助于提升国家的整体创新水平和经济发展水平。Child 和 Rodrigues（2005）认为跨国并购、合资和战略联盟等方式相比于绿地投资设立海外研发中心，能够快速获得各种资产和资源，包括先进技术、国际品牌和管理经验等，便于中国企业在短期内获得国际领先地位的企业竞争力。例如，联想收购 IBM 的个人 PC 业务，使联想获取了 IBM 的技术和管理方式及国外市场信息，以及 IBM-Lenovo 及其 ThinkPad 商标几年的使用权。

中国的很多优势产业并未体现出海外投资的"优势"，高端产业投资效果不理想，高技术产业收效甚微。因此，国家在扶持企业自主创新，提升技术水平方面，要继续加大研发的投入力度，发展优势产业，扶持新兴战略产业，促进本国企业向全球价值链的高端进发，保护好企业的知识产权，为企业的科技成果市场化的转化提供良好的环境，创造公平有序、合作发展、集体学习创新的学习型社会，有利于企业在国际市场上形成独特的竞争力，实现产业的集聚效应，带动国内产业结构优化和经济发展。

8.2.3　基于制度文化-认知维度的相关政策建议

1. 创造互信合作的文化氛围、加强海外投资企业间的网络联结

国家"走出去"战略的目标之一，即"充分利用两种资源，两种市场"，培育一大批具有国际竞争力的跨国公司，实现企业治理的国际化、技术创新的国际化

和经营管理水平的国际化，提升企业跨区域的资源整合能力、控制能力和跨文化的组织管理能力，培育一批像通用、三菱、松下等拥有国际市场竞争力、代表我国品牌、整合进全球价值链中的跨国企业集团。而中国目前在海外的企业投资区域过于聚集，企业扎堆、同行业相互竞争的现象较严重，而且在境外缺乏商会等准政府组织、民间平台等，进行海外投资的境外企业间缺少必要的联结和沟通，表现得相对独立，未能形成产业集聚效应和跨国公司集团，不利于管理经验、海外经营、技术等默会知识的传递和共享。

因此，国家要尽力创造互信合作、共同发展的文化，加强企业对"走出去"文化的认可和价值观的同化，便于企业加强彼此间的联系，形成 OFDI 的海外和国内企业网络，搭建政府参与的企业全球网络，通过政府参与和民间机构的力量，组织投融资洽谈会、商品交易等活动，提供信息服务，这有利于企业间学习效应的叠加。例如，华为公司在非洲最欠发达区域跨越式发展无门店的"手机银行"，充分利用通信和金融的"后发优势"，鼓励有相对竞争优势的企业与政府合作，大胆开拓新的方式与技术路线，超越常规发展。这些国际化经营的经验都可以在企业间进行交流，相互模仿和学习，实现知识的累积。

2. 鼓励企业多借鉴成功进行 OFDI 企业的国际化经验

中国很多企业在进行 OFDI 时，缺乏相关的国际化经验，因此可能导致投资失败，这源自于以下几点因素：第一，中国企业的 OFDI，很多是在国家的导向下进行海外经营的，履行的是国家目标的实现，对于企业本身来说，缺乏相应海外经营的长期战略规划。第二，即使自行进行海外投资的民营企业，由于缺乏海外投资的经验，往往出师不利，难以获得预期的投资收益。例如，TCL集团兼并汤姆逊原意是规避欧美市场的反倾销和专利费困扰，但是结果这次并购却并没有带来开拓欧美市场的机遇，并购的资产也没有很好地整合到公司的发展战略中来，这是缺乏国际化经验的后果。第三，企业在经营管理方面的国际化技术不强，国际经营型人力资本缺失。虽然中国 OFDI 的速度和增量惊人，但是失败的案例也很多，而且对于中国国有企业的对外投资，很多国家持谨慎的态度。所以对民营企业的海外投资来说，其他企业的国际化经验就显得尤为重要。

以上的政策建议是针对完善制度建设、改善母国制度环境、有利于企业 OFDI 的角度阐述的，需要注意的是，母国制度环境的改善，有可能使企业选择留在国内市场中进行经营，而制度环境不利的一面，也有可能把在本国市场经营的企业"推"出国门，"被迫逃离"不利于企业自身经营的制度环境。

8.3　新时代中国企业 OFDI 研究的重要议题

8.3.1　中国营商环境的持续改进对企业 OFDI 行为的影响

2013 年以来，随着中国 OFDI 的迅速发展，大量资本流向海外，其中既包括正常的对外投资，也包括相当一部分的资金外逃，这引起中国政府的高度关注。究其根源，与中国的营商环境有着密切的关系。目前，作为"走出去"战略主力军的民营企业中，有很多属于制度驱离型，他们或者是无法忍受当地政府的朝令夕改；或者是不堪地方管理部门的变相盘剥；或者是迫于难以应付的微妙的政商关系；或者是难以应对国内日益下降的利润水平与日益上涨的成本压力间的严重失衡；或者是其他原因。因此，改善民营企业和企业家的营商环境已经成为当务之急。

以习近平主席为核心的党中央已经洞察到营商环境对企业（特别是民营企业）和企业家成长及可持续发展的重要性，因此，在党的十九大报告中明确提出，要"全面实施市场准入负面清单制度，清理废除妨碍统一市场和公平竞争的各种规定和做法，支持民营企业发展，激发各类市场主体活力"。可见，打造良好的营商环境，将是我国进一步激发全社会创造力和发展活力的一个重要着力点。

在新时代背景下，未来几年中国营商环境的持续改善将对民营企业 OFDI 行为产生怎样的影响呢？是否能够达到激发企业家创新创业激情，有效抑制资金外逃的预期目标呢？这必定成为理论研究的一大热点。如何通过营商环境的改善让民营企业家更加安心？如何更好地激发他们的创新创业精神？如何调动他们的经济参与积极性？如何更好地培育新时代企业家的规则意识和社会责任感？如何建立清洁的政商关系？如何平衡他们的本土商业版图与全球商业版图的构建？从制度的三个维度去考量营商环境的持续改善，并从理论层面对本土民营企业 OFDI 行为进行系统的分析，发现新动态、新问题、新理论和新机理，对该领域的理论创新具有重要的意义。因此，在后续研究中，我们会在本项研究成果的基础上尝试通过对营商环境持续改进的动态分析，构建起母国营商环境-民营企业 OFDI 行为的理论和实证分析框架，进而更好地解读营商环境持续改善对本土企业 OFDI 行为的影响机理。

8.3.2　新时代母国-东道国制度差异对中国企业 OFDI 进入模式的影响

制度压力即母国-东道国制度差异，被认为是 FDI 或 OFDI 进入模式的重要影响因素。制度理论强调组织与环境间的相互关系,其核心问题是制度环境如何影响组织的行为,以及企业如何适应制度规则进而获得合法性。当企业进行 OFDI 时,东道国的相关规则、规范和价值观会形成一种嵌入同构压力(embedded isomorphic pressures),对企业的进入模式选择产生十分显著的影响(Brouthers,2002;Slangen and Tulder 2009;Guler and Guillén,2010)。制度压力较为集中地体现在母国与东道国之间的治理品质 [世界银行全球治理指标(worldwide governance indicators,WGI)由以下六个维度构成,即公民呼声与责任、政治稳定与暴力缺失、政府效能、规制质量、法制、腐败控制] 对比和文化距离等方面。当存在较高的不确定性时,企业往往选择符合制度压力的要求,通过模仿成功企业流行的组织行为和结构,获得东道国制度环境中的合法性(Henisz and Delios,2001;Kostova and Roth,2002;Lu,2002;Chan and Makino,2007)。许多学者强调进入模式选择中的合法性动机,并实证检验了模仿在进入模式选择中的作用(Lu,2002;Chan and Makino,2007)。

　　以往的研究对制度压力的测度多是基于过去一定时期内母国与东道国制度环境的差异。然而,在进入新时代后,中国的制度环境发生了诸多变化,制度压力也随之发生了相应的变化。伴随中国社会主义市场经济体制被国际社会的普遍承认,更有必要对未来三五年内制度压力变化对本土企业 OFDI 行为及其进入模式选择的影响进行理论与实证分析。此外,还应根据东道国制度环境的差异,如南北差异、东西差异分别对中国与发达国家间制度压力的动态变化、中国与发展中国家间制度压力的变化、中国与欧美国家间制度压力的变化、中国与亚洲国家间制度压力的变化进行分类讨论,并进行系统的比较分析,进而说明不同的制度压力对中国企业 OFDI 行为及其进入模式产生怎样的影响,揭示中国企业 OFDI 的新规律和新趋势。这一领域的研究对 OFDI 理论发展具有较强的推进作用,需要我们加以关注和研究。

参 考 文 献

埃格特森 T. 1996. 新制度经济学[M]. 吴经邦，等译. 北京：商务印书馆.

巴泽尔 Y. 2006. 国家理论——经济权利、法律权利与国家范围[M]. 钱勇，曾咏梅译. 上海：
　　上海财经大学出版社.

波特 M E. 2005. 竞争战略[M]. 陈小悦译. 北京：华夏出版社.

波特 M E. 2007. 国家竞争优势[M]. 李明轩，邱如美译. 北京：中信出版社.

柴忠东. 2013. 新兴市场跨国企业竞争优势：企业特定还是母国因素？[J]. 亚太经济，（6）：92-97.

柴忠东，刘厚俊. 2014. 解析新兴市场大国跨国企业竞争优势的母国因素[J]. 南京社会科学，
　　（8）：24-31.

陈恩，王方方. 2011. 中国对外直接投资影响因素的实证分析——基于2007-2009年国际面板数
　　据的考察[J]. 商业经济与管理，（8）：43-50.

陈劲，阳银娟. 2014. 外部知识获取与企业创新绩效关系研究综述[J]. 科技进步与对策，31（1）：
　　156-160.

陈丽丽，林花. 2011. 我国对外直接投资区位选择：制度因素重要吗？——基于投资动机视角[J].
　　经济经纬，（1）：20-25.

陈艳，范炳全. 2013. 中小企业开放式创新能力与创新绩效的关系研究[J]. 研究与发展管理，
　　25（1）：24-35.

成诗跃，许敏. 2011. 中国对外直接投资的国内制度评析[J]. 经济问题探索，（10）：149-154.

崔新健. 2001. FDI 微观理论：OL 模型[J]. 管理世界，（3）：147-153.

邓明. 2012. 制度距离、"示范效应"与中国 OFDI 的区位分布[J]. 国际贸易问题，（2）：123-135.

迪克西特 A K. 2004. 经济政策的制定：交易成本政治学的视角[M]. 刘元春译. 北京：中国人
　　民大学出版社.

段文斌，陈国富，谭庆刚，等. 2004. 制度经济学——制度主义与经济分析[M]. 天津：南开大
　　学出版社.

樊纲，王小鲁，朱恒鹏. 2010. 中国市场化指数——各地区市场化相对进程2009年报告[M]. 北
　　京：经济科学出版社.

范如国. 2011. 制度演化及其复杂性[M]. 北京：科学出版社.

傅劲锋. 2008. 我国跨国公司对外直接投资动机和策略分析[J]. 华南农业大学学报（社会科学
　　版），（1）：50-55.

高建刚. 2011. 经济一体化、政治风险和第三国效应对中国 OFDI 的影响[J]. 财贸研究，22（5）：
　　57-64.

高文玲. 2012. 中国 OFDI 与技术进步波及：一个文献综述[J]. 改革，（3）：124-129.

顾自安. 2011. 制度演化的逻辑：基于认知进化与主体间性的考察[M]. 北京：科学出版社.

官建成，王晓静. 2007. 中国对外直接投资决定因素研究[J]. 中国软科学，（2）：59-65.

郭苏文，黄汉民. 2010. 制度距离对我国外向 FDI 的影响——基于动态面板模型的实证研究[J]. 国际经贸探索，26（11）：21-26.

韩飞，许政. 2012. 互动导向、创新意愿与创新能力[J]. 税务与经济，（3）：8-12.

韩秀丽. 2010. 环境保护：海外投资者面临的法律问题[J]. 厦门大学学报（哲学社会科学版），（3）：59-66.

何本芳，张祥. 2009. 我国企业对外直接投资区位选择模型探索[J]. 财贸经济，（2）：96-101.

何帆，姚枝仲. 2013. 中国对外投资：理论与问题[M]. 上海：上海财经大学出版社.

黄益平，何帆，张永生. 2013. 中国对外直接投资研究[M]. 北京：北京大学出版社.

姜建刚，王柳娟. 2014. 经济制度与 OFDI 的关系研究[J]. 世界经济研究，（1）：59-65.

姜健. 2013. 产业环境、创新意愿与光伏企业技术创新绩效研究[D]. 渤海大学硕士学位论文.

科斯 R H. 1990. 企业、市场与法律[M]. 盛洪，等译. 上海：上海三联书店.

科斯 R H，诺思 D C，威廉姆森 O，等. 2003. 制度、契约与组织——从新制度经济学角度的透视[M]. 刘刚，冯健，杨其静，等译. 北京：经济科学出版社.

李敬，冉光和，万丽娟. 2006. 中国对外直接投资的制度变迁及其特征[J]. 亚太经济，（6）：81-84.

李凝，胡日东. 2011. 转型期中国对外直接投资地域分布特征解析[J]. 经济地理，（6）：910-914.

李珮璘. 2010. 新兴经济体跨国公司与传统跨国公司的比较研究[J]. 世界经济研究，（5）：63-68.

李平，徐登峰. 2010. 中国企业对外直接投资进入方式的实证分析[J]. 国际经济合作，（5）：86-94.

李振，沈言言. 2014. 浅析中国制度环境与 OFDI[J]. 时代金融，（9）：10-11.

梁琦. 2003. 跨国公司海外投资与产业集聚[J]. 世界经济，（9）：29-37.

林毅夫，李永军. 2003. 比较优势、竞争优势与发展中国家的经济发展[J]. 管理世界，（7）：21-28，66.

刘阳春. 2008. 中国企业对外直接投资动因理论与实证研究[J]. 中山大学学报（社会科学版），（3）：177-210.

卢瑟福 M. 1999. 经济学中的制度：老制度主义和新制度主义[M]. 陈建波，郁仲莉译. 北京：中国社会科学出版社.

卢现祥. 2003. 西方新制度经济学[M]. 北京：中国发展出版社.

卢现祥，朱巧玲. 2007. 新制度经济学[M]. 北京：北京大学出版社.

鲁明泓. 1999. 制度因素与国际直接投资区位分布：一项实证研究[J]. 经济研究，（7）：57-66.

马亚明，张贵岩. 2003. 技术优势与对外直接投资：一个关于技术扩散的分析框架[J]. 南开经济研究，（4）：10-14.

诺斯 D. 1994. 经济史中的结构与变迁[M]. 陈郁，罗华平译. 上海：上海三联书店.

潘镇. 2006. 制度距离与外商直接投资[J]. 财贸经济，（6）：44-49.

裴长洪，樊瑛. 2010. 中国企业对外直接投资的国家特定优势[J]. 中国工业经济，（7）：45-54.

钱学锋，梁琦. 2008. 测度中国与 G-7 的双边贸易成本——一个改进引力模型方法的应用[J]. 数量经济技术经济研究，（2）：53-62.

青木昌彦. 2001. 比较制度分析[M]. 周黎安译. 上海：上海远东出版社.

邱国栋，陈景辉. 2010. 跨国公司在中国沿海开发区的嵌入性研究[J]. 财经问题研究，（10）：

88-95.

曲建忠, 张战梅. 2008. 我国金融发展与国际贸易的关系——基于1991-2005年数据的实证研究
[J]. 国际贸易问题, (1): 98-103.

全球环境研究所. 2013. 走出去——中国对外投资、贸易和援助现状及环境治理挑战[M]. 北京:
中国环境出版社.

商务部研究院. 2008. 中国对外经济合作30年[M]. 北京: 中国商务出版社.

邵祥林. 2005. "走出去"跨国经营——中国经贸强国之路[M]. 北京: 中国经济出版社.

斯科特 W R. 2010. 制度与组织——思想观念与物质利益[M]. 第3版. 姚伟, 王黎芳译. 北京:
中国人民大学出版社.

斯密德 A A. 2009. 制度与行为经济学[M]. 刘璨, 陈国昌, 吴水荣译. 北京: 中国人民大学出
版社.

斯托普福德 J M, 斯特兰奇 S. 2003. 竞争的国家, 竞争的公司[M]. 北京: 社会科学文献出版社.

宋泽楠. 2014. 国别异质性、全球化进程与主流FDI理论的演化性改进[J]. 现代经济探讨, (4):
23-27.

孙伟, 高建, 张玮, 等. 2009. 产学研合作模式的制度创新: 综合创新体[J]. 科研管理, (5):
69-75.

王海军. 2012. 政治风险与中国企业对外直接投资——基于东道国与母国两个维度的实证分析
[J]. 财贸经济, (1): 110-116.

王建, 张宏. 2011. 东道国政府治理与中国对外直接投资关系研究[J]. 亚太经济, (1): 127-132.

王其辉. 2004. 中国企业对外直接投资: 优势、特点与问题[J]. 国际经济合作, (3): 3-7.

王小鲁, 余静文, 樊纲. 2013. 中国分省企业经营环境指数2013年报告[M]. 北京: 中信出版社.

王耀辉. 2011. 中国海外发展: 海外看中国企业"走出去"[M]. 北京: 东方出版社.

王昱, 成力为. 2014. 制度门槛、金融发展与对外直接投资[J]. 世界经济研究, (5): 66-73.

威尔斯 L J. 1986. 第三世界跨国企业[M]. 叶刚, 杨宇光, 等译. 上海: 上海翻译出版公司.

威廉姆森 O E. 2002. 资本主义经济制度[M]. 段毅才, 王伟译. 北京: 商务印书馆.

韦军亮, 陈漓高. 2009. 政治风险对中国对外直接投资的影响[J]. 经济评论, (4): 106-113.

魏明. 2011. 制度环境、制度结构、制度安排与公司治理的演进[J]. 湖北社会科学, (6): 64-69.

吴敬琏. 2002. 制度重于技术[M]. 北京: 中国发展出版社.

吴佩勋. 2011. 中国企业国际化战略案例[M]. 北京: 北京大学出版社.

吴先明. 2011. 制度环境与我国企业海外投资进入模式[J]. 经济管理, (4): 68-79.

武娜, 王群勇. 2010. RTA对FDI影响的第三国效应——挤出还是溢出[J]. 世界经济研究, (1):
68-75.

项本武. 2009. 东道国特征与中国对外直接投资的实证研究[J]. 数量经济技术经济研究, (7):
33-46.

肖特 A. 2003. 社会制度的经济理论[M]. 陆铭, 陈钊译. 上海: 上海财经大学出版社.

小岛清. 1987. 对外贸易论[M]. 周宝廉译. 天津: 南开大学出版社.

谢杰, 刘任余. 2011. 基于空间视角的中国对外直接投资的影响因素与贸易效应研究[J]. 国际贸
易问题, (6): 66-74.

熊彼特 J A. 2000. 经济发展理论[M]. 何畏, 易家详译. 北京: 商务印书馆.

许和连, 李丽华. 2011. 文化差异对中国对外直接投资区位选择的影响分析[J]. 统计与决策,
(17): 154-156.

薛求知. 2007. 当代跨国公司新理论[M]. 上海：复旦大学出版社.

寻舸. 2013. 中国利用 FDI 制度的变迁与绩效[M]. 湘潭：湘潭大学出版社.

阎大颖, 洪俊杰, 任兵. 2009. 中国企业对外直接投资的决定因素——基于制度视角的经验分析[J].
　　南开经济评论, 12（6）：135-142.

阎大颖, 任兵, 赵奇伟. 2010. 跨国并购抑或合资新建——基于制度视角的中国企业对外直接
　　投资模式决策分析[J]. 山西财经大学学报, 32（12）：80-87.

阎海峰, 黄烨菁, 罗志松. 2009. 中国企业对外直接投资行为分析[J]. 世界经济研究,（7）：
　　50-56.

杨代刚. 2013. 区域科技创新能力的评价研究[J]. 辽宁师范大学学报（社会科学版）,（2）：199-205.

杨恺钧, 胡树丽. 2013. 经济发展、制度特征与对外直接投资的决定因素——基于"金砖四国"
　　面板数据的实证研究[J]. 国际贸易问题,（11）：63-71.

杨瑞龙, 周业安. 1997. 一个关于企业所有权安排的规范性分析框架及其理论含义——兼评
　　张维迎、周其仁及崔之元的一些观点[J]. 经济研究,（1）：12-22.

曾德明, 文金艳, 禹献云. 2012. 技术创新网络结构与创新类型配适对企业创新绩效的影响[J].
　　软科学, 26（5）：1-4.

曾剑云. 2007. 无技术优势企业对外直接投资研究综述[J]. 国际贸易问题,（12）：87-93.

张建红. 2004. 投资国特征及其对华投资强度研究[J]. 世界经济,（1）：16-22.

张建红, 卫新江, 艾伯斯 H. 2010. 决定中国企业海外收购成败的因素分析[J]. 管理世界,（3）：
　　97-107.

张建平, 马强. 2011. 实施"走出去"战略应更加注重发挥民营企业作用[J]. 宏观经济管理,（12）：
　　43-45.

张娟. 2008. 中国企业对外直接投资的区位选择研究：基于价值链的视角[M]. 上海：上海社会
　　科学院出版社.

张鲁青. 2009. 双边投资协定对发展中国家吸引 FDI 的影响——基于面板数据的实证研究[J].
　　财经科学,（9）：26-33.

张燕山. 2011. "十二五"期间中国实施"走出去"的战略选择[J]. 当代世界,（6）：4-9.

张媛媛, 张宗益. 2009. 创新环境、创新能力与创新绩效的系统性研究——基于面板数据的经验
　　分析[J]. 科技管理研究,（12）：91-95.

赵春明, 吕洋. 2011. 中国对东盟直接投资影响因素的实证分析[J]. 亚太经济,（1）：111-116.

赵伟. 2004. 中国企业"走出去"——政府政策取向与典型案例分析[M]. 北京：经济科学出版社.

郑展鹏, 刘海云. 2012. 体制因素对我国对外直接投资影响的实证研究——基于省际面板的分析[J].
　　经济学家,（6）：65-71.

钟飞腾. 2010. 对外直接投资的国际政治经济学：一种分析框架[J]. 世界经济与政治,（10）：
　　137-151.

钟南. 2005. 中国海外投资的制度性障碍分析[J]. 云南社会科学,（2）：68-71.

钟伟, 覃东海. 2003. 国际资本的流入结构和政府间 FDI 的激励竞争[J]. 管理世界,（10）：
　　24-32, 59.

周黎安, 赵鹰妍, 李力雄. 2013. 资源配错与政治同期[J]. 金融研究,（3）：15-29.

周学立. 2014. 我国跨国企业发展的态势及对策[J]. 经济纵横,（9）：48-50.

朱彤, 崔昊. 2011. 对外直接投资、逆向研发溢出与母国技术进步——数理模型与实证研究[J].

世界经济研究,（12）: 71-77.

庄子银, 肖欢. 2013. 异质性企业、跨国公司与发展中国家（地区）的技术升级[J]. 中国地质大学学报（社会科学版）,（3）: 91-100.

UNCTAD. 2006. World Development Report 2006[M]. 北京: 经济管理出版社.

Addison J T, Hirsch B T. 1997. The economic effects of employment regulation: what are the limits? [A]//Kaufman B E. Government Regulation of the Employment Relationship[C]. Madison: Industrial Relations Research Association: 125-178.

Agarwal S, Ramaswami S N. 1992. Choice of foreign market entry mode: impact of ownership, location and internalization factors[J]. Journal of International Business Studies, 23（1）: 1-27.

Aggarwal R, Agmon T. 1990. The international success of developing country firms: role of government-directed comparative advantage[J]. Management International Review, 30（2）: 163-180.

Agndal H, Chetty S, Wilson H. 2008. Social capital dynamics and foreign market entry[J]. International Business Review, 17（6）: 663-675.

Agodo O. 1978. The determinants of U.S. private manufacturing investments in Africa[J]. Journal of International Business Studies, 9（3）: 95-106.

Aguilera R V, Jackson G. 2003. The cross-national diversity of corporate governance: dimensions and determinants[J]. Academy of Management Review, 28（3）: 447-465.

Aidis R, Estrin S, Mickiewicz T. 2008. Institutions and entrepreneurship development in Russia: a comparative perspective[J]. Journal of Business Venturing, 23（6）: 656-672.

Alon T. 2010. Institutional analysis and the determinants of Chinese FDI[J]. Multinational Business Review, 18（3）: 1-24.

Amable B. 2000. Institutional complementarity and diversity of social systems of innovation and production[J]. Review of International Political Economy, 7（4）: 645-687.

Amsden A H. 2009. Does firm ownership matter? POEs vs. FOEs in the developing world[A]//Ramamurti R, Singh J V. Emerging Multinationals in Emerging Markets[C]. Cambridge: Cambridge University Press: 64-77.

Anderson T W, Cheng H. 1982. Formulation and estimation of dynamic models using panel data[J]. Journal of Econometrics, 18（1）: 47-82.

Andreff W. 2002. The new multinational corporations from transition countries[J]. Economics Systems, 26（4）: 371-379.

Antkiewicz A, Whally J. 2006. Recent Chinese buyout activity and the implications for global architecture[R]. Working Paper.

Antras P, Desai M A, Foley C F. 2009. Multinational firms, FDI flows, and imperfect capital markets[J]. Quarterly Journal of Economics, 124（3）: 1171-1219.

Arellano M, Bond S. 1991. Some tests of specification for panel data: monte carlo evidence and an application to employment equations[J]. The Review of Economic Studies, 58（2）: 277-297.

Aulakh P S. 2007. Emerging multinationals from developing economies: motivations, paths and performance[J]. Journal of International Management, 13（3）: 235-240.

Aybar B, Ficici A. 2009. Cross-border acquisition and firm value: an analysis of emerging-market multinationals[J]. Journal of International Business Studies, 40（8）: 1317-1338.

Azam M. 2010. An empirical analysis of the impacts of exports and foreign direct investment on economic growth in South Asia[J]. Journal of Contemporary Research in Business, 2 (7): 249.

Bader H, Wagenen R V, Andrade J D, et al. 1984. Interactions of concanavalin a with polymerized monolayers[J]. Journal of Colloid Interface Science, 101 (1): 246-249.

Bai C E, Lu J, Tao Z. 2009. How does privatization work in China? [J]. Journal of Comparative Economics, 37 (3): 453-470.

Bala R, Matthew Y, Sylvie L. 2012. China's outward foreign direct investment: location choice and firm ownership[J]. Journal of World Business, (47): 17-25.

Baltagi B H, Egger P, Pfaffermayr M. 2007. Estimating models of complex FDI: are there third-country effects? [J]. Journal of Econometrics, 140 (1): 260-281.

Banalieva E R, Sarathy R. 2011. A contingency theory of internationalization performance for emerging market multinational enterprises[J]. Management International Review, 51 (5): 593-634.

Barney J B. 1991. Firm resources and sustained competitive advantage[J]. Journal of Management, 17 (1): 203-227.

Bartlett C A, Ghoshal S. 2000. Going global: lessons from late movers[J]. Harvard Business Review, 78 (2): 74-86.

Barzel Y. 1997. Analysis of Property Right[M]. Cambridge: Cambridge University Press.

Bennett R J. 1995. The logic of local business associations: an analysis of voluntary chambers of commerce[J]. Journal of Public Policy, 15 (3): 251-279.

Berger P L, Luckmann T. 1967. The Social Construction of Reality[M]. New York: Doubleday Anchor.

Bevan A, Estrin S, Meyer K. 2004. Foreign investment location and institutional development in transition economies[J]. International Business Review, 13 (1): 43-64.

Bhaumik S K, Driffield N. 2011. Direction of outward FDI of EMNEs: evidence from the Indian pharmaceutical sector[J]. Thunderbird International Business Review, 53 (5): 615-628.

Bhaumik S K, Driffield N, Pal S. 2010. Does ownership structure of emerging-market firms affect their outward FDI? The case of the Indian automotive and pharmaceutical sectors[J]. Journal of International Business Studies, 41 (3): 437-450.

Blomstrom M, Kokko A. 1998. Multinational corporations and spillovers[J]. Journal of Economic Surveys, 12 (3): 247-248.

Blonigen B A. 2005. A review of the empirical literature on FDI determinants[J]. Atlantic Economic Journal, 33 (4): 383-403.

Blundell R, Bond S. 1998. Initial conditions and moment restrictions in dynamic panel data models[J]. Journal of Econometrics, 87 (1): 115-143.

Boisot M H. 1998. Knowledge Assets: Securing Competitive Advantage in the Global Economy[M]. Oxford: Oxford University Press.

Boisot M H, Meyer M W. 2008. Which way through the open door? Reflections on the internationalization of Chinese firms[J]. Management Organization Review, 4 (3): 349-365.

Bonaglia F, Goldstein A, Mathews J A. 2007. Accelerated internationalization by emerging markets' multinationals: the case of the white goods sector[J]. Journal of World Business, 42 (4): 369-383.

Bromfield T，Barnard H. 2010. The evolution of the intellectual property management strategy of an emerging multinational：learning the purpose of patenting and scientific publications[J]. IEEE Transactions on Engineering Management，57（1）：118-131.

Brouthers K D. 2002. Institutional，cultural and transaction cost influences on entry mode choice and performance[J]. Journal of International Business Studies，33（2）：203-221.

Brunnschweiler C N. 2008. Cursing the blessings? Natural resource abundance，institutions，and economic growth[J]. World Development，36（3）：399-419.

Buckley P J. 2008. Do we need a special theory of foreign direct investment for extractive?[J]. Journal of Chinese Economic Foreign Trade Studies，1（2）：93-104.

Buckley P J，Casson M. 1976. A theory of international operations[A]//Buckley P J，Ghauri P N. The Internationalisation Process of the Firm：A Reader[C]. London：International Business Thompson：55-60.

Buckley P J，Castro F B. 1998. The investment development path：the case of Portugal[J]. Transnational Corporations，7（1）：1-15.

Buckley P J，Ghauri P N. 2004. Economic geography and the strategy of multinational enterprises[J]. Journal of International Business Studies，35（3）：255-255.

Buckley P J，Clegg J，Wang C. 2002. The impact of inward FDI on the performance of Chinese manufacturing firms[J]. Journal of International Business Studies，33（4）：637-655.

Buckley P J，Clegg L J，Cross A R，et al. 2007a. The determinants of Chinese outward foreign direct investment[J]. Journal of International Business Studies，38（4）：499-518.

Buckley P J，Wang C，Clegg J. 2007b. The impact of foreign ownership，local ownership and industry characteristics on spillover benefits from foreign direct investment in China[J]. International Business Review，16（2）：142-158.

Buckley P J，Clegg L J，Cross A R，et al. 2008a. Explaining China's outward FDI：an institutional perspective[A]//Sauvant K. The Rise of Transnational Corporations from Emerging Markets：Threat or Opportunity[C]. Cheltenham：Edward Elgar Publishing：107-157.

Buckley P J，Cross A R，Tan H，et al. 2008b. Historic and emergent trends in Chinese outward direct investment[J]. Management International Review，48（6）：715-748.

Burns J P. 1987. China's Second Revolutions：Reform After Mao[M]. Washington DC：The Bookings Institution.

Buthe T，Milner H V. 2008. The politics of foreign direct investment into developing countries：increasing FDI through international trade agreements[J]. American Journal of Political Science，（4）：741-762.

Cai K G. 1999. Outward foreign direct investment：a novel dimension of China's integration into the regional and global economy[J]. The China Quarterly，（160）：856-880.

Cantwell J，Dunning J H，Lundan S M. 2010. An evolutionary approach to understanding international business activity：the co-evolution of MNEs and institutional environment[J]. Journal of International Business Studies，41（4）：567-586.

Carney R W. 2011. Financial regulatory harmonization in East Asia：balancing domestic and international pressures for corporate governance reforms[R]. ADBI Working Papers.

Carr D L，Markusen J R，Maskus K E. 2001. Estimating the knowledge-capital model of the multinational enterprise[J]. American Economic Review, 91 (3): 693-708.

Carroll G, Bigelow L, Seidel M, et al. 1996. The fates of de Novo and de Alio producers in the American automobile industry 1885-1981[J]. Strategic Management Journal, 17 (S1): 117-137.

Chakrabarti A. 2001. The determinants of foreign direct investment: sensitivity analyses of cross-country regressions[J]. Kyklos, 54 (1): 89-114.

Chan C M, Makino S. 2007. Legitimacy and multi-level institutional environments: implications for foreign subsidiary ownership structure[J]. Journal of International Business Studies, 38 (4): 621-638.

Chari A, Gupta N. 2008. Incumbents and protectionism: the political economy of foreign entry liberalization[J]. Journal of Financial Economics, (88): 633-656.

Chari M D R. 2013. Business groups and foreign direct investments by developing country firms: an empirical test in India[J]. Journal of World Business, 48 (3): 349-359.

Chen S F. 2005. Extending internalization theory: a new perspective on international technology transfer and its generalization[J]. Journal of International Business Studies, 36 (2): 231-245.

Cheng J Y S. 2012. Convincing the world of China's tradition to pursue universal harmony[J]. Journal of Chinese Political Science, 17 (2): 165-185.

Cheng L K, Kwan Y K. 2000. What are the determinants of the location of foreign direct investment? The Chinese experience[J]. Journal of International Economics, 5 (2): 379-400.

Cheung Y W, Qian X W. 2009. The empirics of China's outward direct investment[J]. Pacific Economic Review, 14 (3): 312-341.

Child J, Yuan L. 1996. Institutional constraints on economic reform: the case of investment decisions in China[J]. Organization Science, 7 (1): 60-77.

Child J, Rodrigues S B. 2005. The internationalization of Chinese firms: a case for theoretical extension? [J]. Management and Organization Review, 1 (3): 381-418.

Chou K H, Chen C H, Mai C C. 2011. The impact of third country effect and economic integration on China's outward FDI[J]. Economic Modelling, 28 (5): 2154-2163.

Christmann P. 2004. Multinational companies and the natural environment: determinants of global environmental policy standardization[J]. Academy of Management Journal, 47 (5): 747-760.

Chudnovski D, Lopez A. 2000. A third wave of FDI from developing economies: Latin American TNCs in the 1980[J]. Transnational Corporations, 9 (1): 31-73.

Conne S P. 2014. Creating Korea's future economy: innovation, growth, and Korea-US economic relations[J]. Asia-Pacific Issues, (111): 1-8.

Cortinhas J S. 2009. Power, foreign policy, and interest groups: an analysis of the systemic influences over foreign policy decisions[C]. Conference Papers-International Studies Association: 1-36.

Cross A R, Buckley P J, Clegg L J, et al. 2007. An Econometric Investigation of Chinese Outward Direct Investment[M]. Cheltenham: Edward Elgar.

Crow M, Gross G, Sauer P W. 2003. Power system basics of business professionals in our industry[J]. IEEE Power & Energy Magazine, 1 (1): 16-18.

Cuervo-Cazurra A, Genc M. 2008. Transforming disadvantages into advantages: developing countries MNEs in the least developed countries[J]. Journal of International Business Studies, 39 (6): 957-979.

Cui L, Jiang F. 2010. Behind ownership decision of outward FDI: resources and institutions[J]. Asia Pacific Journal of Management, 27（4）: 751-774.

Cui L, Jiang F. 2012. State ownership effect on firms' FDI ownership decisions under institutional pressure: a study of Chinese outward-investing firms[J]. Journal of International Business Studies, 43（3）: 264-284.

Cui L, Jiang F, Stening B. 2011. The entry-mode decision of Chinese outward FDI: firm resources, industry conditions and institutional forces[J]. Thunderbird International Business Review, 53（4）: 483-499.

Dachs B. 2008. The innovative performance of foreign-owned enterprises in small open economies[J]. Journal of Technology Transfer, 33（4）: 393-406.

Damijan J P, Polanec S, Prasnikar J. 2007. Outward FDI and productivity: micro-evidence from Slovenia[J]. World Economy, 30（1）: 135-155.

Davis P S, Desai A B, Francis J D. 2000. Mode of international entry: an isomorphism perspective[J]. Journal of International Business Studies, 31（2）: 239-258.

Deeksha S. 2014. Emerging economies and multinational corporations: an institutional approach to subsidiary management[J]. International Journal of Emerging Markets, 7（4）: 397-410.

Delios A, Henisz W J. 2003. Political hazards, experience, and sequential entry strategies: the international expansion of Japanese firms, 1980-1998[J]. Strategic Management Journal, 24（11）: 1153-1164.

Demsetz H. 1967. Toward a theory of property rights[J]. The American Economic Review, （2）: 347-359.

Deng P. 2004. Outward investment by Chinese MNCs: motivations and implications[J]. Business Horizons, 47（3）: 8-16.

Deng P. 2009. Why do Chinese firms tend to acquire strategic assets in international expansion?[J]. Journal of World Business, 44（1）: 74-84.

Desai M A, Foley C F, Forbes K. 2004. Multinational and local firm responses to currency crisis[J]. NBER Working Paper, 21（6）: 2857-2888.

Dikova D, Witteloostuijn A V. 2007. Foreign direct investment mode choice: entry and establishment modes in transition economies[J]. Journal of International Business Studies, 38（6）: 1013-1033.

DiMaggio P J, Powell W W. 1983. The iron cage revisited: institutional isomorphism and collective rationality in organizational fields[J]. American Sociological Review, 48（2）: 147-160.

Doh J P. 2005. Offshore outsourcing: implications for international business and strategic management theory and practice[J]. Journal of Management Studies, 42（3）: 695-704.

Donaldson T, Preston L E. 1995. The stakeholder theory of the corporation: concepts, evidence, and implications[J]. Academy of Management Review, 20（1）: 65-91.

Dong B M, Guo G X. 2013. A model of China's export strengthening outward FDI[J]. China Economic Review, （27）: 208-226.

Du J, Girma S. 2011. Cost economies efficiency and productivity growth in the Chinese banking industry: evidence from a quarterly panel dataset[J]. Empirical Economics, 41（1）: 199-226.

Duanmu J L. 2012. Firm heterogeneity and location choice of Chinese multinational enterprises（MNEs）[J]. Journal of World Business, 47（1）: 64-72.

Dunning J H. 1977. Trade, location of economic activity and the multinational enterprise: a search for an eclectic approach[A]//Ohlin B, Hesseborn P O, Wijkman P E. The International Allocation of Economic Activity[C]. London: Macmillan: 395-418.

Dunning J H. 1981. Explaining the international direct investment position of countries: towards a dynamic or developmental approach[J]. Weltwirtschaftliches Archiv, 119 (1): 30-64.

Dunning J H. 1986. The investment development cycle revisited[J]. Weltwirts Chaftliches Archiv, 122 (4): 667-677.

Dunning J H. 1993. Multinational Enterprises and the Global Economy[M]. Wokingham: Addison-Wesley.

Dunning J H. 1998. The eclectic paradigm of international production: a restatement and some possible extensions[J]. Journal of International Business Studies, 19 (1): 1-19.

Dunning J H. 2001. The eclectic (OLI) paradigm of international production: past, present and future[J]. International Journal of the Economics of Business, 8 (2): 173-190.

Dunning J H. 2006. Towards a new paradigm of development: implications for the determinants of international business[J]. Transnational Corporations, 15 (1): 173-227.

Dunning J H, Lundan S M. 2008. Institutions and the OLI paradigm of the multinational enterprise[J]. Asia Pacific Journal of Management, 25 (4): 573-593.

Dunning J H, Kim C, Park D. 2008. Old wine in new bottles: a comparison of emerging-market TNCs today and developed-country TNCs thirty years ago[A]//Sauvant K. The Rise of Trans-national Corporations from Emerging Markets: Threat or Opportunity[C]. Cheltenham: Edward Elgar Publishing: 158-180.

Eden L. 2010. From the editors: common method variance in international business research[J]. Journal of International Business Studies, 41 (2): 178-184.

Edlin A S, Stiglitz J E. 1995. Discouraging rivals: managerial rent-seeking and economic ineffi-ciencies[J]. American Economic Review, 85 (5): 1301-1312.

Edwards S. 1992. Trade orientation distortion and growth in developing countries[J]. Journal of Development Economics, 39 (1): 31-57.

Erdener C, Shapiro D M. 2005. The internationalization of Chinese family enterprise and Dunning's Eclectic MNE Paradigm[J]. Management and Organization Review, 1 (3): 411-436.

Eren-Erdogmus I, Cobanoglu E, Yalcin M, et al. 2010. Internationalization of emerging market firms: the case of Turkish retailers[J]. International Marketing Review, 27 (3): 316-337.

Estrin S. 2002. Corporate governance and privatization: lessons from transition economics[J]. Journal of African Economics, 11 (S1): 68-104.

Fang T, Yin Y. 2012. A new perspective on culture[J]. Management and Organization Review, 8(1): 25-50.

Filatotchev L, Stephan J, Jindra B. 2008. Ownership structure, strategic controls and export intensity of foreign-invested firms in transition economies[J]. Journal of International Business Studies, 39 (7): 1133-1148.

Fjeldstad O D, Sasson A. 2010. Membership matters: on the value of being embedded in customer networks[J]. Journal of Management Studies, 47 (6): 944-966.

Fornes G E, Butt-Philip A. 2009. Chinese companies' outward internationalization to emerging countries: the case of Latin America[J]. Chinese Business Review, 28 (7): 13-28.

Fry E H. 1990. State and local governments in the international arena[J]. Annals of the American Academy of Political and Social Science, 509 (1): 118-127.

Fung C F, Lau L J. 2003. Adjusted estimates of United States-China bilateral trade balances: 1995-2002[J]. Journal of Asian Economics, 14 (3): 489-496.

Funk R J. 2014. Making the most of where you are: geography, networks, and innovation in organizations[J]. Academy of Management Journal, 57 (1): 193-222.

Gammeltoft P, Rasiah R, Yang J. 2010. Home government policies for outward FDI from emerging economics: lessons from Asia[J]. International Journal of Emerging Markets, 5(3~4): 333-357.

Gao T. 2003. Ethnic Chinese networks and international investment: evidence from inward FDI in China[J]. Journal of Asian Economics, 14 (4): 611-629.

Garnaut R, Song L, Yao Y. 2006. Impact and significance of state-owned enterprise restructuring in China[J]. China Journal, (55): 35-63.

Gaur A S, Kumar V. 2010. International diversification, business group affiliation and firm performance: empirical evidence from India[J]. British Journal of Management, 20 (2): 172-186.

Gaur A S, Ma X, Ding Z. 2014. Perceived home country supportiveness/unfavorableness and emerging market firms' outward FDI: a contingency approach[J]. Academy of Management Annual Meeting Proceedings, (1): 1195-1200.

Gaur R C. 2011. Development of the digital repository of Indian cultural heritage initiatives at the Indira Gandhi National Centre for the Arts[J]. Art Documentation Journal of the Art Libraries Society of North America, 30 (2): 56-62.

Ge G, Ding D. 2008. A strategic analysis of sourging Chinese manufacturers: the case of Galanz[J]. Asia Pacific Journal of Management, 25 (4): 667-683.

Gerlach S, Peng W. 2005. Bank lending and property prices in Hong Kong[J]. Journal of Banking and Finance, 29 (2): 461-481.

Ghoshal S, Bartlett C A. 1990. The multinational corporation as in interorganizational network[J]. Academy of Management Review, 15 (4): 603-625.

Globerman S, Shapiro D. 1999. The impact of government policies on foreign direct investment: the Canadian experience[J]. Journal of International Business Studies, 30 (3): 513-532.

Globerman S, Shapiro D. 2003. Governance infrastructure and US foreign direct investment[J]. Journal of International Business Studies, 34 (1): 19-39.

Goh S K, Wong K N. 2011. Malaysia's outward FDI: the effects of market size and government policy[J]. Journal of Policy Modelling, 32 (3): 497-510.

Goldeng E, Grunfeld L A, Benito G R G. 2008. The performance differential between private and state-owned enterprises: the roles of ownership, management and market structure[J]. Journal of Management Studies, 45 (7): 1244-1273.

Goldstein A. 2007. Multinational Companies from Emerging Economies: Composition, Conceptualization and Direction in the Global Economy[M]. New York: Palgrave MacMillan.

Gorodnichenko Y, Svejnar J, Terrell K. 2010. Globalization and innovation in emerging market[J]. American Economic Journal-Macroeconomics, 2 (2): 194-226.

Granovetter M. 1985. Economics action and social structure: the problem of embeddedness[J].

American Journal of Sociology, 91（3）: 481-510.

Greg R, Igor F. 2014. Corporate governance and investors' perceptions of foreign IPO value: an institutional perspective[J]. Academy of Management Journal, 57（1）: 301-320.

Grewal R, Dharwadkar R. 2002. The role of the institutional environment in marketing channels[J]. Journal of Marketing, 66（3）: 82-97.

Guerin S, Manzocchi S. 2009. Political regime and FDI from advanced to emerging countries[J]. Review of World Economics, 145（1）: 75-91.

Gulati R. 1999. Network location and learning: the influence of network resources and firm capabilities on alliance formation[J]. Strategic Management Journal, 20（5）: 397-420.

Guler I, Guillén M F. 2010. Institutions and the internationalization of US venture capital firms[J]. Journal of International Business Studies, 41（2）: 185-205.

Gurtov M. 1994. The future of China's rise[J]. Asian Perspective, 18（1）: 109-128.

Hamill J. 2010. Labour relations decision making in multinational corporations[J]. Industrial Relations Journal, 15（2）: 30-34.

Hannan M T, Carroll G R. 1992. Dynamics of organizational populations: density, legitimation, and competition[M]. New York: Oxford University Press.

Harry G, Jolanda P. 2009. FDI and the relevance of spatial linkages: do third country effects matter for Dutch FDI[J]. Review of World Economics, 145（2）: 319-338.

Hartman L P, Trevirio L K, Browm M. 2003a. A qualitative investigation of perceived executive ethical leadership: perceptions from inside and outside the executive suite[J]. Human Relations, 56（1）: 5-37.

Hartman L P, Shaw B, Stevenson R. 2003b. Exploring the ethics and economics of global labor standards: a challenge to integrated social contract theory[J]. Business Ethics Quarterly, 13（2）: 193-220.

Hattari R, Rajan R. 2010. India as a source of outward direct investment[J]. Oxford Development Studies, 38（4）: 497-518.

Haunschild P R, Miner A S. 1997. Modes of interorganizational imitation: the effects of outcome salience and uncertainty[J]. Administrative Science Quarterly, 42（3）: 472-500.

He J, Wang H C. 2009. Innovative knowledge assets and economic performance: the asymmetric role of incentives and monitoring[J]. Academy of Management Journal, 52（5）: 919-938.

Head K, Reis J. 1996. Inter-city competition for foreign investment: static and dynamic effects of China's incentive areas[J]. Journal of Urban Economies, 40（1）: 38-60.

Henisz W J. 2002. The institutional environment for multinational investment[J]. Journal of Law, Economics and Organization, 16: 334-364.

Henisz W J. 2003. The power of the Buckley and Casson thesis: the ability to manage institutional idiosyncracies[J]. Journal of International Business Studies, 34（2）: 173-184.

Henisz W J, Delios A. 2001. Uncertainty, imitation, and plant location: Japanese multinational corporations, 1990-1996[J]. Administrative Science Quarterly, 46（3）: 443-475.

Henisz W J, Swaminathan A. 2008. Institutions and international business[J]. Journal of International Business Studies, 39（4）: 537-539.

Hennart J F. 2012. Emerging market multinationals and the theory of the multinational enterprise[J].

Global Strategy Journal, 2（3）: 168-187.

Hericourt J, Poncet S. 2009. FDI and credit constraints: firm-level evidence from China[J]. Economic Systems, 33（1）: 1-21.

Heugens P M A R, Lander M W. 2009. Structure! Agency!（And other quarrels）: a meta-analysis of institutional theories of organization[J]. The Academy of Management Journal, 52（1）: 61-85.

Hoffman A J. 1999. Institutional evolution and change: environmentalism and the U.S. chemical industry[J]. Academy of Management Journal, 42（4）: 351-371.

Hong E, Sun L. 2006. Dynamics of internationalization and outward investment: Chinese corporations' strategies[J]. The China Quarterly, 187（187）: 610-634.

Hoskisson R E, Eden L, Lau C M, et al. 2000. Strategy in emerging economies[J]. Academy of Management Journal, 43（3）: 249-267.

Hsiao C. 1986. Analysis of Panel Data[M]. New York: Cambridge University Press.

Hymer S H. 1960. The international operations of national firms: a study of direct foreign investment [D]. PhD. Dissertation of Massachusetts Institute of Technology.

Isham J, Woolcock M, Pritchett L, et al. 2005. The varieties of resource experience: natural resource export structures and the political economy of economic growth[J]. The World Bank Economic Review, 19（2）: 141-174.

Johanson J, Vahlne J E. 1977. The internationalization process of the firm—a model of knowledge development and increasing foreign market commitments[J]. Journal of International Business Studies, 8（1）: 23-32.

Kalotay K. 2008. Russian transnationals and international investment paradigms[J]. Research in International Business &Finance, 22（2）: 85-107.

Kalotay K, Sulstarova A. 2010. Modelling Russian outward FDI[J]. Journal of International Management, 16（2）: 131-142.

Kang Y, Jiang F. 2012. FDI location choice of Chinese multinationals in East and Southeast Asia: traditional economic factors and institutional perspective[J]. Journal of World Business, 47（1）: 45-53.

Kaplinsky R, Morris M. 2009. Chinese FDI in Sub-Saharan Africa: engaging with large dragons[J]. European Journal of Development Research, 21（4）: 551-569.

Kayam S. 2009. Home market determinants of FDI outflows from developing and transition economies[R]. University Library of Munich, Germany: 1-3.

Khanna T, Palepu K G. 1997. Why focused strategies may be wrong for emerging markets[J]. Harvard Business Review, 75（4）: 41-48.

Khanna T, Palepu K G. 2006. HBR articles: emerging giants: building world-class companies in developing countries[J]. Harvard Business Review, 84（10）: 60-69.

Khanna T, Palepu K G, Sinha J. 2005. Strategies that fit emerging markets[J]. Harvard Business Review, 83（6）: 63-76.

Kim J, Moon J J, Kim I. 2011. China's outward foreign direct investment: evidence from 2003-2008[J]. International Business Journal, 22（3）: 29-64.

Kobin S J, Buckley P J, Casson M. 1976. The Future of the Multinational Enterprise[M]. London: Homes and Meier Press.

Kogut B. 1991. Country capabilities and the permeability of borders[J]. Strategic Management Journal, 12（S1）: 33-47.

Kolk A, Tulder R V. 2004. Ethics in international business: multinational approaches to child labor[J]. Journal of World Business, 39（1）: 49-60.

Kolstag I, Wiig A. 2012. What determines Chinese outward FDI? [J]. Journal of World Business, 47（1）: 26-34.

Kontinen T, Ojala A. 2011. Social capital in relation to the foreign market entry and post-entry operation of family SMEs[J]. Journal of International Entrepreneurship, 9（2）: 133-151.

Kostova T. 1999. Transnational transfer of strategic organizational practices: a contextual perspective[J]. Academy of Management Review, 24（2）: 308-324.

Kostova T, Zaheer S. 1999. Organizational legitimacy under conditions of complexity: the case of the multinational enterprise[J]. Academy of Management Review, 24（1）: 64-81.

Kostova T, Roth K. 2002. Adoption of an organizational practice by subsidiaries of multinational corporations: institutional and relational effects[J]. Academy of Management Journal, 45（1）: 215-233.

Kostova T, Roth K, Dacin T. 2008. Institutional theory in the study of MNCs: a critique and new directions[J]. Academy of Management Review, 33（4）: 994-1006.

Krugman P. 1985. A "Technology Gap" Model of International Trade[M]. London: Palgrave Macmillan.

Kyung-Sup C, Fine B, Weiss L. 2012. Developmental Politics in Transition: The Neo-liberal Era and Beyond[M]. London: Palgrave Macmillan.

Lall S. 1983. The New Multinationals: The Spread of Third World Enterprise[M]. New York: Wiley.

Lardy N. 1998. China's unfinished economic revolution[J]. China Journal, 77（42）: 420-421.

Lawrence P R, Lorsch J W. 1969. Developing Organization, Diagnosis and Action[M]. Boston: Addison Wesley.

Lecraw D. 1977. Direct investment by firms from less developed countries[J]. Oxford Economic Papers, 29（3）: 442-457.

Levine R, Zervos S. 1998. Stock markers banks and economic growth[J]. American Economic Review, 88（3）: 537-558.

Li J, Rugman A U. 2007. Real options and the theory of foreign direct investment[J]. International Business Review, 16（6）: 687-712.

Li S, Filer L. 2007. The effects of the governance environment on the choice of investment mode and the strategic implications[J]. Journal of World Business, 42（1）: 80-98.

Liao J, Young M. 2012. The impact of residual government ownership in privatized firms: new evidence from China[J]. Emerging Markets Review, 13（3）: 338-351.

Liu B, Hu M Q, Cheng J S. 2005. Opinion observer: analyzing and comparing opinions on the web[J]. International World Wide Web Conference,（September）: 342-351.

Liu X, Zou H. 2008. The impact of greenfield FDI and mergers and acquisitions on innovation in Chinese high-tech industries[J]. Journal of World Business, 43（3）: 352-364.

Liu X, Xiao W, Huang X. 2008. Bounded entrepreneurship and internationalization of indigenous Chinese private-owned firms[J]. International Business Review, 17（4）: 488-508.

Liu X M, Wang C A, Wei Y Q. 2001. Causal links between foreign direct investment and trade in

China[J]. China Economic Review, 12（2~3）: 190-202.

Lu J W. 2002. Intra-and inter-organizational imitative behavior: institutional influences on Japanese firms' entry mode choice[J]. Journal of International Business Studies, 33（1）: 19-37.

Lu Y, Yao J. 2006. Impact of state ownership and control mechanisms on the performance of group affiliated companies in China[J]. Asia Pacific Journal of Management, 23（4）: 485-503.

Lucas R E. 1988. On the mechanics of economic development[J]. Journal of Monetary Economics, 22（1）: 13-42.

Lucas R E. 1990. Why doesn't capital flow from rich to poor countries?[J]. American Economic Review, 80（2）: 92-96.

Luo Y D, Tung R L. 2007. International expansion of emerging market enterprises: a springboard perspective[J]. Journal of International Business Studies, 38（4）: 481-498.

Luo Y D, Xue Q Z, Han B J. 2010. How emerging market governments promote outward FDI: experience from China[J]. Journal of World Business, 45（1）: 68-79.

Ma X, Andrews-Speed P. 2006. The overseas activities of China's national oil companies: rationale and outlook[J]. Minerals & Energy-Raw Material Report, 21（1）: 17-30.

Magnus B, Fredrik S. 1999. Technology transfer and spillovers: does local participation with multinationals matter? [J]. European Economic Review, 43（4~6）: 915-923.

Mahmood I P, Rufin C. 2005. Government's dilemma: the role of government in imitation and innovation[J]. Academy of Management Review, 30（2）: 338-360.

Maitland E, Nicholas S. 2003. Subsidiary Capability Development in Multinational Enterprises: an Empirical Investigation[M]. Bingley: Emerald Group Publishing Limited.

Manzoor M S. 2014. Determinants and factor dependency of FDI: a study of Pakistan and China[J]. International Review of Management and Business Research, 3（1）: 232-247.

Maxim S, Adam T. 2014. Exploring the locus of invention: the dynamics of network communities and firms' invention productivity[J]. Academy of Management Journal, 57（1）: 249-279.

Meyer J H. 2000. Payment of interest on reserves[J]. Federal Reserve Bulletin, 7: 454-458.

Meyer K E, Thein H H T. 2014. Business under adverse home country institutions: the case of international sanctions against Myanmar[J]. Journal of World Business, 49（1）: 156-171.

Meyer K E, Wright M, Pruthi S. 2009. Managing knowledge in foreign entry strategies: a resource based analysis[J]. Strategic Management Journal, 30（5）: 557-574.

Morck R, Yeung B, Zhao M. 2008. Perspectives on China's outward foreign direct investment[J]. Journal of International Business Studies, 39（3）: 337-350.

Moser C, Nestmann T, Wedow M. 2008. Political risk and export promotion: evidence from Germany[J]. The World Economy, 31（6）: 781-803.

Mudambi R, Navarra P. 2002. Institutions and internation business: a theoretical overview[J]. International Business Review, 11（6）: 635-646.

Mudambi R, Navarra P, Sobbrio G. 2003. Perspectives on global institutional change[R].

Narula R, Dunning G H. 2000. Industrial development globalization and multinational enterprises: new realities for developing countries[J]. Oxford Development Studies, 28（2）: 141-167.

Naughton B. 1995. Growing Out of the Plan: Chinese Economic Reform 1978-1993[M]. New York: Cambridge University Press.

Nelson R, Winter S. 1982. An Evolutionary Theory of Economic Change[M]. Cambridge: Belknap Harvard Press.

Nguyen N, Hogan L, Lawson K, et al. 2013. Infrastructure and Australia's food industry: preliminary economic assessment[J]. Maney Publishingsuitec Josephs Well Hanover Walk Leeds Ls3ab UK, 17 (1): 175-202.

North D C. 1990. Institutions, Institutional Change and Economic Performance[M]. New York: Cambridge University Press.

North D C. 1991. Institutions[J]. Journal of Economic Perspectives, 5 (1): 97-112.

Obstfeld M, Rogoff K. 1996. Foundations of open economy macroeconomics[J]. Journal of International Economics, 47 (1): 295-320.

Oliver C. 1997. Sustainable competitive advantage: combining institutional and resource-based views[J]. Strategic Management Journal, 18 (9): 697-713.

Ozawa T. 1979. International investment and industrial structure: new theoretical implications from the Japanese experience[J]. Oxford Economic Papers, 31 (1): 72-92.

Pantelidis P, Kyrkilis D. 2005. A cross country analysis of outward foreign direct investment patterns[J]. International Journal of Social Economics, 32 (7): 510-519.

Park S H, Luo Y. 2001. Guanxi and organizational dynamics: organizational networking in Chinese firms[J]. Strategic Management Journal, 22 (5): 455-477.

Peerenboom R. 2003. Social networks rule of law and economic growth in China: the elusive pursuit of the right combination of private and public ordering[J]. Social Science Electronic Publishing, 31 (2): 1-19.

Peng M W. 2002. Towards an institution-based view of business strategy[J]. Asia Pacific Journal of Management, 19 (2~3): 251-267.

Peng M W. 2003. Institutional transitions and strategic choices[J]. Academy of Management Review, 28 (2): 275-296.

Peng M W, Luo Y. 2000. Managerial ties and firm performance in a transition economy: the nature of a micro-macro link[J]. Academy of Management Journal, 43 (3): 486-501.

Peng M W, Khoury T A. 2009. Unbundling the institution-based view of international business strategy[Z]. The Oxford Handbook of International Business: 256-268.

Peng M W, Jiang Y. 2010. Institutions behind family ownership and control in large firms[J]. Journal of Management Studies, 47 (2): 253-273.

Peng M W, Wang D Y L, Jiang Y. 2008. An institution-based view of international business strategy: a focus on emerging economies[J]. Journal of International Business Studies, 39 (5): 920-936.

Pontus B, Roger S. 1996. Host country characteristics and agglomeration in foreign direct investment[J]. Applied Economics, 28 (7): 883-840.

Porta R L, Lopez-de-Silanes F, Shleifer A, et al. 1999. The quality of government[J]. Journal of Law, Economics and Organization, 15 (1): 222-279.

Porta R L, Lopez-de-Silanes F, Shleifer A, et al. 2000. Investor protection and corporate governance[J]. Journal of Financial Economics, 58 (12): 3-27.

Powell W W. 1990. Neither market nor hierarchy: network forms of organization[J]. Research in Organizational Behavior, 12: 295-336.

Ramamurti R. 2001. The obsolescing "bargaining model"? MNC-host developing country relations revisited[J]. Journal of International Business Studies, 32（1）: 23-39.

Ramamurti R. 2012. What is really different about emerging market multinationals? [J]. Global Strategy Journal, 2（1）: 41-47.

Ramasamy B, Yeung M, Laforet S. 2012. China's outward foreign direct investment: location choice and firm ownership[J]. Journal of World Business, 47（1）: 17-25.

Recanatini F, Ryterman R. 2001. Disorganization or self-organization: the emergence of business associations in a transition economy[J]. Policy Research Working Paper, 11（24）: 383-407.

Ring P S D, Aunno T, Bigley G A, et al. 2005. Perspective on how governments matter[J]. Academy of Management Review, 30（2）: 308-320.

Rithmire M E. 2014. China's "new regionalism": sub-national analysis in Chinese political economy[J]. World Politics, 66（1）: 165-194.

Romer P M. 1986. Incrasing returns and long-run growth[J]. Journal of Political Economy, 94（5）: 1002-1037.

Roya S, Hamid R, Mahdi A. 2014. Assessing the effect of foreign direct investment on economic growth in host countries using the Bayesian econometrics[J]. Asian Social Science, 10（1）: 171-178.

Rui H C, Yip G. 2008. Foreign acquisitions by Chinese firms: a strategic intent perspective[J]. Journal of World Business, 43（2）: 213-226.

Saez L, Chang C. 2009. The political economy of global firms from India and China[J]. Contemporary Politics, 15（3）: 265-286.

Salehizadeh M. 2007. Emerging economics, multinationals: current status and future prospects[J]. Third World Quarterly, 28（6）: 1151-1166.

Santi F. 2014. A framing perspective on field emergence: constructing institutional fields as settlements[C]. Working Paper, AOM Conference.

Scott C. 2001. Analysing regulatory space: fragmented resources and institutional design[J]. Public Law, 2: 329-353.

Scott J E. 1995. The measurement of information systems effectiveness: evaluating a measuring instrument[J]. ACM, 26（1）: 43-61.

Scott J E. 2002. Managing risks in enterprise systems implementations[J]. Communications of the ACM, 45（4）: 74-81.

Scott W R. 1995. Institutions and Organizations[M]. Thousand Oaks: Sage.

Scott W R. 2008. Approaching adulthood: the maturing of institutional theory[J]. Theory and Society, 37（5）: 427-442.

Shenkar O. 2002. Institutional and the multinational enterprise[J]. Academy of Management Review, 27（4）: 608-618.

Sherwood R U. 1990. Intellectual Property and Economic Development[M]. Berlin: Springer.

Simon H A. 1959. Theories of decision-making in economics and behavioral science[J]. American Economic Review, 49（3）: 253-283.

Singh D A, Gaur A S. 2009. Business group affiliation, firm governance, and firm performance: evidence from China and India[J]. Corporate Governance an International Review, 17（4）:

411-425.

Slangen A H L, Hennart J. 2008. Do multinationals really prefer to enter culturally distant countries through greenfields rather than through acquisitions? The role of parent experience and subsidiary autonomy[J]. Journal of International Business Studies, 39 (3): 472-490.

Slangen A H L, van Tulder R J M. 2009. Cultural distance, political risk, or governance quality? Towards a more accurate conceptualization and measurement of external uncertainty in foreign entry mode research[J]. International Business Review, 18 (3): 276-291.

Smaghi L. 2007. Global imbalances and monetary policy[J]. Journal of Policy Modeling, 29 (5): 711-727.

Spar D, Yoffie D. 1999. Multinational enterprises and the prospects for justice[J]. Journal of International Affairs, 52 (2): 557-581.

Stoian C. 2013. Extending Dunning's investment development path: the role of home country institutional determinants in explaining outward foreign direct investment[J]. International Business Review, 22 (3): 615-637.

Stoian C, Filppaios F. 2008. Dunning's eclectic paradigm: a holistic, yet context specific framework for analyzing the determinants of outward FDI evidence from international Greek investment[J]. International Business Review, 17 (3): 349-367.

Suchman M C. 1995. Managing legitimacy: strategic and institutional approaches[J]. Academy of Management Review, 20 (3): 571-610.

Sun P, Mellahi K, Thun E. 2010. The dynamic value of MNE political embeddedness: the case of the Chinese automobile industry[J]. Journal of International Business Studies, 41 (7): 1161-1182.

Sun S L. 2009. Internationalization strategy of MNEs from emerging economies: the case of Huawei[J]. Multinational Business Review, 17 (2): 129-156.

Sutherland D. 2009. Do China's "national team" business groups undertake strategic asset-seeking OFDI? [J]. Chinese Management Studies, 3 (1): 11-24.

Sutherland D, El-Gohari A, Buckley P J, et al. 2010. The role of Caribbean tax havens and offshore financial centers in Chinese outward foreign direct investment[C]. Second Copenhagen Conference on Emerging Multinationals: Outward Investment from Emerging and Developing Economies.

Tan D, Meyer K. 2010. Business groups'outward FDI: a managerial resources perspective[J]. Journal of International Management, 16 (1): 154-164.

Teece D J. 1992. Foreign investment and technological development in Silicon Valley[J]. California Management Review, 34 (2): 88-106.

Terutomo O. 1992. Foreign direct investment and economic development[J]. Transnational Corporations, 1 (1): 27-54.

Tobin J, Rose-Ackerman S. 2003. Foreign direct investment and the business environment in developing countries: the impact of bilateral investment treaties[R]. Davidson Institute Working Paper.

Tolbert P S, Zucker L G. 1983. Institutional sources of change in the formal structure of organizations: the diffusion of civil service reform, 1880-1935[J]. Administrative Science Quarterly, 28 (1): 22-39.

Tolentino P E. 1993. Technological Innovation and Third World Multinationals[M]. London: Routledge.

Tolentino P E. 2010. Home country macroeconomic factors and outward FDI of China and India[J]. Journal of International Management, 16（1）: 102-120.

Tondkar R H, Peng S, Christopher H. 2003. The Chinese securities regulatory commission and the regulation of capital markets in China[J]. Advances in International Accounting, 16: 153-174.

UNCTAD. 2011. World Investment Report 2011: Non-equity Modes of International Production and Development[M]. New York, Geneva: United Nations.

Uzzi B. 1997. Social structure and competition in interfirm networks: the paradox of embeddedness[J]. Administrative Science Quarterly, 42（1）: 35-67.

Varblane U, Roolaht T, Reiljan E, et al. 2001. Estonian outward foreign direct investments[R]. University of Tartu: Faculty of Economics and Business Administration, Working Paper Series.

Veugelers R. 1991. Locational determinants and ranking of host countries: an empirical assessment[J]. Kyklos, 44（3）: 363-382.

Voss H, Buckley P J, Cross A R. 2010. The impact of home country institutional effects on the internationalisation strategy of Chinese firms[J]. Multinational Business Review, 18（3）: 25-48.

Wan W P, Hoskisson R E. 2003. Home country environments, corporate diversification strategies, and firm performance[J]. Academy of Management Journal, 46（1）: 27-45.

Wang C, Buckley P J, Clegg J, et al. 2007. The impact of foreign direct investment on Chinese export performance[J]. Transnational Corporations, 16（2）: 119-136.

Wang C, Hong J, Kafouros M, et al. 2012a. Exploring the role of government involvement in outward FDI from emerging economies[J]. Journal of International Business Studies, 43（7）: 655-676.

Wang C, Hong J, Kafouros M, et al. 2012b. What drives outward FDI of Chinese firms? Testing the explanatory power of three theoretical frameworks[J]. International Business Review, 21（3）: 426-438.

Wang M Y. 2002. The motivation behind China government iniated industrial investments overseas[J]. Pacific Affairs, 75（2）: 187-198.

Warner A M, Sachs J D. 2002. Natural resource abundance and economic growth[R]. NBER Working Paper, 5398: 227-246.

Weber M. 1968. Economy and Society: an Outline of Interpretative Sociology[M]. New York: University of California Press.

Wells L T. 1983. Third World Multinationals: The Rise of Foreign Investments from Developing Countries[M]. Cambridge: MIT Press.

Wernerfelt B. 1984. A resource based theory of firm[J]. Strategic Management Journal, 5（2）: 171-180.

Witt M A. 2007. Outward foreign direct investment as escape response to home country international constraints[J]. Journal of International Business Studies, 38（4）: 579-594.

Witt M A, Lewin A Y. 2007. Perspective: outward foreign direct investment as escape response to home country institutional constraints[J]. Journal of International Business Studies, 38（4）: 579-594.

Wright M, Filatotchev I, Hoskisson R E. 2005. Strategy research in emerging economies: challenging the conventional wisdom[J]. Journal of Management Studies, 42（1）: 1-33.

Wu F, Sia Y H. 2002. China's rising investment in Southeast Asia: trends and outlook[J]. Journal of Asian Business, 18 (2): 41-61.

Yamakawa Y, Peng M W, Deeds D L. 2008. What drives new ventures to internationalise from emerging to developed economies? [J]. Entrepreneurship Theory and Practice, 32 (1): 59-82.

Yeaple S R, Helpman E, Melitz M J. 2004. Export versus FDI with heterogeneous firms[J]. The American Economic Review, 94 (1): 300-316.

Yiu D W, Lau C M, Bruton G D. 2007. International venturing by emerging economy firms: the effects of firm capabilities, home country networks, and corporate entrepreneurship[J]. Journal of International Business Studies, 38 (4): 519-540.

Zafar A. 2007. The growing relationship between China and Sub-Saharan Africa: macroeconomic, trade, investment, and aid links[J]. The World Bank Research Observer, 22 (1): 103-130.

Zhan F. 1995. The progress report of the World Bank loaned China Tuberculosis Control Project[J]. Chinese Journal of Tuberculosis & Respiratory Diseases, (9): 82-82.

Zhang X, Dally K. 2011. The determinants of China's outward foreign direct investment[J]. Emerging Markets Review, 12 (4): 389-398.

Zhao W, Liu L, Zhao T. 2010. The contribution of outward direct investment to productivity changes within China, 1991-2007[J]. Journal of International Management, 16 (1): 95-101.

Zhong N H. 2009. Comparison of corporate governance of privatized firms and private firms in China[J]. Journal of Comparison of Economic and Social System, (2): 156-162.

Zhou J, Peng H. 2005. Range police of adaptive cruise control vehicles for improved flow stability and string stability[J]. IEEE Transactions in Intelligent Transportation Systems, 6(2): 229-237.

Zhou L, Wu W P, Luo X. 2007. Internationalization and the performance of born-global SMEs: the mediating role of social networks[J]. Journal of International Business Studies, 38(4): 673-690.

Zurawicki L, Habib M. 2001. Country-level investment and the effect of corruption—some empirical evidence[J]. International Business Review, 10 (6): 687-700.

附　　录

单位：万美元

地区	2003 年	2004 年	2005 年	2006 年	2007 年	2008 年	2009 年	2010 年
北京	30 054	15 739	11 306	5 612	15 295	47 299	45 185	76 614
天津	544	1 754	1 887	2 808	7 993	8 200	20 992	34 132
河北	110	1 286	8 538	4 880	5 394	5 363	21 993	53 237
山西	4 562	411	562	1 849	8 347	2 702	33 295	7 926
内蒙古	220	667	2 181	2 522	4 235	6 190	15 547	8 042
辽宁	847	4 141	3 019	9 701	12 833	10 600	75 786	193 556
吉林	163	2 887	1 083	2 948	8 322	10 673	29 814	21 340
黑龙江	744	5 645	16 643	21 796	17 851	22 797	12 131	23 780
上海	5 224	20 564	66 680	44 863	52 266	33 714	120 869	158 468
江苏	2 490	5 733	10 828	12 403	51 899	49 384	85 061	137 119
浙江	3 665	7 225	15 817	21 528	40 346	38 768	70 226	267 915
安徽	200	614	1 902	3 412	5 079	6 051	5 782	81 365
福建	6 162	1 591	4 253	9 584	36 847	16 169	36 582	53 495
江西	320	93	654	48	1 536	2 587	2 265	9 470
山东	8 883	7 523	15 904	12 666	18 928	47 478	70 441	189 001
河南	607	469	8 538	763	7 036	13 128	12 075	11 864
湖北	176	131	485	286	903	350	4 116	8 061
湖南	255	296	3 067	5 921	14 088	25 446	100 568	27 477
广东	9 555	13 893	20 708	62 997	114 101	124 251	92 298	159 977
广西	208	450	321	390	2 620	3 844	8 169	18 682
海南	0	0	6	343	122	82	6 072	22 179

续表

地区	2003 年	2004 年	2005 年	2006 年	2007 年	2008 年	2009 年	2010 年
重庆	0	985	590	1 691	8 713	10 448	4 747	36 109
四川	147	506	2 666	2 831	29 120	8 107	10 740	69 097
贵州	0	0	0	0	51	25	522	289
云南	251	491	2 072	2 907	13 641	28 467	27 008	51 339
西藏	0	0	0	0	0	0	0	29
陕西	21	234	302	115	2 058	14 063	22 462	26 055
甘肃	83	317	3 770	2 087	15 364	35 808	1 852	10 176
青海	102	0	100	80	110	202	209	138
宁夏	0	137	109	1 818	569	502	1 509	711
新疆	121	3 500	1 757	856	29 674	14 933	21 934	16 887
合计	75 714	97 282	205 748	239 705	525 341	587 631	960 250	1 774 530

附表 2　中国对发达经济体对外直接投资流量　单位：万美元

国家（地区）	2003 年	2004 年	2005 年	2006 年	2007 年	2008 年	2009 年	2010 年
美国	6 505	11 993	23 182	19 834	19 573	46 203	90 874	130 829
加拿大	−730	512	3 244	3 477	103 257	703	61 313	114 229
澳大利亚			19 307	8 760	53 159	189 215	243 643	170 170
新西兰			347	349	−160	646	902	6 375
日本			1 717	3 949	3 903	5 862	8 410	33 799
英国			2 478	3 512	56 654	1 671	19 217	33 033
卢森堡					419	4 213	227 049	320 719
挪威				14	360	9	360	13 473
法国			609	560	962	3 105	4 519	2 641
德国			12 874	7 672	23 866	18 341	17 921	41 235
荷兰			384	531	10 675	9 197	10 145	6 453
瑞典			100	530	6 806	1 066	810	136 723
意大利			746	763	810	500	4 605	1 327
爱尔兰				2 529	20	4 233	−95	3 288
西班牙			147	730	609	116	5 986	2 926

续表

国家（地区）	2003 年	2004 年	2005 年	2006 年	2007 年	2008 年	2009 年	2010 年
匈牙利			65	37	863	215	821	37 010
百慕大群岛			3 658	2 494	−10 259	−10 484	6	17 086
以色列			600	100	222	−100	0	1 050
瑞士			59	101	121	1	2 099	2 725
罗马尼亚			287	963	680	1 198	529	1 084
合计	5 775	12 505	69 804	56 905	272 540	275 910	699 114	1 076 175

附表 3　中国对发展中经济体对外直接投资流量　　单位：万美元

国家和地区	2003 年	2004 年	2005 年	2006 年	2007 年	2008 年	2009 年	2010 年
中国香港			341 970	693 096	1 373 235	3 864 030	3 560 057	3 850 521
开曼群岛	80 661	128 613	516 275	783 272	260 159	152 401	536 630	349 613
英属维尔京群岛	20 968	38 552	122 608	53 811	187 614	210 433	161 205	611 976
新加坡	−321	4 798	2 033	13 215	39 773	155 095	141 425	111 850
印度尼西亚	2 680	6 196	1 184	5 694	9 909	17 398	22 609	20 131
哈萨克斯坦	294	231	9 493	4 600	27 992	49 643	6 681	3 606
老挝	80	356	2 058	4 804	15 435	8 700	20 324	31 355
泰国	5 731	2 343	477	1 584	7 641	4 547	4 977	69 987
伊朗	782	1 755	1 160	6 578	1 142	−3 453	12 483	51 100
马来西亚	197	812	5 672	751	−3 282	3 443	5 378	16 354
柬埔寨	2 195	2 952	515	981	6 445	20 464	21 583	46 651
越南	1 275	1 685	2 077	4 352	11 088	11 984	11 239	30 513
缅甸		409	1 154	1 264	9 231	23 253	37 670	87 561
内蒙古	443	4 016	5 234	8 239	19 627	23 861	27 654	19 386
印度	15	35	1 116	561	2 202	10 188	−2 488	4 761
巴基斯坦	963	142	434	−6 207	91 063	26 537	7 675	33 135
中国澳门			834	−4 251	4 731	64 338	45 634	9 604
阿尔及利亚	247	1 121	8 487	9 893	14 592	4 225	22 876	18 600
埃塞俄比亚	98	43	493	2 395	1 328	971	7 429	5 853
几内亚	120	1 444	1 634	75	1 320	832	2 698	974

续表

国家和地区	2003 年	2004 年	2005 年	2006 年	2007 年	2008 年	2009 年	2010 年
加纳	289	34	257	50	185	1 099	4 935	5 598
毛里求斯	1 027	44	204	1 659	1 558	3 444	1 412	2 201
南非	886	1 781	4 747	4 074	45 441	480 786	4 159	41 117
赞比亚	553	223	1 009	8 744	11 934	21 397	11 180	7 505
尼日利亚	2 440	4 552	5 330	6 779	39 035	16 256	17 186	18 489
安哥拉	19	18	47	2 239	4 119	−957	831	10 111
津巴布韦	3	71	147	342	1 257	−72	1 124	3 380
苏丹		14 670	9 113	5 079	6 540	−6 314	1 930	3 096
刚果（金）	6	1 191	507	3 673	5 727	2 399	22 716	23 619
坦桑尼亚		162	96	1 254	−382	1 822	2 158	2 572
刚果（布）		51	811	1 324	250	979	2 807	3 438
肯尼亚	74	268	205	18	890	2 323	2 812	10 122
巴布亚新几内亚		10	588	2 862	19 681	2 992	480	533
斐济			25	465	249	797	240	557
萨摩亚	42				−12		63	9 893
合计	121 767	218 578	1 047 994	1 623 269	2 217 717	5 175 841	4 727 772	5 515 762

附表 4　对生产者合法权益的保护指数

地区	2003 年	2004 年	2005 年	2006 年	2007 年	2008 年	2009 年
北京	5.85	6.29	5.63	4.97	5.06	6.24	6.48
天津	5.21	5.76	5.08	4.39	4.62	6.1	6.78
河北	4.12	5.08	4.47	3.86	3.41	4.53	3.91
山西	0.06	1.11	1.09	1.06	1.45	2.94	3.98
内蒙古	3.16	4.05	3.29	2.53	2.31	3.73	2.89
辽宁	4.63	4.41	3.91	3.4	4.1	5.07	5.08
吉林	3.55	3.76	3.27	2.79	3.68	5.27	5.41
黑龙江	5.54	5.26	3.45	1.64	1.91	3.73	3.95
上海	10	9.74	8.8	7.86	8.09	9.01	8.93
江苏	8	7.54	6.82	6.01	6.6	7.35	7.23
浙江	8.43	7.97	7.15	6.32	6.62	7.27	6.92

续表

地区	2003 年	2004 年	2005 年	2006 年	2007 年	2008 年	2009 年
安徽	0.97	2.33	3.33	4.33	4.79	5.6	5.88
福建	5.1	5.59	5.28	4.97	4.89	5.61	5.37
江西	2.63	2.61	1.88	1.15	2.28	4.12	5.01
山东	5.92	6.16	5.33	4.5	3.99	4.55	4.44
河南	1.8	2.84	2.29	1.74	1.59	3.03	3.94
湖北	3.81	4.05	3.42	2.79	3.24	4.56	4.82
湖南	4.88	4.97	3.14	1.31	1.01	2.62	4.09
广东	6.07	6.06	5.82	5.58	5.57	5.8	5.25
广西	4.52	3.8	2.51	1.23	2.29	3.92	4.02
海南	3.1	3.06	2.68	2.29	1.98	2.01	2.32
重庆	3.41	3.09	2.49	1.88	2.98	4.36	5.69
四川	6.99	6.44	5.33	4.23	4.38	5.08	5.38
贵州	0.51	0.88	0.21	−0.46	0.87	3.25	4
云南	2.03	2.43	2.69	2.96	4.09	5.35	5.69
西藏	3.1	3.1	3.1	3.1	3.24	3.37	−1.91
陕西	4.63	3.99	2.45	0.91	1.44	2.86	3.17
甘肃	0.54	1.31	1.3	1.28	1.26	2.02	2.97
青海	0	0.15	1.35	2.54	5.15	6.71	4.12
宁夏	2.73	2.83	1.95	1.07	1.63	3.18	3
新疆	5.26	6.33	4.83	3.32	2.3	3.86	3.82

附表 5　市场中介组织的发育指数

地区	2003 年	2004 年	2005 年	2006 年	2007 年	2008 年	2009 年
北京	9.46	9.91	7.84	7.84	7.84	7.84	8.7
天津	5.48	5.3	7.32	7.32	7.32	7.32	8.68
河北	1	1.21	5.97	5.97	5.97	5.97	5.83
山西	3.03	3.13	5.95	5.95	5.95	5.95	5.46
内蒙古	1.99	2.01	4.28	4.28	4.28	4.28	6.62
辽宁	3.43	3.7	5.64	5.64	5.64	5.64	5.99
吉林	1.99	2.01	5.86	5.86	5.86	5.86	6.27

续表

地区	2003 年	2004 年	2005 年	2006 年	2007 年	2008 年	2009 年
黑龙江	2.18	2.24	5.33	5.33	5.33	5.33	5.21
上海	9.46	9.91	10	10	10	10	8.74
江苏	1.86	2.08	6.7	6.7	6.7	6.7	8.12
浙江	2.32	2.56	7.66	7.66	7.66	7.66	8.35
安徽	0.7	0.7	6.26	6.26	6.26	6.26	7
福建	1.92	2.13	5.79	5.79	5.79	5.79	7.17
江西	0.73	0.81	4.53	4.53	4.53	4.53	5.97
山东	1.8	1.99	4.66	4.66	4.66	4.66	5.94
河南	1.08	1.09	5.48	5.48	5.48	5.48	5.99
湖北	2.35	2.34	5.57	5.57	5.57	5.57	5.49
湖南	0.92	1.07	4.27	4.27	4.27	4.27	6.44
广东	2.84	3.16	6.87	6.87	6.87	6.87	7.07
广西	0.42	0.53	3.62	3.62	3.62	3.62	4.05
海南	1.75	1.92	2.28	2.28	2.28	2.28	6.16
重庆	1.5	1.91	4.84	4.84	4.84	4.84	4.94
四川	1.42	1.55	5.12	5.12	5.12	5.12	5.07
贵州	−0.05	0.02	3.46	3.46	3.46	3.46	2.73
云南	1.09	1.27	5.25	5.25	5.25	5.25	5.67
西藏	−0.22	−0.21	2.59	2.59	2.59	2.59	−8.75
陕西	1.55	1.7	5.25	5.25	5.25	5.25	4.15
甘肃	0.84	0.91	4.21	4.21	4.21	4.21	6.07
青海	1.46	1.47	2.81	2.81	2.81	2.81	3.7
宁夏	1.61	1.53	4.49	4.49	4.49	4.49	3.38
新疆	2.93	2.72	5.22	5.22	5.22	5.22	4.45

附表 6　非国有经济的发展指数

地区	2003 年	2004 年	2005 年	2006 年	2007 年	2008 年	2009 年
北京	8.49	9.25	9.39	10.29	10.2	10.24	9.57
天津	7.3	7.99	6.7	9.05	8.88	9.37	9.14
河北	6.28	6.74	7.05	8.59	9.25	9.83	10.5

续表

地区	2003 年	2004 年	2005 年	2006 年	2007 年	2008 年	2009 年
山西	4.98	5.39	4.49	5.56	6.39	6.1	5.4
内蒙古	4.61	5	4.83	7.16	7.44	7.98	8.17
辽宁	7.41	7.93	7.02	9.26	9.68	10.14	11.02
吉林	4.04	5.57	5.44	7.25	7.9	8.74	9.03
黑龙江	3.77	4.39	3.78	5.13	5.41	5.49	5.76
上海	9.1	9.94	7.84	10.05	9.94	9.15	8.74
江苏	9.28	10.72	9.94	12.77	13.44	13.73	13.63
浙江	11.31	12.1	9.89	12.62	13.1	13.15	12.99
安徽	6.51	7.04	6.47	8.48	9.08	9.27	9.66
福建	9.7	10.41	8.88	11.03	11.26	11.31	11.48
江西	4.48	5.74	5.73	7.34	8.57	9.6	9.85
山东	8.39	9.3	9.8	11.78	12.12	11.99	12.22
河南	6.06	7.11	7.18	9.05	9.81	10.26	10.96
湖北	5.26	5.97	6.05	7.32	7.41	8.14	8.9
湖南	5.24	6.3	6.59	8.22	8.75	9.3	9.22
广东	10.56	10.82	9.49	12.24	12.73	12.64	12.16
广西	4.77	5.6	5.58	7.88	8.41	8.81	8.6
海南	6.02	7.43	5.08	7.43	9.31	9.71	9.35
重庆	6.96	7.23	6.12	8.6	9.53	9.81	9.79
四川	6.67	7.37	7.03	8.22	8.93	9.11	8.9
贵州	1.94	2.9	2.89	4.82	5.37	5.17	5.12
云南	3.33	4.66	4.48	5.41	6.32	6.87	6.78
西藏	−1.93	−1.16	0.09	3.33	4.56	4.45	4.14
陕西	3.22	2.99	2.89	4.01	4.39	4.93	4.51
甘肃	1.34	1.59	1.56	2.8	3.12	3.44	3.36
青海	2.87	3.85	3.68	4.72	5.91	5.7	5.16
宁夏	4.73	6.66	5.24	7.48	8.25	7.45	8.32
新疆	3.25	3.73	3.63	4.22	5.04	4.87	4.62

附表 7　金融业市场化指数

地区	2003 年	2004 年	2005 年	2006 年	2007 年	2008 年	2009 年
北京	6.39	6.83	6.25	7.06	7.71	10.18	10.28
天津	6.84	8.49	7.55	6.74	8.07	10.68	10.54
河北	6.84	7.31	7.47	7.94	8.37	9.69	9.61
山西	6.36	7.15	6.78	8.02	8.41	10.17	10.39
内蒙古	3.3	4.24	5.47	6.15	7.4	9.46	9.88
辽宁	6.95	7.73	8.43	9.04	10.28	11.92	12.06
吉林	3.69	4.95	3.97	4.56	6.83	9.29	9.44
黑龙江	2.67	3.34	3.98	4.6	5.51	7.99	8.37
上海	9.94	10.71	10.01	10.06	10.49	11.96	12.56
江苏	8.52	9.17	9.59	9.42	10.07	11.16	11.25
浙江	10.17	11.07	11.11	11.34	12.01	12.84	12.66
安徽	6.22	6.52	6.65	7.35	8.38	10.17	10.44
福建	6.7	6.11	7.97	8.26	9.38	10.44	10.51
江西	4.27	5.19	6.32	6.82	7.65	9.66	9.92
山东	7.71	8.41	9.61	9.6	10.02	11.5	11.33
河南	6.3	7.33	7.81	8.32	8.92	10.85	10.98
湖北	4.8	5.67	6.38	7.15	8.01	10.13	10.65
湖南	5.87	6.73	6.89	7.15	7.91	9.73	9.85
广东	9.01	10.31	9.57	9.67	10.4	11.35	11.4
广西	3.83	4.42	5.8	6.9	7.58	9.49	9.71
海南	5.31	6.08	6.12	5.93	6.08	7.54	7.65
重庆	8.56	9.31	9.38	9.68	10.03	11.1	10.66
四川	6.29	6.82	6.93	7.45	8.68	5.76	10.45
贵州	3.96	4.14	5.1	5.88	7.05	9.31	9.83
云南	5.29	6.56	7.24	8.41	8.93	10.56	10.75
西藏	0.73	1.58	2.52	3.98	4.18	5.44	5.9
陕西	6.01	6.89	7.26	7.45	7.58	9.71	9.96
甘肃	3.44	4.14	4.6	5.16	6.23	8.59	9.2
青海	3.45	4.02	5.15	4.72	5	6.91	7.3
宁夏	6.66	8.32	8.76	8.4	9.19	10.64	10.23
新疆	4.54	5.02	4.53	4.94	5.47	7.9	8.32

附表 8　知识产权保护指数

地区	2003 年	2004 年	2005 年	2006 年	2007 年	2008 年	2009 年
北京	6.16	6.97	18.03	20.79	26.15	32.86	39.66
天津	6.9	8.42	9.97	12.31	15.45	18.21	19.69
河北	1.6	1.54	1.42	1.69	2.14	2.3	2.97
山西	0.5	0.56	0.39	0.65	0.98	1.45	2.1
内蒙古	0.44	0.45	0.41	0.63	0.82	0.87	1.05
辽宁	4.77	5.11	5.09	5.82	7.41	8.08	11.61
吉林	1.84	1.88	1.56	1.88	2.31	2.44	2.74
黑龙江	1.95	2.05	2.09	2.49	2.86	3.07	3.52
上海	21.05	16.78	25.08	30.23	41.47	41.12	53.04
江苏	6.21	7.64	8.6	13.02	21.96	29.87	49.01
浙江	12.45	12.23	17.41	24.32	32.24	39.62	53.51
安徽	0.92	1.06	0.94	1.32	2.09	3.22	6.05
福建	5.33	4.65	5.07	6.08	7.05	7.32	10.32
江西	0.98	1.02	0.76	0.91	1.25	1.37	1.98
山东	3.63	4.14	4.35	6.34	8.55	10.66	12.22
河南	0.95	1.18	1.42	2	2.79	3.77	4.33
湖北	2.06	2.19	2.84	3.75	5.03	6.37	8.68
湖南	2.11	2.58	2	2.9	3.1	3.74	4.79
广东	14.68	15.88	17.48	21.09	25.17	26.02	32.68
广西	0.8	0.71	0.39	0.55	0.85	1.04	1.31
海南	0.95	0.72	0.54	0.65	0.86	1.17	2.1
重庆	4.23	5.23	4.83	5.64	6.01	6.3	10.36
四川	2.19	2.3	2.38	3.47	5.18	6.85	10.11
贵州	0.48	0.57	0.59	0.92	1.16	1.18	1.58
云南	0.72	0.84	0.62	0.85	1.06	1.17	1.66
西藏	−0.41	0.1	0.14	0.35	0.22	1.12	1.74
陕西	1.17	1.28	1.36	1.98	3.08	4.18	5.74
甘肃	0.27	0.28	0.44	0.5	0.65	0.81	1.09
青海	−0.04	−0.24	−0.02	0.17	0.61	0.68	1.16
宁夏	1.12	0.86	0.56	0.93	1.21	2.42	3.53
新疆	0.47	0.51	0.76	1.07	1.33	1.34	1.78

附表 9　减轻企业的税外负担指数

地区	2003 年	2004 年	2005 年	2006 年	2007 年	2008 年	2009 年
北京	11.04	13.62	15.8	16.1	16.07	16.03	15.36
天津	9.51	12.33	14.68	14.98	15.68	15.46	15.31
河北	10.41	14.01	14.45	14.89	14.88	15.23	14.6
山西	8.45	11.47	12.92	13.68	14.59	15.07	14.35
内蒙古	9.85	12.97	14.1	14.75	14.51	14.16	13.43
辽宁	11.24	13.68	14.8	14.97	14.97	14.8	13.93
吉林	9.21	11.43	12.26	13.25	13.64	14.22	13.89
黑龙江	9.86	13.06	14.4	14.62	15.15	15.43	14.57
上海	11.17	14.62	15.95	15.9	15.98	15.81	15.43
江苏	9.65	13.38	14.63	14.81	14.6	14.51	13.87
浙江	10.7	13.81	14.72	15.28	15.1	15.19	14.6
安徽	11.83	13.97	14.97	15.45	15.46	15.03	14.4
福建	9.96	12.29	14.29	14.17	14.74	14.63	14.36
江西	9.76	11.09	12.09	12.6	13.84	14.64	13.71
山东	10.74	13.42	14.88	14.92	14.79	14.52	13.94
河南	9.35	12.85	14.23	14.28	14.99	14.58	14.5
湖北	8.23	13.27	14.64	14.97	14.77	14.7	14.28
湖南	8.73	12.47	14.31	14.41	14	13.62	12.84
广东	9.3	12.71	15.83	15.7	15.44	14.99	14.44
广西	12	13.92	15.06	14.79	14.88	15.12	14.46
海南	7.44	9.99	15.5	16.27	16.13	15.74	14.95
重庆	9.13	11.25	13.43	13.42	13.64	14.29	14.35
四川	9.74	12.69	15.39	15.71	15.5	15.04	14.27
贵州	9.39	11.82	14.04	14.34	13.82	14.19	13.94
云南	9.99	11.43	12.64	13.19	13.55	14.32	13.68
西藏	4.77	4.77	4.77	8.82	16.37	15.83	15.8
陕西	10.23	13.9	14.43	13.89	13.78	14.23	14.01
甘肃	9.64	10.95	13.79	14.26	14.06	14.04	13.31
青海	5.44	8.79	14.65	16.46	16.15	15.93	14.83
宁夏	10.18	12.97	13.99	14.1	14.19	13.85	14.04
新疆	10.62	12.74	14.49	15.14	15.49	15.8	15.07

附表 10 科技成果市场化指数

地区	2003 年	2004 年	2005 年	2006 年	2007 年	2008 年	2009 年
北京	14.34	15.93	3.72	4.33	5.31	6.31	7.65
天津	14.34	15.93	3.72	4.33	5.31	6.31	7.65
河北	0.68	0.72	0.19	0.28	0.3	0.29	0.3
山西	0.54	1.01	0.13	0.16	0.22	0.32	0.4
内蒙古	2.4	2.26	0.43	0.41	0.41	0.35	0.54
辽宁	7.32	8.94	2.16	2	2.36	2.52	3.58
吉林	1.58	1.95	0.4	0.51	0.57	0.63	0.65
黑龙江	1.68	1.81	0.39	0.43	0.94	1.08	1.29
上海	14.34	15.93	3.72	4.33	5.31	6.31	7.65
江苏	7.49	8.69	1.84	1.25	1.43	1.63	1.89
浙江	7.5	7.81	1.05	1.06	1.2	1.49	1.4
安徽	1.37	1.47	0.36	0.47	0.67	0.8	0.87
福建	3.06	2.42	0.6	0.4	0.51	0.6	0.78
江西	1.61	1.8	0.33	0.27	0.29	0.22	0.28
山东	3.67	5.22	1.19	0.28	0.55	0.8	0.83
河南	1.62	1.66	0.39	0.34	0.37	0.36	0.37
湖北	5.06	5.02	1.1	0.99	1.18	1.42	1.76
湖南	4.62	5.12	0.83	0.91	0.92	0.97	0.89
广东	6.58	4.42	1.71	1.6	1.95	2.9	2.39
广西	0.72	1.56	0.23	0.02	0.02	0.06	0.04
海南	1.08	0.15	0.15	0.12	0.1	0.49	0.08
重庆	14.5	15.68	1.77	2.71	1.92	2.93	1.81
四川	1.31	1.7	0.35	0.47	0.55	0.78	0.98
贵州	0.45	0.32	0.04	0.02	0.02	0.07	0.06
云南	4.3	4.1	0.45	0.23	0.27	0.13	0.27
西藏	2.57	2.89	0.3	0.29	0.27	0	0
陕西	2.66	2.16	0.57	0.53	0.88	1.24	1.96
甘肃	2.35	3.63	0.76	0.92	1.1	1.2	1.41
青海	0.96	1.5	0.22	0.44	0.94	1.35	1.48
宁夏	0.93	1.17	0.21	0.08	0.1	0.14	0.14
新疆	2.77	3.07	0.36	0.33	0.32	0.32	0.05

附表 11　中国各地区生产总值　　　　单位：万美元

地区	2003 年	2004 年	2005 年	2006 年	2007 年	2008 年	2009 年	2010 年
北京	6 069 554	7 322 009	8 406 448	10 183 120	12 949 513	16 004 089	17 790 997	20 848 778
天津	3 114 691	3 758 663	4 513 862	5 598 159	6 907 891	9 674 461	11 011 345	13 626 501
河北	8 362 076	10 242 642	12 324 804	14 385 208	17 894 950	23 055 060	25 231 269	30 126 686
山西	3 449 595	4 314 916	5 102 140	6 119 835	7 922 738	10 533 182	10 771 937	13 591 639
内蒙古	2 885 562	3 674 210	4 755 484	6 202 175	8 447 107	12 233 373	14 258 893	17 242 042
辽宁	7 252 072	8 061 086	9 596 116	11 671 793	14 682 141	19 680 897	22 269 785	27 265 337
吉林	3 216 238	3 772 001	4 419 437	5 362 804	6 949 882	9 252 711	10 655 468	12 803 870
黑龙江	4 902 018	5 739 658	6 728 152	7 792 218	9 342 451	11 971 563	12 570 634	15 316 641
上海	8 087 749	9 753 564	11 187 055	13 262 049	16 430 839	20 258 686	22 026 716	25 357 826
江苏	15 033 068	18 127 296	22 346 595	27 273 702	34 216 833	44 609 840	50 442 541	61 194 298
浙江	11 725 287	14 073 917	16 404 226	19 717 592	24 662 980	30 903 356	33 655 907	40 951 784
安徽	4 739 761	5 750 193	6 561 666	7 667 653	9 680 326	12 745 187	14 731 108	18 257 375
福建	6 021 107	6 963 259	8 019 007	9 513 347	12 162 717	15 583 663	17 913 234	21 769 880
江西	3 391 821	4 176 373	4 952 281	6 046 978	76 27 893	10 037 364	11 206 529	13 961 533
山东	14 592 425	18 149 333	22 604 429	27 472 077	33 899 145	44 539 719	49 621 798	57 862 353
河南	8 297 330	10 334 658	12 924 570	15 508 154	19 742 846	25 944 234	28 517 728	34 112 357
湖北	5 747 795	6 806 060	7 959 447	9 555 521	12 274 329	16 312 062	18 973 942	23 587 577
湖南	5 630 047	6 816 572	7 948 704	9 644 836	12 413 993	16 637 629	19 118 270	23 691 499
广东	19 142 975	22 792 166	27 303 905	33 352 267	41 789 861	52 982 261	57 799 092	67 971 135
广西	3 408 373	4 148 342	4 975 463	5 953 687	7 658 351	10 109 286	11 358 747	14 136 716
海南	837 501.5	965 228.1	1 092 044	1 310 758	1 649 356	2 164 202	2 421 622	3 049 708
重庆	2 745 947	3 253 443	3 743 936	4 901 315	6 149 566	8 342 083	9 559 376	11 707 778
四川	6 443 264	7 707 846	9 015 357	10 901 227	13 890 571	18 144 058	20 716 264	25 386 631
贵州	1 723 257	2 027 112	2 415 933	2 934 068	3 792 885	5 128 162	5 727 829	6 798 375
云南	3 088 100	3 723 553	4 239 523	5 002 810	6 276 328	8 195 879	9 031 987	10 671 660
西藏	228 452.3	266 214	305 443.3	364 735.7	449 013.7	568 530.3	646 113.3	749 627
陕西	3 126 398	3 836 724	4 605 503	5 950 488	7 571 397	10 532 001	11 959 889	14 954 546
甘肃	1 691 229	2 040 028	2 360 902	2 855 942	3 553 919	4 559 790	4 959 098	6 087 229
青海	471 426.8	563 140.3	663 256.7	813 492.6	1 048 593	1 466 674	1 582 887	1 994 874
宁夏	538 069.3	648 994.8	740 090.6	910 584.8	1 208 719	1 733 481	1 981 130	2 495 975
新疆	2 279 026	2 669 015	3 179 059	3 820 041	4 633 298	6 023 254	6 261 236	8 032 307

附表 12　各地货物进出口总额　　　　单位：万美元

地区	2003 年	2004 年	2005 年	2006 年	2007 年	2008 年	2009 年	2010 年
北京	6 850 017	9 457 573	12 550 643	15 803 663	19 299 976	27 169 290	21 473 305	30 172 155
天津	2 934 244	4 202 861	5 327 680	6 446 194	7 144 973	8 040 084	6 383 123	8 210 005
河北	897 825	1 352 585	1 607 035	1 853 088	2 552 341	3 842 053	2 962 725	4 206 037
山西	309 013	538 249	554 565	662 710	1 157 948	1 439 506	856 903	1 257 623
内蒙古	282 902	372 171	487 625	596 082	773 588.5	891 848.3	677 407	872 974
辽宁	2 650 917	3 441 086	4 101 327	4 839 024	5 947 435	7 243 385	6 293 438	8 071 215
吉林	614 841	679 045	652 772	791 404	1 029 800	1 333 213	1 174 241	1 684 518
黑龙江	532 940	678 900	956 602	1 285 655	1 729 659	2 313 059	1 622 951	2 551 542
上海	11 233 955	16 000 992	18 633 674	22 752 420	28 285 388	32 205 531	27 771 361	36 895 065
江苏	11 361 740	17 084 901	22 792 276	28 397 838	34 947 179	39 227 193	33 873 970	46 579 896
浙江	6 141 081	8 520 488	10 738 966	13 914 161	17 684 737	21 113 373	18 773 086	25 353 466
安徽	594 781	721 156	911 939	1 224 514	1 593 229	2 018 385	1 567 773	2 427 337
福建	3 532 553	4 752 701	5 441 119	6 265 963	7 444 738	8 482 107	7 964 959	10 878 329
江西	252 806	352 795	406 461	619 486	944 854.1	1 361 793	1 277 878	2 161 918
山东	4 463 682	6 065 822	7 673 587	9 521 381	12 247 444	15 840 751	13 905 337	18 915 629
河南	471 217	661 955	772 492	979 457	1 278 513	1 747 934	1 347 642	1 783 151
湖北	510 930	676 581	905 475	1 176 219	1 486 895	2 070 567	1 725 102	2 593 211
湖南	373 236	544 352	600 019	735 226	968 585.3	1 254 719	1 014 947	1 465 639
广东	28 352 477	35 713 062	42 796 497	52 719 910	63 418 595	68 496 880	61 109 405	78 489 612
广西	318 675	427 722	518 150	666 756	925 899.7	1 323 617	1 425 473	1 773 891
海南	227 492	340 169	254 234	284 621	351 441.1	452 851.7	488 163	864 858
重庆	259 476	385 715	429 284	546 968	743 794.4	952 139.4	771 252	1 242 707
四川	563 429	686 699	790 196	1 102 082	1 437 812	2 211 365	2 416 865	3 269 386
贵州	98 433	151 373	140 357	161 771	227 030	336 620.8	230 421	314 680
云南	266 913	374 117	474 344	622 484	879 356.7	959 691.6	804 760	1 343 012
西藏	15 986	19 989	20 547	32 838	39 346.4	76 582.9	40 210	83 607
陕西	278 262	364 238	457 687	536 029	688 733.9	832 882.6	840 539	1 210 168
甘肃	132 714	176 315	263 027	382 493	552 367	609 543.3	386 555	740 295
青海	33 914	57 552	41 331	65 172	61 207.3	68 882.3	58 679	78 896
宁夏	65 323	90 821	96 657	143 713	158 151.5	187 940.4	120 248	195 999
新疆	476 986	563 452	794 049	910 327	1 371 583	2 221 736	1 394 783	1 713 011

附表 13　对外投资政策法规发布

年份	机构	政策法规
2003 年	商务部	《商务部关于做好境外投资审批试点工作有关问题的通知》
2003 年	商务部、国家外汇管理局	《商务部　国家外汇管理局关于简化境外加工贸易项目审批程序和下放权限有关问题的通知》
2004 年	商务部、国务院港澳事务办公室	《关于内地企业赴香港、澳门特别行政区投资开办企业核准事项的规定》的通知
2004 年	国务院	《国务院关于投资体制改革的决定》
2004 年	商务部	《商务部关于印发〈在拉美地区开展纺织服装加工贸易类投资国别指导目录〉的通知》
2004 年	商务部	《商务部关于启用〈内地企业赴港澳地区投资批准证书〉通知》
2005 年	财政部、商务部	《对外经济技术合作专项资金管理办法》
2005 年	财政部、商务部	《关于 2004 年资源类境外投资和对外经济合作项目前期费用扶持有关问题的补充通知》
2005 年	国家外汇管理局	《国家外汇管理局关于扩大境外投资外汇管理改革试点有关问题的通知》
2005 年	商务部、国家外汇管理局	《企业境外并购事项前期报告制度》
2005 年	国家外汇管理局	《国家外汇管理局关于调整境内银行为境外投资企业提供融资性对外担保管理方式的通知》
2006 年	商务部	《商务部关于规范境外中资企业及机构冠名有关事项的通知》
2006 年	商务部办公厅	《商务部关于建立中国对外直接投资国别（地区）数据核查制度的通知》
2007 年	商务部、国家统计局	印发《对外直接投资统计制度》
2008 年	商务部、国家外汇管理局	《关于 2008 年境外投资联合年检和综合绩效评价工作有关事项的通知》
2009 年	商务部	第 5 号《境外投资管理办法》
2009 年	商务部、国务院台湾事务办公室	《商务部、国务院台湾事务办公室关于大陆企业赴台湾地区投资或设立非企业法人有关事项的通知》
2009 年	国家发展和改革委员会	《国家发展和改革委员会关于完善境外投资项目管理有关问题的通知》
2009 年	国家外汇局	发布《境内机构境外直接投资外汇管理规定》
2009 年	商务部	《台湾开放大陆企业投资的行业类别》
2009 年	商务部、国家外汇管理局	《商务部、国家外汇管理局关于境外投资联合年检工作有关事项的通知》
2009 年	财政部、国家税务局	《财政部、国家税务局关于企业境外所得税收抵免有关问题的通知》
2009 年	商务部、办公厅	《商务部办公厅关于调整对外直接投资统计报告期别的通知》

续表

年份	机构	政策法规
2010 年	商务部	《商务部关于 2010 年全国对外投资合作工作的指导意见》
2010 年	商务部、外交部、国家发展和改革委员会、公安部、国有资产监督管理委员会、国家安全生产监督管理总局、中华全国工商业联合会	《境外中资企业机构和人员安全管理规定》
2010 年	商务部	《商务部关于印发〈对外投资合作境外安全风险预警和信息通报制度〉的通知》
2010 年	国家发展和改革委员会、商务部、国务院台湾事务办公室	《大陆企业赴台湾地区投资管理办法》
2011 年	财政部、商务部	《关于做好对外经济技术合作专项资金申报工作的通知》
2011 年	中国人民银行	《央行发布〈境外直接投资人民币结算试点管理办法〉》
2012 年	商务部	《商务部合作司关于下发〈安全管理指南〉的通知》
2012 年	商务部、中央外宣办、外交部、国家发展和改革委员会、国有资产监督管理委员会、国家预防腐败局、中华全国工商业联合会	《商务部等七部关于印发〈中国境外企业文化建设若干意见〉的通知》
2012 年	驻韩使馆经商处	《关于中资企业和机构规范对外投资合作经营行为的通知》
2013 年	商务部、环境保护部	《商务部、环境保护部关于印发〈对外投资合作环境保护指南〉的通知》
2013 年	商务部	《商务部关于印发〈规范对外投资合作领域竞争行为的规定〉的通知》
2013 年	商务部	《商务部关于印发〈规范对外投资合作领域竞争行为的规定〉的通知》
2013 年	商务部	《中国对外投资合作企业建设文件汇编》
2013 年	商务部办公厅	《商务部办公厅关于加强"走出去"信息报送工作的通知》
2013 年	商务部、外交部、公安部、住房城乡建设部、海关总署、税务总局、工商总局、质检总局、外汇局	《商务部等 9 部门关于印发〈对外投资合作和对外贸易领域不良信用记录试行办法〉的通知》
2013 年	商务部	《商务部关于加强对外投资合作在外人员分类管理工作的通知》
2013 年	商务部、国家开发银行	《商务部、国家开发银行联合印发关于支持境外经济贸易合作区建设发展有关问题的通知》

资料来源：中华人民共和国商务部网站：http://www.mofcom.gov.cn/artielb/